服务业：制度型开放促改革深化

王微　刘涛　等著

Service Sector in China:
In-Depth Reform Through Institutional Opening-up

图书在版编目（CIP）数据

服务业：制度型开放促改革深化/王微等著．—北京：中国发展出版社，2020.8

ISBN 978-7-5177-1132-2

Ⅰ.①服… Ⅱ.①王… Ⅲ.①服务业—经济发展—研究—中国 Ⅳ.①F726.9

中国版本图书馆CIP数据核字（2020）第145737号

书　　　名：服务业：制度型开放促改革深化
著作责任者：王　微　刘　涛　等
出 版 发 行：中国发展出版社
联 系 地 址：北京经济技术开发区荣华中路22号亦城财富中心1号楼8层（100176）
标 准 书 号：ISBN 978-7-5177-1132-2
经　销　者：各地新华书店
印　刷　者：北京市密东印刷有限公司
开　　　本：710mm×1000mm　1/16
印　　　张：19
字　　　数：230千字
版　　　次：2020年8月第1版
印　　　次：2020年8月第1次印刷
定　　　价：75.00元
联 系 电 话：（010）68990625　68990692
购 书 热 线：（010）68990682　68990686
网 络 订 购：http://zgfzcbs.tmall.com//
网 购 电 话：（010）68990639　88333349
本 社 网 址：http://www.develpress.com
电 子 邮 件：174912863@qq.com

DRC

2020

国务院发展研究中心研究丛书

“以高水平开放促进服务业体制机制改革”课题组

课题顾问：

马建堂　国务院发展研究中心党组书记、研究员

王安顺　国务院发展研究中心党组成员、副主任（正部长级）

吴敬琏　国务院发展研究中心研究员、市场经济研究所名誉所长

课题负责人：

王　微　国务院发展研究中心市场经济研究所所长、研究员

课题执行负责人兼协调人：

刘　涛　国务院发展研究中心市场经济研究所所长助理、研究员

课题组成员：

王　青　国务院发展研究中心市场经济研究所副所长、研究员

漆云兰　国务院发展研究中心市场经济研究所研究室副主任、研究员

李汉卿　国务院发展研究中心市场经济研究所副研究员

王立坤　国务院发展研究中心市场经济研究所副研究员

王　念　国务院发展研究中心市场经济研究所助理研究员

刘　馨　国务院发展研究中心市场经济研究所助理研究员

陈锦然　中国人民大学博士研究生

邱旭容　中国人民大学博士研究生

琚聪怡　中国人民大学博士研究生

总　序

为决战决胜全面建成小康社会
贡献高端智库更大智慧和力量

马建堂

2020年是全面建成小康社会决战决胜之年和“十三五”规划收官之年。面对突如其来的新冠肺炎疫情，在以习近平同志为核心的党中央坚强领导下，全国人民以习近平新时代中国特色社会主义思想为指导，坚决贯彻落实中央各项方针政策，紧扣全面建成小康社会目标任务，统筹推进疫情防控和经济社会发展工作，迎难而上、奋力拼搏，决战决胜全面建成小康社会，确保如期全面建成得到人民认可、经得起历史检验的小康社会。

小康社会是中华民族对幸福生活的千年期盼，全面建成小康社会是中国共产党的初心和使命。党的十八大以来，以习近平同志为核心的党中央顺应我国经济社会新发展和广大人民群众新期盼，提出了全面建成小康社会新的目标要求，赋予了“小康”更高的标准、更丰富的内涵、更全面的要求。全面建成小康社会，是“两个一百年”奋斗目标的第一个百年奋斗目标，是中国共产党向人民、向历史作出的庄严承诺，是中国特色社会主义进入新时代的重大历史任务，也是乘势开启全面建设社会主义现代化国家新征程、实现中华民族伟大复兴中国梦的重要里程碑，具有十分重要的实践意义、历史意义和世界意义。在习近平新时代中国特色社会主义思想指引下，我国决战全面建成小康社会生动展开、决胜在即。

一是经济迈向高质量发展。习近平总书记指出，我国经济已由高速增长阶段转向高质量发展阶段，正处在转变发展方式、优化经济结构、转换增长动力的攻关期。以经济建设为中心是兴国之要，经济迈向高质量发展是全面建成小康社会的重要物质基础。党的十八大以来，我国积极推进一系列体制机制改革和政策创新，大力推动经济发展质量变革、效率变革、动力变革，经济高质量发展取得了显著成效。2012～2019 年，我国经济增长平均速度达到 7.0%，在世界主要经济体中保持领先，持续成为推动世界经济增长的动力源。2019 年，我国 GDP 达到 990865 亿元，接近 100 万亿元，人均 GDP 按年平均汇率折算达到 10276 美元，标志着我国经济发展迈上了新的台阶。同时，产业结构持续优化，制造业内部结构升级趋势明显，化解产能过剩取得实效，供给体系质量逐步提高。

二是创新驱动成效显著。习近平总书记强调，创新是引领发展的第一动力。全面建成小康社会，解决我国发展面临的突出短板问题，守住安全底线，提高发展的平衡性、包容性和可持续性，根本的出路唯有实现创新驱动。党的十八大以来，我国持续加大创新资源投入，通过全面深化改革不断释放和激发全社会的创业创新热情，自主创新能力显著增强，创新型国家和人才强国建设取得决定性进展。2012～2019 年，全社会研发经费投入从 10298 亿元增长到 21737 亿元，7 年间翻了一番，目前研发经费支出占 GDP 比重已达到 2.19%，超过欧盟 15 国平均水平。持续投入结出了累累硕果，我国在基础研究、前沿技术等领域取得诸多重大突破，产生一批在世界上叫得响、数得着的重大成果。创新对经济社会发展的引领力不断增强，全员劳动生产率稳步提高，2019 年已达到 115009 元/人。科技与经济深度融合，智能制造、无人配送、在线消费、医疗健康等新产业新业态新商业模式持续高速发展，对经济社会发展的支撑作用不断增强，不少领域在全世界处于领先水平，这一点在新冠肺炎疫情暴发期间表现得尤为突出。

三是发展协调性明显增强。习近平总书记指出，现代化建设各个环节、各个方面要协调发展，不能长的很长、短的很短。协调发展是全面建成小康社会的应有之义。从发展目标上说，协调就是要让全体人民共享发展的成果；从发展手段上说，协调就是要扬长避短，既要巩固和厚植原有优势，也要着力破解难题，补齐短板，克服“木桶效应”，从而提高整体发展质量，挖掘发展潜力，增强发展后劲。党的十八大以来，我国一系列重点发展战略举措都体现了协调发展的理念，取得了明显成效。在区域协调发展方面，我国提出了京津冀协同发展、长江经济带发展、共建“一带一路”、粤港澳大湾区建设、长三角一体化发展、黄河流域生态保护和高质量发展等重大战略，持续支持革命老区、边疆地区、贫困地区加快发展，不断缩小地区发展差距。2019 年我国东部地区人均 GDP 是西部的 1.76 倍，比 2012 年下降了 0.08 倍。反映 31 个省区市人均 GDP 不均等程度的基尼系数从 2012 年的 0.237 下降到 2019 年的 0.235。在城乡协调发展方面，着力实施乡村振兴战略，坚持工业反哺农业、城市支持农村和多予少取放活的方针，促进城乡资源均衡配置，加快推进农业农村现代化步伐。2019 年城镇居民可支配收入是农村居民的 2.64 倍，比 2012 年的 2.88 倍明显下降。

四是人民生活水平和质量普遍提高。习近平总书记强调，让老百姓过上好日子是我们一切工作的出发点和落脚点。全面建成小康社会，人民是最终的阅卷人，必须坚持以人民为中心的发展理念，紧紧抓住人民最关心最直接最现实的利益问题。2013～2019年，我国全年城镇新增就业人数都在1300万人以上，在一个有14亿人口的大国实现了比较充分的就业。2012～2019年，我国居民人均可支配收入从16510元增长到30733元，收入分配差距问题有所缓解，中等收入人口比重持续上升，经济增长和社会发展成果真正被广大人民共享。截至2019年底，全国参加城镇职工基本养老保险的有43482万人，参加城乡居民基本养老保险的有53266万人，参加基本医疗保险的有135436万人。作为一个发展中国家，我国建成了全世界覆盖面最广的社会保障网，有效解除了广大人民的后顾之忧。全面小康是惠及全体人民的小康，是没有一个人掉队的小康，其中最艰巨的是打赢精准脱贫攻坚战。习近平总书记多次强调，小康不小康，关键看老乡。2012～2019年，我国年末贫困人口从9899万人减少到551万人，连续7年年均减贫1000万人以上，9000多万人已经稳定脱贫，贫困发生率从10.2%降到0.6%，脱贫攻坚取得了决定性成就。这是人类减贫史乃至发展史上前无古人的壮举。

五是国民素质和社会文明程度显著提高。习近平总书记指出，只有物质文明建设和精神文明建设都搞好，国家物质力量和精神力量都增强，全国各族人民物质生活和精神生活都改善，中国特色社会主义事业才能顺利推向前进。党的十八大以来，中国梦和社会主义核心价值观深入人心，已经内化为人们的精神取向、外化为人们的自觉行动，成为当代中国精神的集中体现，凝结着全体人民共同的价值追求。随着对教育、卫生等公共事业的持续投入，2018年我国劳动年龄人口的平均受教育年限达到10.63年，人均预期寿命达到77岁，国民思想道德素质、科学文化素质、健康素质明显提高，为创建知识型、技能型、创新型劳动者大军提供了坚实人力基础。特别是在2020年初新冠肺炎疫情暴发后，习近平总书记亲自指挥、亲自部署，始终把人民群众生命安全和身体健康放在第一位，带领全党全国人民打响疫情防控的人民战争、总体战、阻击战，并迅速扭转局面，取得疫情防控持续向好态势，有力保障了人民健康安全。

六是生态环境质量总体改善。习近平总书记强调，环境就是民生，青山就是美丽，蓝天也是幸福。良好的生态环境是最公平的公共产品和最普惠的民生福祉，是全面建成小康社会的重要内容，否则，就会影响小康社会的“成色”。党的十八大以来，我国明确实行了最严格的生态环境保护制度，逐步健全了以主体功能区制度为核心，以源头预防、过程控制、损害赔偿和责任追究为主要内容的生态文明制度体系。党的十九大提出要坚决打好污染防治攻坚战，以改善生态环境质量为核心，以解决人民群众反映强烈的突出生态环境问题为重点，围绕污染物总量减排、生态环境质量提高、生态环境风险管控三类目标，全面推进蓝天保卫战，着力打好碧水保卫战，扎实推进净土保卫战，大力开展生态保护和修复，强化生态环境督察执法，保证党中央关于生态文明建设决策部署落地生根见效。由于这些努力，近年来我国环境质量改善速度之快前所未有，生态环境发生了历史性、转折性和全局性的变化。空气质量明显改善。2019年，在监测的337个地级及以上城市中，空气质量达标的城市占46.6%，比最近可比的2015年提高了25个百分点；全国细颗粒物（PM2.5）未达标地级及以上城市的年平均浓度为40微克/立方米，比2015年下降了29.8%。水环境质量明显好转。全国地表水Ⅰ－Ⅲ类水体比例达到70%以上，劣Ⅴ类水体比例控制在5%以内。能源资源消费更加集约。2019年，每万元国内生产总值用能量为 0.49 吨标煤，比 2012 年下降了 24.5%；每万元国内生产总值用水量 67 立方米，比 2012 年下降了 38.8%。

七是各方面制度更加成熟更加定型。习近平总书记指出，新时代改革开放具有很多新的内涵和特点，其中很重要的一点就是制度建设分量更重，改革更多面对的是深层次体制机制问题，对改革顶层设计的要求更高，对改革的系统性、整体性、协同性要求更高，相应地，建章立制、构建体系的任务更重。全面小康是我国近现代发展史上的一次重大历史变革，其建成、巩固以及在此基础上开启我国社会主义现代化国家建设新征程，都要依靠沿着正确方向深化改革形成的成熟定型的国家制度和国家治理体系。党的十八届三中全会开启了全面深化改革、系统整体设计推进改革的新时代。近几年来，我国坚持和完善党的领导制度体系、人民当家作主制度体系、中国特色社会主义法治体系、中国特色社会主义行政体制、社会主义基本经济制度、繁荣发展社会主义先进文化的制度、统筹城乡的民生保障制度、共建共治共享的社会治理制度、生态文明制度体系等，主要领域的基础性制度体系基本形成，重要领域和关键环节改革成效显著，按制度办事、依法办事意识普遍提高，运用制度和法律治理国家的能力显著增强，各方面制度优势正不断转化为管理国家的效能，为全面建成小康社会提供了强大制度保障。

在决战决胜全面建成小康社会的宏伟征程中，国家高端智库肩负着光荣而重大的职责使命。今年以来，国务院发展研究中心深入学习贯彻习近平新时代中国特色社会主义思想，深入学习贯彻习近平总书记重要指示批示和党中央决策部署，扎实开展“不忘初心、牢记使命”主题教育，不断增强“四个意识”、坚定“四个自信”、做到“两个维护”，党的建设自觉性主动性和初心使命意识进一步增强，为党咨政、为国建言的质量进一步提高，支撑主责主业、服务中央决策的能力进一步提升，政务运转和服务保障工作进一步提效，国际交流合作机制进一步深化，“智库创新工程”带动智库体制机制建设实现新的突破，国家高端智库建设迈上新的台阶。

过去一年，我们围绕经济社会发展全局性、战略性、前瞻性、长期性和重点热点难点问题开展深入研究，推出一大批高质量研究报告，进一步提高了服务中央决策的能力和水平，共完成几十项中央交办重大课题，高质量完成长江三角洲区域一体化、海南自由贸易港制度与政策体系等多项重大研究任务。

呈现在读者面前的这套“国务院发展研究中心研究丛书 2020”，就是一年多来中心部分代表性成果的集中展示。本年度丛书计划出版 13 部著作，其中包括国务院发展研究中心重大研究课题报告和研究部（所）承担的重点研究课题报告。这也是“国务院发展研究中心研究丛书”自 2010 年至今连续第 11 年出版。11 年来，丛书累计出书 150 余种，受到社会各界读者，特别是中央和地方各级领导同志以及政策咨询研究机构工作人员的高度关注和广泛好评，成为我国智库业界的知名出版物。在此，我谨代表国务院发展研究中心和丛书编委会，向广大读者表示真诚的感谢，希望丛书继续得到领导、专家、读者们的关心、指导和帮助。

当前，我国正站在一个开启全面建设社会主义现代化国家伟大征程的新起点上。国务院发展研究中心将更加紧密地团结在以习近平同志为核心的党中央周围，继续深入学习习近平新时代中国特色社会主义思想，全面贯彻党的十九大和十九届二中、三中、四中全会精神，不忘初心、牢记使命，唯实求真、守正出新，持续提高综合研判和战略谋划能力，加快智库体制机制创新，着力深化国际交流合作，奋力开拓国家高端智库建设新局面，为推进国家治理体系和治理能力现代化、决战决胜全面建成小康社会、实现“十三五”完美收官和“十四五”顺利开局、向第二个百年奋斗目标进军，贡献更大的智慧和力量！

2020 年 8 月 17 日

（作者为国务院发展研究中心党组书记、研究员）

前 言

随着我国经济由高速增长阶段转向高质量发展阶段，服务业已成为国民经济第一大产业，在拉动经济增长、推进产业升级、促进充分就业、扩大经贸合作等方面发挥越来越重要的作用。但现阶段服务业发展仍存在较多体制机制障碍，改革任务复杂而艰巨。从国际经验和我国改革开放40多年的实践来看，以开放促改革是有效摆脱路径依赖的制度变迁模式，也是服务业持续快速发展和竞争力不断提升的重要法宝。

当今世界正经历百年未有之大变局。新一轮科技革命极大促进了服务业和服务贸易发展模式创新，由此推动的产业变革和消费革命深刻改变了各国的比较优势。同时，国际经贸规则重构的焦点转向服务领域，大国间对新规则制定权的竞争日益激烈。在此背景下，我国服务业发展面临的机遇和挑战前所未有，迫切需要加快制度改革和体制机制创新。以开放促改革、在不断开放中深化改革仍是我国服务业发展的必由之路，但开放不是简单重复过去的商品和要素流动型开放，而是对标国际先进规则的制度型开放，是更大范围、更宽领域、更深层次的主动开放。

近年来，我国服务业开放步伐加快，负面清单管理模式推动了服务业审批制度改革持续深化，开放领域不断拓宽促进了服务业制度环境的改善，重视对接国际通行规则促进了服务业改革的深化，双向开放力度的加强提高了服务业改革的整体性，多样化开放平台的发展推进了服务业差异化改革探索，区域间协同开放促进了服务业改革的联动和竞争。但也要看到，当前服务业制度型开放及相关体制机制改革仍存在不少问题。主要表现在：服务业开放领域和范围仍需进一步拓宽，运用法治化方式推动服务业开放的措施较少，对标国际先进规则推进服务业开放的力度有待加强、改革措施亟待精准，适应服务业高水平开放的管理制度不完善，部分服务行业标准、资质等与国际接轨程度不高，依托多样化开放平台深化服务业改革的作用发挥不够充分。

按照高质量发展的要求，适应全球服务贸易发展的新趋势，要坚持对外开放的基本国策和发展理念，坚持问题导向与目标导向相统一、扩大开放与防范风险相兼顾、近期与中长期相结合，以制度型开放为引领，着力建立与国际先进规则相衔接的服务业法律法规、管理体制、运行机制、政策体系，在持续推动服务业更大范围、更宽领域、更深层次开放中，加快形成科学规范、运行有效、成熟定型的服务业发展制度框架，打造具有国际竞争力的制度优势，更好地满足产业转型升级需求、实现人民对美好生活的期待以及提高我国在全球治理中的制度性话语权。从推进路径上看，要对标两个层次的国际先进规则，分类推进服务业体制机制改革，强化具有牵引作用和联动效果的改革，推动重点开放平台加大改革探索力度。

为此，要进一步完善负面清单管理制度，完善外资准入前和准入后国民待遇制度，强化服务业高水平开放的法治保障，健全与负面清单管理模式相配套的事中事后监管制度，完善多样化开放平台的组织协调机制，健全服务业对外投资促进和保护机制，加快构建高标准和广覆盖的自贸区网络，建立促进服务业开放发展的国际交流机制。

目　录

总报告

专题报告一

专题报告二

专题报告三

专题报告四

专题报告五

专题报告六

专题报告七

专题报告八

专题报告九

总报告

服务业：制度型开放促改革深化

当前，服务业已成为我国国民经济的第一大产业，对于经济高质量发展意义重大，亟须加快破除制约服务业提质增效发展的体制机制障碍。从国际上看，服务业快速增长已成为推动全球经济发展的重要引擎，国际服务贸易规则面临重构，全球服务业开放重点正从传统的边境措施向边境内措施拓展，对各国加快完善法律法规和制度体系提出了更高要求。在国内外新的发展形势下，改革的任务和开放的要求在国内服务业制度层面实现了高度统一。为此，要坚持对外开放的基本国策和发展理念，以制度型开放为引领，着力建立与国际先进规则相衔接的服务业法律法规、管理体制、运行机制、政策体系，在持续推动服务业更大范围、更宽领域、更深层次开放中，加快形成科学规范、运行有效、成熟定型的服务业发展制度框架，打造具有国际竞争力的制度优势。

一、服务业开放促改革的影响机制

从服务业的发展历程来看，服务业对制度高度敏感和依赖。发达的服务业是建立在较为完善的现代市场经济环境中的，而改革是形成有利于服务业发展的制度环境的根本动力。[①] 从全球来看，当前服务贸易中政策壁垒和监管差异、治理水平方面的成本占比达到31%，比货物贸易高出18个百分点（见图1），而要降低服务贸易制度性成本，除了国家间的贸易谈判外，主要是通过各国自身的制度改革实现。由此可见，扩大服务业开放与推进服务业体制机制改革紧密相关。以开放促改革，并在不断扩大开放中深化改革，是有效摆脱路径依赖的制度变迁模式。回顾改革开放40多年的历程，我国始终坚持对外开放的基本国策，并将开放发展作为新发展理念的重要内涵，不断提高开放型经济水平。以开放促改革不仅是服务业改革的成功实践，也是服务业发展不断取得新成绩的重要法宝。

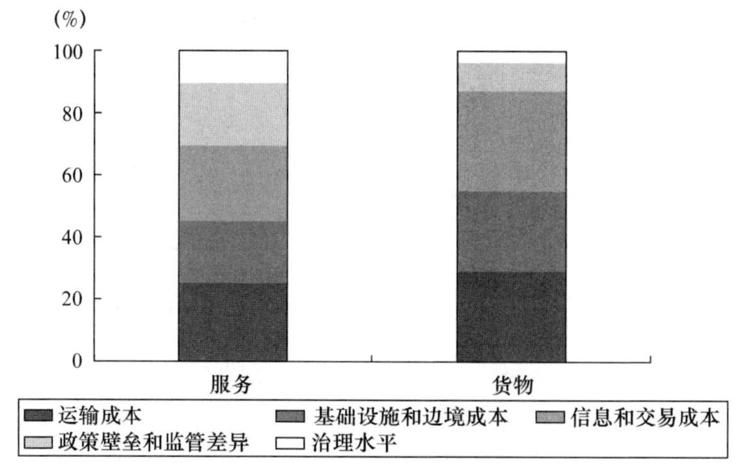

图1　服务贸易和货物贸易的成本构成

资料来源：Ian Gillson，Martin Molinuevo and Sebastián Sáez，Trade Facilitation in Services：A Conceptual and Empirical Analysis，World Bank Policy Research Working Paper 9233，May 2020。

从理论和实践上看，服务业以开放促改革主要体现在以下四个方面。

① 任兴洲、王微：《服务业发展：制度、政策与实践》，中国发展出版社2011年版。

第一，通过开放引入外部动力，加快服务业改革步伐。实行对外开放，可以在不触及现有体制利益格局的情况下引入“源头活水”，以不断做大的增量提高体制内的改革意愿。同时，开放必然带来竞争，竞争恰好可以倒逼和促进改革，使新的体制机制成为硬约束，更好地适应国内市场竞争国际化的要求。改革开放以来，党中央、国务院推出的每项开放重大举措，都含有丰富的改革内容，都是深刻的改革课题，结果都有力地推动了改革，使之朝着建立社会主义市场经济的目标前进。[①] 服务业对外开放是随着国家对外开放战略的推进而逐步展开的。外资服务业企业的进入和不断增多，改变了我国服务业单一的所有制结构，也加快了对国有企业的放权和对民营企业的开放。加入世界贸易组织（以下简称 WTO）以来，我国积极履行服务业开放承诺，这进一步成为深化改革的强大动力，加快了整体的改革进程。此后，服务业发展不仅得益于开放本身的红利，更得益于开放带来的巨大改革红利，实现了大踏步的追赶型、压缩式增长。

第二，通过开放对接国际规则，减少服务业改革成本。实行对外开放，在连通国内外市场的同时，可以借鉴吸收国际通行的经贸规则，为国内服务业改革提供风向标、可遵循的基本框架和抓手，弥补相关制度供给不足，降低体制机制改革的交易成本和不确定性，形成“卡尔多—希克斯改进”（Kaldor-Hicks Improvement）[②]。从我国情况来看，服务业领域的很多制度性改革是通过把 WTO 规则，特别是多边贸易倡导的国民待遇、透明度、非歧视等符合市场经济一般规律的原则，转化为国内法律法规实现的，这本身也是我国经济体制改革的需要。

---

① 谷牧：“小平同志领导我们抓对外开放”，载《回忆邓小平》（上），中央文献出版社 1998 年版。

② 实行某一变革可以使获益者的所得足以弥补受损者的损失，即能够带来公共利益的增进。

据统计，加入 WTO 后的十年间，我国大规模开展法律法规清理修订工作，中央政府共清理法律法规和部门规章 2300 多部（件），地方政府共清理地方性政策和法规 19 万多件[①]，有效提高了我国服务业的市场化和国际化程度。近年来，我国通过建设自贸试验区、商签自贸协定等，深度参与全球产业链价值链分工，探索与国际服务贸易规则、市场规范、管理模式的对接相融，也有力地推动了服务业体制机制改革的攻坚。

第三，通过渐进式的开放路径，降低服务业改革风险。在服务贸易和投资自由化便利化的导向下，实行与国内承受能力相适应的渐进开放，有利于通过有限开放的良好效果来逐步统一认识和提高适应性，减少改革阻力，使改革平稳持续地向前推进。特别是通过特定服务行业、特定区域的开放，能够将开放可能带来的冲击限制在可控范围内，不仅为国内服务业发展留下空间，也使服务业改革更为顺利和富有成效。改革开放以来，特别是党的十八大以来，我国服务业以开放促改革的实践主要是通过以点带线、以线带面方式展开的。自贸试验区和自贸港、服务贸易创新发展试点等开放平台，不仅是对外开放的最前沿，也是改革的先行和重点地区，在服务业开放方面取得显著成绩的同时，在体制机制改革上也走在了前列，创造了经验，带动了全国范围的改革。

第四，通过更高标准的开放，增强服务业改革主动性。纵观世界经济发展史，开放带来进步，封闭导致落后，只有在开放环境中，一个国家的竞争力才能提升。开放是全球化时代拓展国家利益的有效策略。在现今主权平等的国际体系里，主要大国对外开放得越多，所获

① 中共中央文献研究室：《十七大以来重要文献选编》（下），中央文献出版社 2013 年版。

得的进入他国的机会就越大，寻找替代市场和服务的条件就越好，对海外利益的保障程度也就越高。[①] 对于服务业而言，网络和数字技术的发展大大改变了传统服务业低效率和不可贸易的属性，具备了规模经济效应和范围经济效应，服务全球化的推动力显著增强。从我国情况来看，服务业开放无止境。面对世界经济形势的深刻变化，我国服务业对外开放战略要因时而变、因势而变，在更大范围、更宽领域、更深层次上提高开放水平。这就对服务业改革和制度创新提出了更高要求，通过积极主动的改革破解难题，从而促进服务业体制机制更加成熟定型。

二、以制度型开放促进我国服务业体制机制改革的重要意义

2018 年底召开的中央经济工作会议首次提出“要适应新形势、把握新特点，推动由商品和要素流动型开放向规则等制度型开放转变”。2019 年，党的十九届四中全会通过的《关于坚持和完善中国特色社会主义制度 推进国家治理体系和治理能力现代化若干重大问题的决定》进一步指出“推动规则、规制、管理、标准等制度型开放”。“制度型开放”的提出标志着我国全面对外开放进入了新阶段，要求我国全面对接国际高标准市场规则体系，实行更加积极主动的开放战略。作为国民经济的第一大产业和全面对外开放的重点，我国服务业发展还面临较多的体制机制障碍，根本出路在于深化改革。以制度型开放促进深层次改革，破解复杂艰巨的改革难题，有利于加快服务业新动能培育和产业转型升级，有利于建设高标准市场体系和更高水平开放型经济新体制，有利于在百年未有之大变局中打好战略主动仗。

---

① 阎学通：“崛起为何需要开放”，《国际政治科学》2018 年第 2 期。

（一）加快培育新动能、推动服务业高质量发展的内在要求

改革开放 40 多年来，我国在快速工业化和城市化进程中保持了服务业持续较快增长，特别是近年来，服务业呈现稳中有进的发展态势，在国民经济中的地位不断上升。2012 年，服务业增加值超过第二产业，跃居为第一大产业；2015 年，服务业增加值占 GDP 比重突破 50%；2019 年进一步升到 53.9%（见图 2）。更重要的是，随着人工智能、区块链、云计算、大数据等新一轮科技革命的蓬勃发展，我国服务业领域的新产业、新业态、新模式不断涌现，正成为经济发展的重要支撑和引擎动力。据统计，2018 年我国服务业“三新”经济①增加值达到 7.7 万亿元，约占 GDP 的 8.5%。

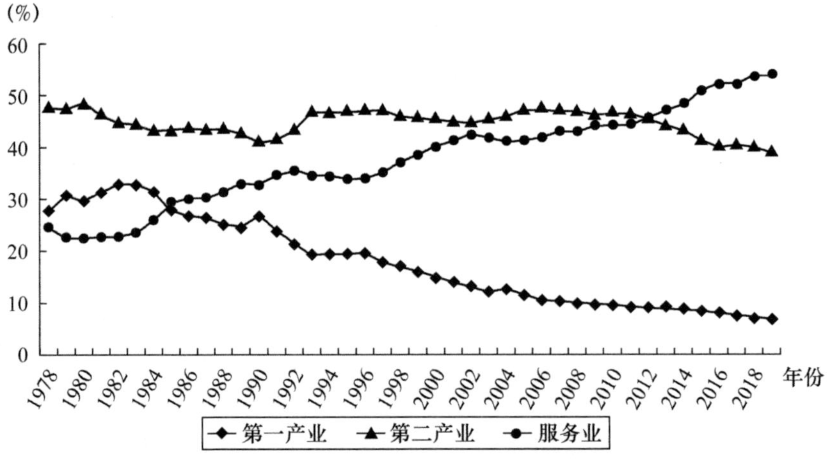

图 2 1978～2019 年我国三次产业结构的变化

资料来源：国家统计局。

① “三新”经济是新产业、新业态、新商业模式的简称，是经济中新产业、新业态、新商业模式生产活动的集合。其中，新产业是指应用新科技成果、新兴技术而形成一定规模的新型经济活动；新业态是指顺应多元化、多样化、个性化的商品或服务需求，依托技术创新和应用，从现有产业和领域中衍生叠加出的新环节、新链条、新活动形态；新商业模式是指为实现用户价值和企业持续盈利目标，对企业经营的各种内外要素进行整合和重组，形成高效并具有独特竞争力的商业运行模式。参见国家统计局《新产业新业态新商业模式统计分类（2018）》。

然而，服务业新动能培育和高质量发展仍面临不少体制机制障碍。例如，准入制度不完善，不少服务业初创企业遇到"准入不准营"问题；监管体制和方式不适应"互联网+""智能+"背景下服务业新业态、新模式的发展；对新出现的不规范价格行为、垄断行为缺少法律规制；融资支持、知识产权保护还不适应新动能发展的要求；对国际创新资源的利用和布局缺少机制性安排等。

服务业新动能培育和高质量发展离不开开放的外部环境。为此，推动服务业制度型开放，从全球视野谋划和促进服务业创新，建立广泛利用国内外创新资源的体制机制，深化和拓展贸易、投资、人才、科技等方面合作，有利于站在更高起点加快服务业准入、监管等方面的深层次改革，培育服务业新增长点和优势行业，促进"走出去"服务业企业构建区域产业链和分工体系，不断增强国际竞争力，以开放的最大优势谋求服务业更大的发展空间，加快新旧动能转换和高质量发展。

（二）推进产业转型升级、实现经济"三大变革"的必然要求

当前，我国正处在转变发展方式、优化经济结构、转换增长动力的攻关期，迫切需要实现经济发展质量变革、效率变革、动力变革。虽然我国是全世界唯一拥有联合国产业分类中所有工业门类的国家，稳居全球制造业第一大国地位，但制造业大而不强、发展质量不高、产业链不够稳固和安全的问题仍很突出。特别是2008年国际金融危机以来，产业链重塑成为全球性趋势。一些新兴经济体工业化步伐加快，凭借更低的资源成本和廉价的劳动力优势，与我国加工制造业的同质化竞争日益激烈。美国等发达国家实施再工业化战略，吸引高端制造回流，也对我国制造业迈向全球价值链中高端造成严重挤压。而推动

服务业特别是生产性服务业更好发展，不仅可以为产业升级特别是制造业转型发展提供高质量的中间服务，提升产业附加值，还能够拓展现有分工网络并衍生出新的分工结构，促进制造业产业模式和企业形态根本性转变。

值得重视的是，当前制约产业转型升级特别是制造业与服务业深度融合方面还有不少制度性障碍。部分服务行业的垄断现象较为突出，对外资企业、民营企业采取准入资格、股权比例、业务范围等限制措施，市场化机构的发展空间受到抑制，造成相关行业服务价格虚高而服务质量却难以满足需求，部分生产性服务行业的国内质量标准与国外无法衔接等。

推动服务业开放实现质的提升，是我国推进产业转型升级和经济“三大变革”的必然要求，有利于通过对外开放带动对内开放，加快垄断行业和国有服务业企业改革，填补效率洼地，完善制造业与服务业深度融合的体制机制，在竞争机制和改革红利的双重作用下丰富市场主体，激发市场活力，扩大优质服务供给。同时，有利于加快弥补创新设计、标准制定方面的体制机制短板，满足产业数字化、网络化、智能化发展对高质量中间服务的需求，加快我国经济从主要依靠资源和低成本劳动力等要素投入向依靠超大规模市场优势和创新驱动转变。

（三）建设高标准市场体系、加快完善社会主义市场经济体制的重要支撑

党的十九届四中全会通过的《关于坚持和完善中国特色社会主义制度 推进国家治理体系和治理能力现代化若干重大问题的决定》指出“要加快完善社会主义市场经济体制”，并首次提出“建设高标准市场体系”。这是夯实国家治理体系和治理能力现代化的经济基础的重

要内容，也是新时代以经济体制改革牵引全面深化改革的重点任务。目前，我国绝大多数商品市场体系已基本完善，市场决定商品价格基本实现全覆盖，但是要素市场体系建设较为滞后、要素市场发展还不平衡不充分、市场决定要素配置范围有限、产权保护仍存在薄弱环节、妨碍统一市场和公平竞争的体制机制弊端尚未完全破除，成为建设高标准市场体系和加快完善社会主义市场经济体制的明显短板。

当前，改革正处在一个新的历史关头。构建更加完善的要素市场化配置体制机制、完善权威的市场准入负面清单制度、建立刚性的公平竞争审查制度、健全以公平为原则的产权保护制度等改革任务非常繁重，面临利益固化的掣肘和政府自我革命的挑战，改革的深刻性、复杂性、艰巨性前所未有。

推动服务业制度型开放，有利于直面制约服务业发展的深层次体制机制难题，进一步增强改革自觉性，突破以政策调整为主的治标层面，优化服务业开放发展的法治环境，提高政府治理能力。另外，通过积极对标国际先进规则和最佳实践，有利于进一步明确服务业相关改革发力的突破口和关键措施，降低改革的交易成本，引导要素向先进生产力集聚，为建立具有国际竞争力的产业体系、构建成熟定型的制度体系提供有力支撑。

（四）建设更高水平开放型经济新体制、塑造国际竞争新优势的客观需要

进入 21 世纪以来，服务业快速发展成为引领和推动全球经济发展的重要引擎，各国参与国际竞争的焦点逐渐从货物贸易拓展到服务贸易，我国也抓住了加入 WTO 的发展机遇，深度融入全球经济，实现了服务贸易和服务业投资的持续快速增长。2001～2018 年，我国服务

贸易进出口额从 726 亿美元增长到 7918.8 亿美元，年均递增 15.1%，高出同期世界服务贸易进出口增速 7 个百分点。2018 年，我国服务贸易总额稳居世界第二位，占到全球的 6.9%，比 2001 年上升 4.5 个百分点。作为全球第二大的外资流入国和对外投资国，2018 年我国服务业实际利用外商直接投资 858.5 亿美元，比 2001 年增长 6.7 倍，占全行业实际利用外商直接投资的比重达到 63.6%，比 2001 年提高 39.7 个百分点；2018 年我国服务业对外直接投资 1084.2 亿美元，比 2013 年增长 57.2%，占全行业对外直接投资的比重达到 75.8%，比 2013 年提升 11.8 个百分点（见图 3）。

值得注意的是，当前全球服务业开放重点正从传统的进出口关税、外资准入等边境措施向竞争法规、知识产权、监管透明度等边境内措施拓展。根据经济合作与发展组织（以下简称 OECD）服务贸易限制指数（Services Trade Restrictiveness Index，以下简称 STRI 指数）[①]，2014～2019 年 46 个样本国家 27.3% 的服务行业边境内措施的限制程度下降，OECD 国家 22.7% 的服务行业边境内措施的限制程度下降，9 个新兴市场和发展中国家 45.5% 的服务行业边境内措施的限制程度下降（见图 4）。由于边境内措施触及一国法律主权管辖下的国

① 该指数是目前国际上衡量一国服务业开放度的客观评价指标，也是对提高一国服务业开放度的政策措施进行对标、比较和情景模拟的有效分析工具。该指数的值介于 0～1，0 表示完全开放，1 表示完全限制。这些数值是根据最惠国原则（不考虑优惠贸易协定），综合不同国家在外资准入限制、人员流动限制、竞争壁垒、监管透明度、其他歧视性措施 5 个方面的信息计算得到的，涵盖 37 个 OECD 国家以及中国等 9 个新兴市场和发展中国家，涉及 4 个大类、22 个服务行业。其中，数字网络服务业包括广播、计算机服务、影视、录音、电信 5 个行业，运销供应链服务业包括空运、邮政快递、批发零售、物流货物装卸、物流报关、物流货代、物流仓储、海运、铁路货运、公路货运 10 个行业，市场连接和支持服务业包括会计、商业银行、保险、法律 4 个行业，基建服务业包括建筑设计、建筑、工程咨询 3 个行业。该指数自 2014 年发布以来，已更新到 2019 年。

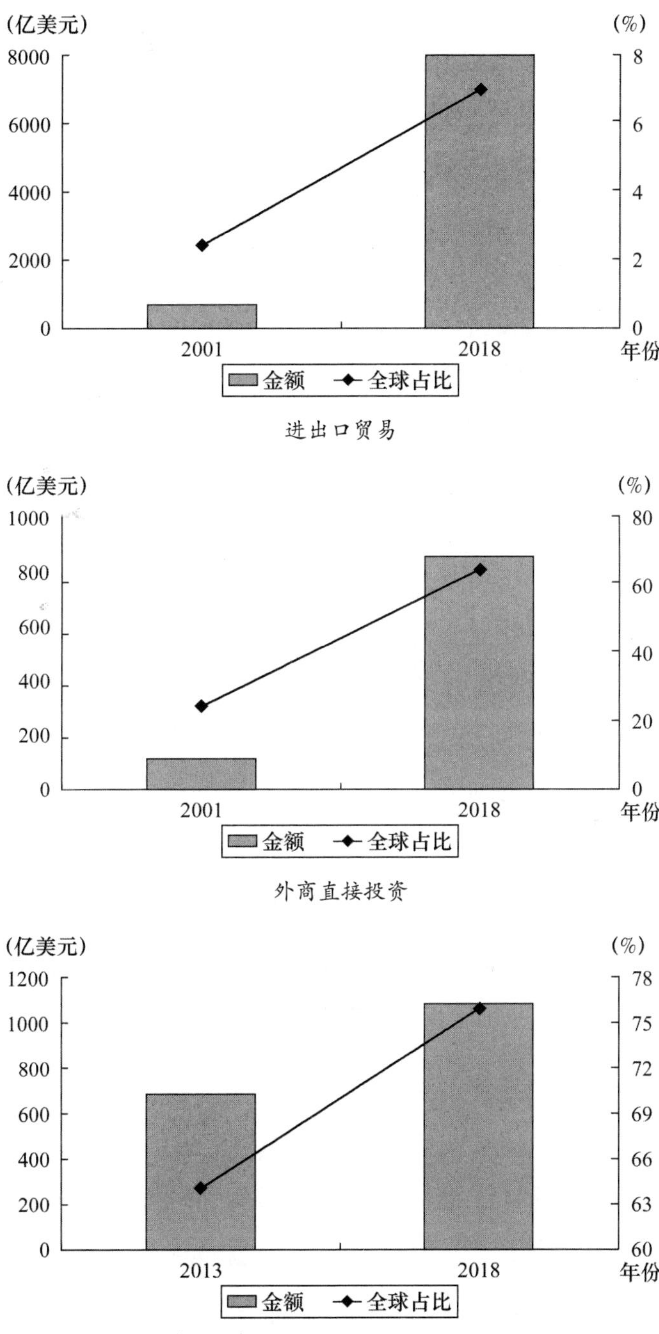

图3　我国服务贸易和服务业投资的增长及其占比

资料来源：国家统计局、商务部。

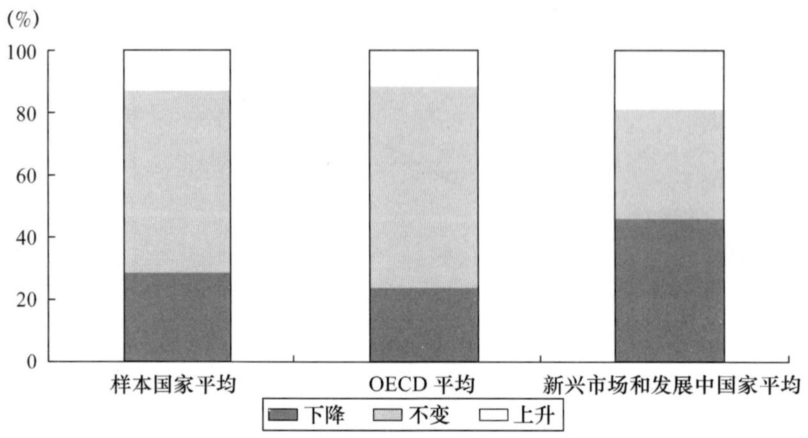

图4　2014～2019 年全球服务业开放中边境内措施限制水平的变化

注：将 STRI 指数中的竞争壁垒措施、监管透明度措施、其他歧视性措施作为边境内措施。

资料来源：课题组根据 OECD 的 STRI 数据库计算整理而成。

内制度体系，有大量部门内及部门间的事务需要协调，加之服务业的“异质性”使得不同行业的规则、规制、管理、标准等差别明显，因此对于深化服务业系统性改革的要求日益迫切。

在更大范围、更宽领域、更深层次上推动服务业开放，有利于加快建立与国际服务贸易和投资规则相衔接的制度体系，推动相关服务行业改进监管体制机制，完善对外投资促进机制，放大逆向技术溢出效应，从而加快建设更高水平开放型经济新体制，进一步打通国内外两个市场，促进要素资源自由流动、高效配置，实现“引进来”与“走出去”更好的结合。

（五）应对百年未有之大变局、参与和引领新贸易规则制定的迫切要求

当今世界正经历百年未有之大变局，新一轮科技革命和产业变革深刻改变着一国的竞争优势，崛起大国与守成大国的战略博弈加速推动着国际体系和国际秩序的重塑。

一方面，服务业成为新一轮国际经贸规则重构的焦点。近年来，全球价值链贸易和数字贸易的快速发展创新了国际生产网络与国际贸易模式，对服务贸易规则提出新的诉求。受新冠肺炎疫情在全球大流行的影响，人员大范围流动和聚集受限，借助互联网、数字化技术手段提供跨境服务得到更大发展，降低了对商业存在和自然人移动提供模式的依赖。在此背景下，推动服务贸易、跨境投资的自由化和便利化正成为发达国家主导的自贸协定谈判的主要内容，也是WTO改革的焦点。例如，全面与进步跨太平洋伙伴关系协定（CPTPP）、美墨加协定（USMCA）在“跨境服务贸易”一章设有“当地存在”条款①；USMCA以“数字贸易”取代“电子商务”作为相关章节的标题，并新增“网络安全”“交互式计算机服务”“公开政府数据”等条款②，在“跨境服务贸易”一章的“国民待遇”“最惠国待遇”条款中对政府层级作出明确补充③。这些都体现了跨境服务贸易规则的新理念，在很大程度上引领了未来高标准国际服务贸易规则的走向，也符合我国建设更高水平开放型经济新体制的改革方向。

另一方面，逆全球化的单边主义、孤立主义和贸易保护主义甚嚣尘上。某些国家的政策取向转变为以争夺利益为核心，严重冲击了多

---

① 该条款规定，任何缔约方不得要求另一缔约方的服务提供者在其领土内设立或维持办事处或任何形式的企业或成为居民，作为跨境提供服务的条件。

② “网络安全”条款倡导缔约方共同应对网络安全威胁，确保对数字贸易的信心。“交互式计算机服务”条款要求缔约方在确定与信息存储、处理、传输、分配相关或由该服务造成的损害责任时，不得采取或维持将交互式计算机服务的提供者或使用者视为信息内容提供者的措施，除非该信息完全或部分由该提供者或使用者创建或开发。“公开政府数据”条款要求缔约方努力确保向公众提供的政府信息是机器可读和开放的格式，倡导加强合作以扩大获取和使用其公开的政府信息的途径。

③ 该条款将“地方政府”列出，并规定地方政府采取的措施应当是不得低于同类情况下的最好待遇；对于“不符措施条款”，如果一方认为其他成员的措施对其跨境服务造成实质性损害，可进行磋商，不论该措施是地方政府还是中央政府层面的。

边主义、多边贸易体制和规则。例如，USMCA 协定中的“毒丸”条款[①]引发巨大舆论争议。该条款直观地体现了当前在多边谈判无法推进、各方转向区域层面谈判的过程中，美国基于自身利益选择性屏蔽其他重要经济体的单边主义，意图在未来国际经贸规则重构中掌握主导权。

更加积极主动地扩大服务业高水平开放，可以增强服务业改革的紧迫感，顺应服务贸易和服务业投资发展趋势，努力变不利为有利、变被动为主动。同时，还可以充分发挥我国作为数字经济大国的优势，增强服务业体制机制对高标准新规则的适应性，进而掌握服务贸易新规则制定的话语权，在日益显现的多极格局中抢占比较有利的国际地位，推动世界秩序总体朝着有利于我国和世界健康发展的趋势演进。

三、近年来我国服务业以开放促改革的主要进展与成效

近年来，我国服务业开放步伐加快，开放水平明显提高。通过实行负面清单管理模式和拓宽开放领域，推动了我国服务业审批制度、监管体制机制的改革以及部分法律法规的“立改废”；通过重视与国际通行规则的对接，一定程度上提高了服务业改革的针对性；通过推动“引进来”“走出去”的双向开放，促进了服务业相关改革的整体推进；通过多样化开放平台试点和区域间协同开放，促进了服务业改革的差异化探索和协同联动。

---

① 该条款规定，协定一方应在谈判开始前至少 3 个月通知其他各方其打算与非市场经济国家开始自贸协定谈判；一方与非市场经济国家签署自贸协定，另一方可提前 6 个月通知终止本协定，并代之以新协定。

（一）负面清单管理模式推动了服务业审批制度改革持续深化

2013 年，上海自贸试验区率先探索准入前国民待遇加负面清单管理模式。截至目前，我国已先后公布 7 版自贸试验区负面清单，涉及服务业的特别管理措施由 2013 年版的 95 条减少到 2020 年版的 23 条（见表 1），充分展示了我国扩大服务业开放的决心和力度。在自贸试验区实践的基础上，2018 年开始我国在全国全面推行了外资准入负面清单管理模式，相继公布了 3 版负面清单，将自贸试验区探索的较为成熟、风险可控的开放措施给予推广，促进了服务业开放力度的提高。由此，我国也连续多年成为各国企业最青睐的投资目的地之一，2018 年服务业新设立外商投资企业达到 5.4 万家，同比增长 78.6%。

表 1　我国自贸试验区外资准入负面清单中服务业特别管理措施数量的变化

行　业	2013 年	2020 年
批发和零售业	13	1
交通运输、仓储和邮政业	21	4
信息传输、软件和信息技术服务业	8	2
金融业	5	0
房地产业	4	0
租赁和商务服务业	13	3
科学研究和技术服务业	12	3
水利、环境和公共设施管理业	3	0
教育	3	2
卫生和社会工作	1	1
文化、体育和娱乐业	12	7

资料来源：课题组根据《中国（上海）自由贸易试验区外商投资准入特别管理措施（负面清单）（2013 年）》《自由贸易试验区外商投资准入特别管理措施（负面清单）（2020 年版）》整理而成。

同时，我国还将负面清单的概念从外资准入管理引入到国内经济治理中。2016 年，率先在上海、天津、广东、福建开展市场准入负面清单制度改革试点；2017 年试点范围扩大到 15 个省市，2018 年正式在全国推开。市场准入负面清单制度在国外没有先例可循，是我国完善社会主义市场经济体制的重要创新，为各类所有制企业、内外资企业奠定了规则平等、权利平等、机会平等的制度基础，促进了市场配置资源决定性作用的发挥。

总体上看，我国以自贸试验区探索为先导，初步建立了相对完整的负面清单制度体系，并形成清单动态调整机制，促进了政府宏观管理理念的转变，推动了“放管服”改革特别是行政审批制度改革的深化。据统计，2013 年以来，国务院部门行政审批事项削减超过 40%，非行政许可审批彻底终结，取消、减征、减免中央和省级政府行政事业性收费超过 1000 项，全面改革工商登记、注册资本等商事制度，企业开办、不动产登记等事项办理时间压缩 50% 以上。一些地方探索的行之有效的做法也在全国得到复制推广。例如，浙江的“最多跑一次”改革、江苏的“不见面审批”改革、天津的“一枚印章管审批”等。这些实践对于破解行政审批“中梗阻”“最后一公里”、将改革引向更深层次和更高水平起到促进作用。

（二）开放领域不断拓宽促进了服务业制度环境的改善

近年来，我国服务业开放领域不断拓宽，卫生和社会工作、教育、信息传输、软件和信息技术服务业、金融业等实际利用外商直接投资增长迅猛（见图 5）。在这一过程中，与服务业开放相关的法律法规、事中事后监管、知识产权保护等方面的改革不断跟进，改善了服务业发展的制度环境。

第一，部分法律法规得到修改完善。在总结自贸试验区试点经验的基础上，2016 年我国对《外资企业法》《中外合资经营企业法》

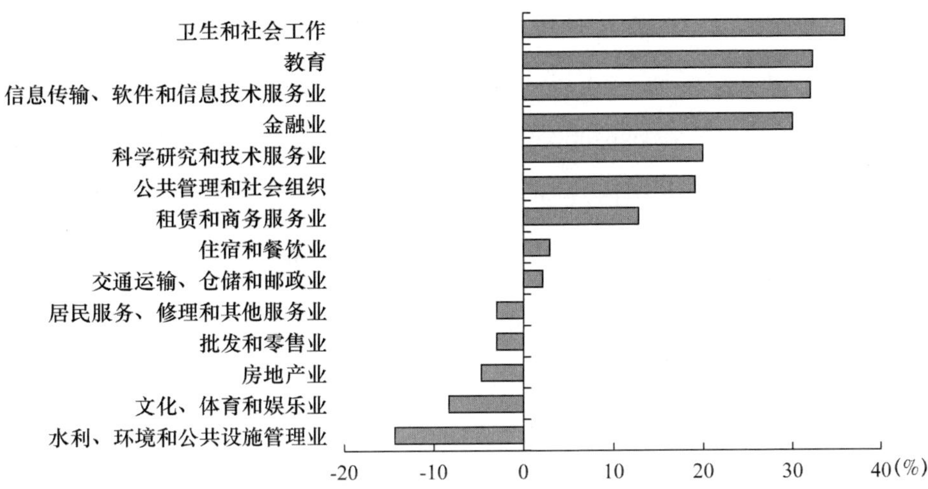

图 5　2013～2019 年我国服务业实际利用外商直接投资的年均增长率

资料来源：国家统计局。

《中外合作经营企业法》等作出修改，明确“对不涉及国家规定实施准入特别管理措施的，将相关审批事项改为备案管理；国家规定的准入特别管理措施由国务院发布或批准发布”。此后，随着服务业等领域的不断开放，2019 年我国制定了统一的《外商投资法》，为新形势下进一步扩大开放、积极有效利用外资提供了有力的法治保障。另外，2019 年我国还公布了《优化营商环境条例》，将近年来改善营商环境的经验做法以法规制度的方式加以固化，确立了对内外资企业一视同仁的营商环境基本制度规范，针对现阶段营商环境的突出短板和市场主体反映强烈的问题，也从完善体制机制层面作出规定。

第二，事中事后监管制度逐步建立。在推进服务业扩大开放过程中，我国积极探索服务业事中事后监管，在构建部门协同监管机制、扩大智能监管覆盖、规范重点领域监管流程等方面取得了明显进展。以“双随机、一公开”监管为基本手段、以重点监管为补充、以信用监管为基础的新型监管机制逐步健全，减轻了企业负担。同时，信用监管实行守信联合激励和失信联合惩戒机制，让市场主体“一处违法、处处受限”，增强了对市场主体的威慑力，市场环境更加公平有序。

第三，知识产权保护明显加强。随着经济结构调整和高质量发展深入推进，我国对知识产权使用等生产性服务需求快速增长，与知识产权相关的服务进口大幅提升。为进一步加强知识产权保护，确立知识产权“严保护”的政策导向，2019 年我国出台《关于强化知识产权保护的意见》，在强化制度约束、加强社会监督共治、优化协作衔接机制、健全涉外沟通机制等方面提出多项创新举措，为加强对中外企业知识产权的一视同仁和同等保护创造了良好环境。

（三）重视对接国际通行规则促进了服务业改革的深化

近年来，我国服务业扩大开放越来越重视对接国际通行规则。由于不同服务行业异质性强，面临的体制机制障碍差别大，通过有针对性地进行国际对标，在一定程度上促进了服务业改革重点的把握，提高了改革措施的有效性。

从 OECD 的 STRI 指数来看，在 2019 年所评价的 22 个服务行业中，我国有 14 个行业开放度比 2014 年有所提高，占比达到 64%，高于同期全球 46 个样本国家 55% 的改善程度。其中，我国运销供应链服务业开放度提高的行业数量最多、幅度最明显，与全球服务业开放的趋势相一致（见图 6、图 7）。

首先，在 2014 ~ 2019 年我国 14 个开放度有提高的行业中，有 10 个行业得益于外资准入限制的放宽，占比为 71%。其中，运销供应链服务业中的批发零售、海运行业最为显著。主要原因是通过对标国际通行的外资准入条件，我国着力实施了放宽外资股比限制、企业法律形态限制（独资、合伙、股份合作等）、审批制改为备案制等改革措

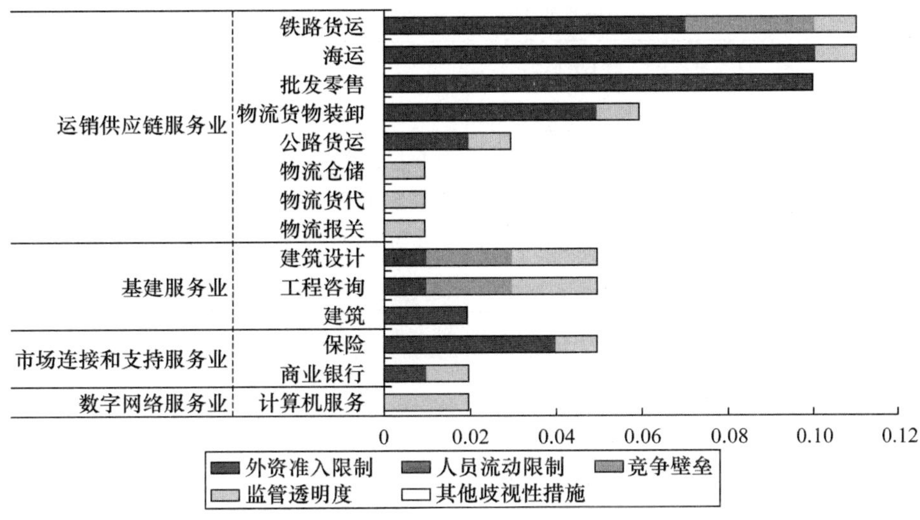

图6 2014～2019年我国服务业开放度的改善情况

注：由于本图中涉及行业在“人员流动限制”和“其他歧视性措施”方面没有改善，即这两项改善的数值均为0，故未在图中显示。

资料来源：课题组根据OECD的STRI数据库计算整理而成。

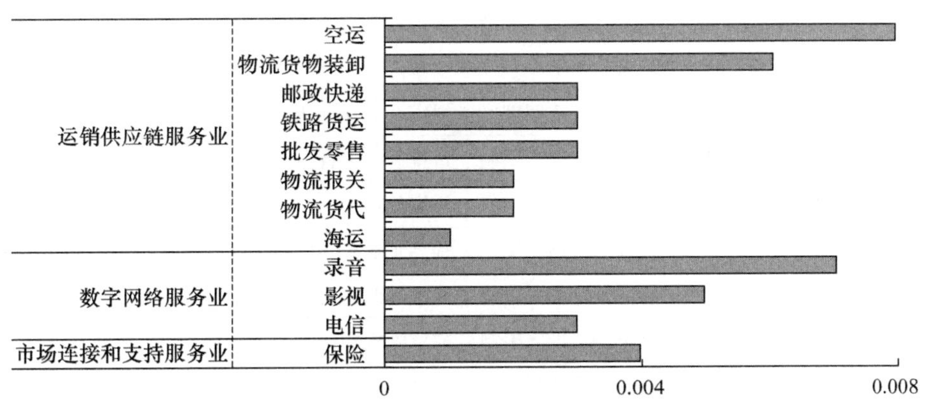

图7 2014～2019年全球服务业开放度的改善情况

资料来源：课题组根据OECD的STRI数据库计算整理而成。

施（见表2）。

其次，有12个行业开放度提高得益于监管透明度的改善，占比为86%。其中，数字网络服务业中的计算机服务行业最为明显。监管透明度的改善主要归因于近年来我国着力改革了企业登记注册制度，通过缩短时限、降低费用、简化程序等措施，提高了企业开办便利化程度。

表2　2014～2019年我国提高服务业开放度的改革重点及采取的主要措施

	行　业	改革重点	主要措施
运销供应链服务业	铁路货运	放宽外资准入限制	放宽外资股比限制，审批制改为备案制
		降低竞争壁垒	放宽价格管制，降低最低资本要求
		提高监管透明度	提高企业开办便利化程度
	海运	放宽外资准入限制	放宽外资股比限制，放宽企业法律形态限制
		提高监管透明度	提高企业开办便利化程度
	批发零售	放宽外资准入限制	放宽外资股比限制，审批制改为备案制
	物流货物装卸	放宽外资准入限制	放宽外资股比限制
		提高监管透明度	提高企业开办便利化程度
	公路货运	放宽外资准入限制	审批制改为备案制
		提高监管透明度	提高企业开办便利化程度
	物流仓储	提高监管透明度	提高企业开办便利化程度
	物流货代	提高监管透明度	提高企业开办便利化程度
	物流报关	提高监管透明度	提高企业开办便利化程度
基建服务业	建筑设计	放宽外资准入限制	审批制改为备案制
		降低竞争壁垒	放宽价格管制
		提高监管透明度	提高企业开办便利化程度
	工程咨询	放宽外资准入限制	审批制改为备案制
		降低竞争壁垒	放宽价格管制
		提高监管透明度	提高企业开办便利化程度
	建筑	放宽外资准入限制	审批制改为备案制
市场连接和支持服务业	保险	放宽外资准入限制	放宽外资股比限制，放宽企业法律形态限制
		提高监管透明度	提高企业开办便利化程度
	商业银行	放宽外资准入限制	放宽外资股比限制
		提高监管透明度	提高企业开办便利化程度
数字网络服务业	计算机服务	提高监管透明度	提高企业开办便利化程度

资料来源：课题组根据OECD的STRI数据库整理而成。

最后，还有3个行业开放度提高得益于竞争壁垒的降低，主要是基建服务业中的建筑设计、工程咨询行业以及运销供应链服务业中的铁路货运行业。竞争壁垒的降低主要是我国在这些行业实施了放宽价格管制、最低资本要求等改革措施。

（四）双向开放力度的加强提高了服务业改革的整体性

近年来，我国服务业开放的一大突出特点就是从过去以出口、吸引外资为主转变为鼓励出口和增加进口、吸引外资和对外投资并重，进出口贸易和双向投资持续扩大，很大程度上促进了“引进来”“走出去”相关改革措施的整体推进。

一方面，统筹推进服务贸易进出口促进机制。近年来，我国先后采取公布《服务出口重点领域指导目录》（2016），调整《鼓励进口服务目录》（2019），修订《禁止进口限制进口技术目录》和《禁止出口限制出口技术目录》（2018）等措施。其中，《服务出口重点领域指导目录》在全面覆盖 WTO 确定的服务大类的基础上，重点加强了对研究开发和技术服务、广播影视和视听服务等附加值较高、发展潜力较大的服务领域的支持引导，并注重与有关行业引导支持方向和已出台的行业指导目录相一致。《鼓励进口服务目录》重点支持满足高质量发展要求、符合经济社会发展趋势且国内急需的研发设计、节能环保、咨询服务、环境服务等进口，注重与有关行业既有鼓励支持的进口领域相衔接。《禁止进口限制进口技术目录》《禁止出口限制出口技术目录》进一步明确了新形势下包括服务在内的技术进出口管理和促进的基本原则和重点内容。此外，我国还积极推动与重点国别商签服务贸易合作备忘录，建立服务贸易多双边合作机制。以国际进口博览会和国际服务贸易交易会为龙头，充分发挥专业展会交易平台的促进作用。

另一方面，在改善国内服务业投资环境的同时，着力加强服务业对外投资制度建设。近年来，我国服务业对外投资合作开始起步，对外投资步伐加快，特别是针对“一带一路”沿线国家的投资快速增长。为此，我国制定了《关于进一步引导和规范境外投资方向的指导意见》等，明确了鼓励、限制、禁止3类境外投资活动，加强境外投资真实性审查，进一步完善境外投资备案报告管理制度，逐步建立了境外投资风险防控机制，对引导和规范企业对外投资行为、促进对外投资健康有序发展起到重要作用。同时，我国还重视完善海外知识产权纠纷预警防范机制，建立国外知识产权法律修改变化动态跟踪机制，健全协调和信息获取机制、涉外执法协作机制，积极推动改善我国企业海外知识产权保护环境。

（五）多样化开放平台的发展推进了服务业差异化改革探索

近年来，我国服务业在开放过程中形成了自贸试验区和自贸港、北京市服务业扩大开放综合试点、服务贸易创新发展试点、内地与港澳服务贸易自由化等多种类型的开放平台，通过差异化探索，较好地发挥了深化服务业体制机制改革“试验田”作用。

首先，各平台承担的开放任务不同，对服务业差异化改革起到推动作用。自2013年在上海设立首个自贸试验区以来，我国自贸试验区多次扩容，目前已形成“1+3+7+1+6”共18个自贸试验区的发展格局①，其中沿海省份实现了全覆盖。各自贸试验区发挥区位优势，围绕发展定位和产业基础，努力以制度创新为核心，深入探索服务业扩大开放的有效措施。北京作为全国唯一的服务业扩大开放综合试点，自2015年获批以来，立足首都城市定位，围绕打造全面开放型现代服务业发展先行区的目标，着力构建与国际规则相衔接的服务业扩

① 包括上海、天津、广东、福建、辽宁、浙江、河南、湖北、重庆、四川、陕西、海南、山东、江苏、广西、河北、云南、黑龙江。

大开放基本框架。服务贸易创新发展试点在2016年开始实施的基础上于2018年进一步深化，试点地区[①]结合服务业发展实际，在管理体制、促进机制、政策体系、监管制度等方面先行先试。特别是上海于2018年制定了全国首个跨境服务贸易负面清单，为全国做了有益探索。内地与港澳服务贸易自由化则在内地全境首次以准入前国民待遇加负面清单为主要方式对港澳全面开放服务贸易领域[②]，并结合广东自贸试验区建设，扩大了服务业开放领域。总体来看，通过不同类型的开放平台来进行差别化探索，多管齐下，试验出来的改革经验更有针对性，形成很多适用面广的案例做法，在全国得到了复制推广（见表3）。

其次，不同平台开放的行业各有侧重，对服务业差异化改革起到推动作用。例如，上海自贸试验区重点在金融、航运、商贸、专业服务、文化、教育培训等方面扩大开放，着力进行制度创新。广东自贸试验区特别是前海片区作为深港现代服务业合作区，是以新金融和类金融、现代物流、专业服务、科技创新等为开放重点，密切与香港的合作；在建筑等领域，目前已有160多位香港专业人士在前海执业。北京服务业扩大开放综合试点则重点在科技、互联网和信息、文化教育、金融、商务和旅游、健康医疗等方面进一步扩大开放，探索改革创新经验。而服务贸易创新发展试点是通过在银行、离岸呼叫中心业务、跨境自驾游、工程咨询、法律服务等方面推出开放便利举措，支持试点地区对服务贸易发展模式、管理体制机制等进行改革探索。

---

① 在2016年天津、上海、海南、深圳、杭州、武汉、广州、成都、苏州、威海10个地区以及哈尔滨新区、江北新区、两江新区、贵安新区、西咸新区5个国家级新区试点的基础上，2018年又新增北京、河北雄安新区，并将哈尔滨新区、江北新区扩展到哈尔滨、南京全市。

② 2015年内地与港澳分别签署的《CEPA服务贸易协议》中明确，内地对港澳开放的服务部门将达到153个，涉及WTO全部服务部门的95.6%，其中62个部门完全实现国民待遇；使用负面清单的领域，限制性措施仅120项；跨境服务、文化、电信等使用正面清单的领域，对港澳分别新增开放措施28项和20项；对港澳累计开放个体工商户行业达到135个。

表 3　2015 年以来各类开放平台向全国推广的最佳实践案例

	自贸试验区			北京市服务业扩大开放综合试点			服务贸易创新发展试点
	第一批	第二批	第三批	第一批	第二批	第三批	
时间	2015 年 11 月	2017 年 7 月	2019 年 7 月	2018 年 3 月	2018 年 11 月	2020 年 6 月	2020 年 3 月
数量	8	4	31	4	5	7	20
具体内容	1. 国际贸易“单一窗口”（上海） 2. 国际贸易“单一窗口”（福建） 3. 京津冀区域检验检疫一体化新模式（天津） 4. 跨境电商监管新模式（广东） 5. 投资管理体制改革“四个一”（福建） 6. 以信用风险分类为依托的市场监管制度（天津） 7. 政府智能化监管服务模式（广东）	1. “证照分离”改革试点（上海） 2. “企业专属网页”政务服务新模式（广东） 3. 集成化行政执法监督体系（天津） 4. 关检“一站式”查验平台＋监管互认（福建）	1. 药品上市许可持有人制度试点（上海） 2. 以信用为核心的跨部门协同监管平台（广东） 3. 智能化地方金融风险监测防控平台（广东） 4. 供电服务新模式（广东） 5. 平行进口汽车政府监管服务新模式（天津） 6. 租赁资产证券化业务创新（天津） 7. 工程建设项目	1. 外商投资企业“全周期”管理机制 2. “直通车”国际引才引智模式 3. 协同互认的离境退税模式 4. “1＋X”服务业监管服务平台模式	1. 投贷联动试点助推科技金融创新发展 2. 文化艺术品“区内存储＋区外展拍”保税交易模式 3. 全程通办、全城通办的工商登记服务体系 4. 建立营商环境评价机制 5. 建立生活性服务业地方标准规范体系	1. “一带一路”法律与商事综合服务 2. 北京广播电视网络试听节目“走出去”服务体系 3. “一带一路”快速铁路跨境电商运输线 4. 专利申请优先审查“绿色通道” 5. 专利质押融资助力知识产权变“资本” 6. 新建楼宇项目住所证明新方式 7. 老工业街区转	1. 创新“网展贸”服务新模式（杭州） 2. 打造中小服务贸易企业统保平台（南京） 3. 建设全链条、全生态的知识产权运营服务体系（苏州） 4. 创新服务企业信用评定与融资“粤信融”模式（广州） 5. 创新开展服务贸易中小微企业融资试点“信易贷”（重庆两江新区） 6. 中韩“四港联动”海空港联动多式联运（威海）

续表

	自贸试验区			北京市服务业扩大开放综合试点			服务贸易创新发展试点
	第一批	第二批	第三批	第一批	第二批	第三批	
具体内容	8. 推进信用信息应用加强社会诚信管理（上海）		审批制度改革（福建） 8. 创新不动产登记工作模式（福建） 9. 优化用电环境（福建） 10. 集装箱码头股权整合新路径（辽宁） 11. 基于全要素价值分享模式的国有企业“内创业”模式（辽宁） 12. “冰山模式”开创东北老工业基地国有企业混合所有制改革新路径（辽宁）			型发展“首发+首店”品牌经营	7. “全球云端”零工创客共享服务平台（陕西西咸新区） 8. 创新第三方医学检验检测实验室共享模式（陕西西咸新区） 9. 建立“保税货物+租赁贸易”新模式（天津） 10. 集聚大数据探索服务贸易新业态新模式（贵州贵安新区） 11. 推进生物医药研发外包实验用生物材料通关便利（上海） 12. 搭建生物医药集中监管和公共服务平台（南京）

续表

	自贸试验区			北京市服务业扩大开放综合试点			服务贸易创新发展试点
	第一批	第二批	第三批	第一批	第二批	第三批	
具体内容			13. “海上枫桥”海上综合治理与服务创新试点（浙江） 14. 海洋综合行政执法体制改革（浙江） 15. “竣工测验合一”改革试点（浙江） 16. 工程建设项目审批制度改革试点（浙江） 17. 跨境电商零售进口正面监管模式（河南） 18. 一码集成服务（河南） 19. 推行“全通版”食品药品许可证（湖北）				13. 实行进口研发（测试）用未注册医疗器械分级管理（苏州） 14. 推行跨境电商进口 B2C 包裹退货新模式（杭州） 15. 创新知识产权质押融资模式（北京、上海、武汉） 16. 云税贷“以税获贷”助力小微企业发展（武汉） 17. 设立“国际生物医药保险超市”（成都） 18. 建设跨境金融区块链服务平台（天津、重庆两江新区） 19. 开展技术进出口“不见面”备案(苏州)

续表

	自贸试验区			北京市服务业扩大开放综合试点			服务贸易创新发展试点
	第一批	第二批	第三批	第一批	第二批	第三批	
具体内容			20. 推行不动产抵押权变更登记（湖北） 21. 涉税执法容缺容错机制（湖北） 22. 试行“两无一免”简化退税流程（湖北） 23. 铁路提单信用证融资结算（重庆） 24. 知识价值信用融资新模式（重庆） 25. 市场综合监管大数据平台（重庆） 26. 知识产权类型化案件快审机制（四川）				20. 将服务贸易管理事项纳入国际贸易“单一窗口”（上海、天津、海南）

续表

	自贸试验区			北京市服务业扩大开放综合试点			服务贸易创新发展试点
	第一批	第二批	第三批	第一批	第二批	第三批	
具体内容			27. “铁银通”铁路运单金融化创新（四川） 28. “自贸通”综合金融服务（四川） 29. “通丝路”——跨境电商人民币业务服务平台（陕西） 30. 以标准化助推现代农业发展新模式（陕西） 31. 微信办照（陕西）				

资料来源：《国务院自由贸易试验区工作部际联席会议办公室关于印发自由贸易试验区“最佳实践案例”的函》（商资函〔2015〕945 号），《关于印发自由贸易试验区新一批“最佳实践案例”的函》（商资函〔2017〕465 号），《关于印发自由贸易试验区第三批“最佳实践案例”的函》（商资函〔2019〕347 号）；《国务院服务贸易发展部际联席会议办公室关于印送服务贸易创新发展试点“最佳实践案例”的函》（商服贸函〔2020〕96 号）以及北京市商务局提供的材料。

再次，不同平台采取的开放模式有所区别，对服务业差异化改革起到推动作用。各自贸试验区实施了自贸试验区负面清单之外服务行业的充分开放，一律按照内外资一致原则不设外资准入条件。北京市服务业扩大开放综合试点在全面落实全国版负面清单基础上，针对外资制定了更有针对性的正向引导和激励措施，重点引导符合首都城市功能定位的高端国际资源加快集聚，形成服务业开放发展的比较优势。

最后，不同平台推进开放的方式有所差异，对服务业差异化改革起到推动作用。自贸试验区、服务贸易创新发展试点采取的是区域开放模式，面向特定区域进行开放试点，有利于在特定区域集成改革举措，并强调与所在行政区域更大范围的改革联动。北京市服务业扩大开放综合试点主要采取的是“产业开放＋园区开放”模式，有利于从产业链条中破解改革难题，并利用各示范区重点突破不同行业难题，推动特定行业与特定区域的并行突破（见专栏1）。

【专栏1】 北京市服务业扩大开放综合试点的“产业开放＋园区开放”模式

产业开放是以产业为对象，在全市域内无差别地实施开放措施。园区开放是以特定区域为对象，在区域内实施开放先行先试措施。“产业开放＋园区开放”模式，是在全市域范围内开展服务业扩大开放综合试点的同时，在特定区域对某些服务行业采取更加积极的先行先试措施，在条件成熟后再逐步扩大开放区域范围。

北京市在服务业扩大开放综合试点中，一方面聚焦科技、互联网和信息、文化教育、金融、商务和旅游、健康医疗等重点领域，另一方面将朝阳区、顺义区列为推进试点的示范区，依托其空间承载力强、国际化要素集聚、产业定位清晰等优势，率先落地新业态、创新服务新模式。以朝阳区为例，截至目前，朝阳区共有外商投资企业近万家，累计实际利用外资超过600亿美元，几乎全部投向服务业领域，企业数量及规模居全市首位，基本形成以商务服务、科技信息、金融服务、文化创新、中医药服务贸易、生活服务六大重点领域为主的服务业产业发展体系。

资料来源：课题组根据调研资料整理而成。

（六）区域间协同开放促进了服务业改革的联动和竞争

近年来，我国先后实施了京津冀协同发展、长江经济带发展、粤港澳大湾区建设、长三角一体化发展等一系列重大区域战略，东西南北、纵横联动发展的新格局正在形成。各区域和区域内部从服务国家发展战略的需要，加强了服务业开放的交流借鉴，促进了区域间协同开放。例如，前三批11个自贸试验区于2018年共同提出协同开放发展的倡议（见专栏2）。这一过程也促进了地区间服务业体制机制改革创新的联动和比学赶超。

【专栏2】　自贸试验区协同开放发展的倡议

自贸试验区是新时代我国改革开放的重要平台，是引领区域开发开放的核心引擎，是推动形成全面开放新格局的战略支撑。自2013年以来，上海自贸试验区取得丰硕成果，第二批自贸试验区迈出深化改革开放新步伐，第三批自贸试验区也实现良好开局。为此，我们对自贸试验区协同开放发展发出如下倡议。

1. 准确把握新时代自贸试验区建设历史方位，坚持大胆试、大胆闯、自主改，努力闯出一条新时代自贸试验区高质量发展的新路。

2. 大力实施内陆与沿海沿边沿江协同开放战略，进一步强化协同改革、协同创新、协同发展思维，着力提升自贸试验区改革开放的整体性、系统性、协同性。

3. 聚焦制度创新加大联动试验和系统集成。紧扣法治化、国际化、便利化营商环境建设的中心任务，聚力现代政府治理、双向投资管理、贸易监管服务、金融开放创新、产业集聚创新等五大核心制度创新体系，聚集各自贸试验区力量，对重大改革任务集中攻坚、集成突破。

4. 突出特色优势协同培育区域开放合作新高地。各自贸试验区秉持“立足优势、服务全国、面向世界”方向，坚定支持上海对照国际最高标准、最好水平，建设成为开放度最高的自由贸易园区；支持天津建成京津冀协同发展高水平对外开放平台；支持广东建设成为粤港澳深度合作示范区；支持福建发挥对台优势建设深化两岸经济合作的示范区；支持辽宁提升东北老工业基地发展整体竞争力；支持浙江建设成为国际大宗商品贸易自由化先导区；支持河南打造服务于“一带一路”建设的现代综合交通枢纽；支持湖北建设中部有序承接产业转移示范区；支持重庆建设“一带一路”和长江经济带互联互通重要枢纽和西部大开发战略重要支点；支持四川建设内陆与沿海沿边沿江协同开放示范区；支持陕西建设“一带一路”经济合作和人文交流重要支点。

5. 加快打造协同改革、协同开放的载体平台。鼓励在自贸试验区省（市）行政区域内，选择具有体制机制优势和平台功能优势的国家级开发区、国别产业合作园区等参与自贸试验区协同改革，探索建设一批自贸试验区协同改革先行区。

6. 联动提升对外互联互通水平。加强内陆及沿边沿江沿海门户枢纽城市建设，畅通国际开放通道，提升口岸能级和功能整合，构建空铁公水高效联运的国际物流服务体系。

7. 建立自贸试验区协同开放机制性安排。每年在自贸试验区轮流举办一次协同开放发展论坛，研究确定年度协同重点，发布中国自贸试验区年度发展报告。

资料来源：课题组根据调研资料整理而成。

例如，天津自贸试验区在服务业开放中注重创新经验率先向京津冀地区复制推广，并借鉴北京服务业扩大开放综合试点的经验。北京在推进服务业扩大开放综合试点中也积极复制自贸试验区经验，加强与天津自贸试验区政策优势互补。两地的协同开放，推动了京津冀通关服务和口岸物流一体化、金融服务和监管一体化、区域要素资源配置一体化等改革。

又如，上海、江苏、浙江于2019年签署了《自贸试验区联动发展战略合作框架协议》，旨在全面加强三地自贸试验区的沟通联络、协调配合，积极探索创新合作模式，不断提高合作水平。发挥三地自贸试验区在长三角新一轮改革开放中的带动示范作用，共同打造开放新高地，形成优势互补、各具特色、共建共享的协同发展格局。

再如，广东自贸试验区充分发挥自身的示范作用，带动和辐射了周边地区进行更加积极的改革，致力于打造粤港澳大湾区合作示范区，特别是推动CEPA补充协议新增10条专门适用于广东自贸试验区的开放措施，加快了粤港澳大湾区要素的融合互通和有关改革的深化。

再有，四川、重庆为推动成渝地区双城经济圈建设、打造内陆开放战略高地，共同探索建设川渝自贸试验区协同开放示范区，支持双方政务服务异地直通互办，开展异地间企业设立登记服务，共同优化通关通检流程，积极开展贸易供应链安全与便利合作，加强长江沿线通关一体化探索，初步建立了制度创新“信息共享、经验共创、模式共建”的新格局。

四、当前我国服务业制度型开放及相关体制机制改革的突出问题

总体来看，我国服务业开放水平依然不高，特别是制度型开放方面存在的问题较多，以开放促改革还有很大提升空间。

（一）服务业开放领域和范围仍需进一步拓宽

一方面，我国服务业引进外资和贸易进口的结构不合理，存在“一业独大”的问题。近年来，房地产业是我国服务业吸引外商直接投资最多的行业。2018 年，房地产业实际利用外商直接投资 224.7 亿美元，占到整个服务业的 26.2%，明显高于其他行业。教育，卫生和社会工作，文化、体育和娱乐业，居民服务、修理和其他服务业，住宿和餐饮业等实际利用外商直接投资的占比都在 1% 以下。更重要的是，我国在利用国际优质科技、研发资源方面相比于发达国家差距较大。2018 年，我国信息传输、软件和信息技术服务业实际利用外商直接投资的占比为 13.6%，比美国低 6 个百分点，科学研究和技术服务业实际利用外商直接投资的占比为 7.9%，比美国低 2.2 个百分点（见图 8）。

同时，我国服务贸易进口也存在一定的结构失衡。随着近年来居民赴境外旅游、留学、就医等需求的不断增长，我国已连续多年保持全球第一大出境旅游客源国和消费国地位。2019 年，旅行服务进口占

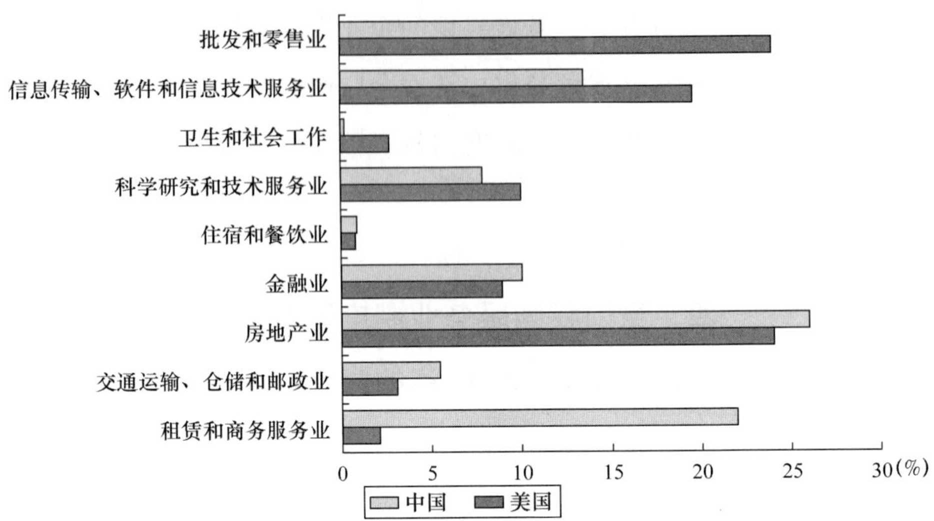

图8 2018年中国、美国主要服务行业实际利用外商直接投资的占比

资料来源：国家统计局、美国经济分析局。

整个服务进口额的比重高达50.1%，而为产业转型提供更多国内急需的中间服务进口以及与消费升级联系紧密的其他最终服务进口相对较少。2019年，我国金融服务、维护和维修服务进口的占比分别为0.5%和0.7%，个人、文化和娱乐服务进口的占比只有0.8%（见图9）。

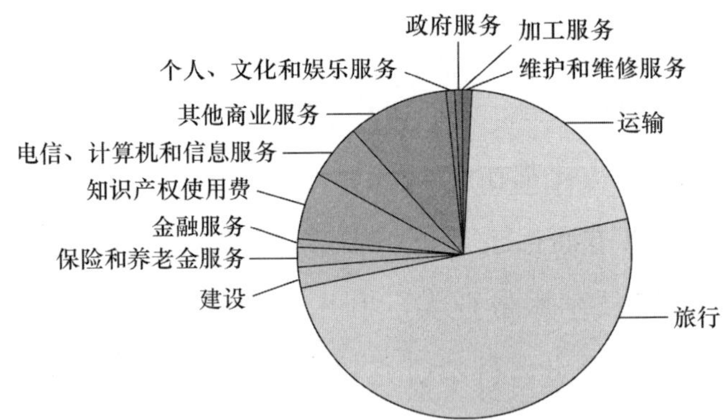

图9 2019年我国各项服务进口的占比

资料来源：国家外汇管理局。

另一方面，我国不少服务行业开放度仍有较大提升空间。如前所述，2019年全球数字网络服务业开放度比2014年有提高的共3个行业，分别为录音、影视和电信业，我国仅有计算机服务 1 个行业略有改善（见图 6、图 7）。与 OECD 平均水平相比，2019 年我国除了基建服务业的工程咨询、建筑设计行业开放度略好外，其他服务行业都存在不同程度的差距，特别是运销供应链服务业的邮政快递业，数字网络服务业的电信、广播、影视业，以及市场连接和支持服务业的会计业等差距明显。与标杆国家①相比，我国服务业开放度的差距进一步拉大（见图 10）。

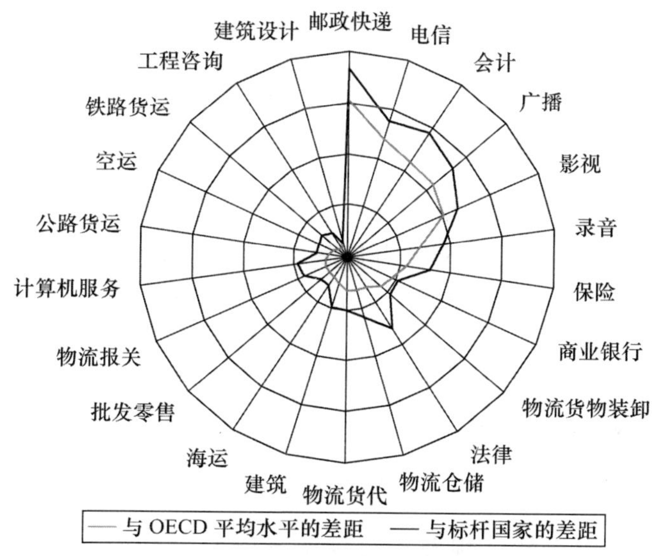

图 10　2019 年我国服务业开放度的国际比较

资料来源：课题组根据 OECD 的 STRI 数据库计算整理而成。

（二）运用法治化方式推动服务业开放的措施较少

法治化的规制方式是服务业高水平开放，特别是制度型开放的

---

①　综合考虑 OECD 的 STRI 指数对样本国家服务业开放度的评价情况以及各国服务业竞争优势的差异，确定我国各服务行业扩大开放的标杆国家。具体来看，会计、影视、铁路货运、公路货运 4 个行业对标的是美国，广播、商业银行、批发零售、法律 4 个行业对标的是英国，空运、物流货物装卸、物流报关、物流货代 4 个行业对标的是法国，建筑设计、建筑、工程咨询、录音 4 个行业对标的是日本，计算机服务、保险、物流仓储 3 个行业对标的是韩国，邮政快递、电信 2 个行业对标的是德国，海运对标的是丹麦。

最好体现。从国际上看，推动服务业开放及相关制度的改革主要是通过法律法规的“立改废”实现的。OECD 的 STRI 指数之所以成为国际上客观衡量一国服务业开放度和模拟分析改进开放度政策的有效工具，就在于其评估的主要内容和核心是各国确保服务业开放的法律法规。为此，OECD 通过收集不同国家主要服务行业开放有关的法律制度，构建服务贸易规制数据库（Services Trade Regulatory Database），在此基础上，进一步借助指标间逻辑关系反映政策间的牵引或联动效应，设计定量分析服务业开放度的评价体系，充分遵循行业开放发展规律。

对比来看，我国现阶段推动服务业开放更多还是依靠各类政策文件，运用法律法规手段明显不足，这也是多年来我国不少服务行业 STRI 指数居高不下、国际上认为我国服务业开放度不高的重要原因。尽管在扩大服务业开放中要先进行局部试点探索，但经实践证明行之有效、市场主体支持的成熟做法还需及时上升到法律法规层面，变成约束力强的制度规范。

另外，自《外商投资法》及实施条例施行以来，我国在清理与《外商投资法》不符的法规及相关规定方面取得阶段性进展，但还需加快清理和修改现行法律法规中的不符内容。例如，现行《政府采购法》中规定“政府采购应当采购本国货物、工程和服务”“本国货物、工程和服务的界定，依照国务院有关规定执行”。尽管有关部门强调政府采购对内外资企业一视同仁，外资企业在我国境内生产的产品仍属本国货物，但从法律规定的内容看，表述有待进一步明确。与《外商投资法》指出的“国家保障外商投资企业依法通过公平竞争参与政府采购活动。政府采购依法对外商投资企业在中国境内生产的产品、提供的服务平等对待”仍有差距。

（三）对标国际先进规则推进服务业开放力度有待加强、改革措施亟待精准

首先，部分规则设计与国际先进水平存在差距。近年来，我国服务业扩大开放在商业存在模式方面取得了较多成效，建立了外资准入的负面清单管理模式，但在商业存在模式以外的跨境交付、自然人移动、境外消费模式的跨境服务贸易市场准入方面，则缺少类似的负面清单制度。同时，我国现行的服务贸易规则大多低于国际高水平规则的纪律要求。例如，我国商签的多双边自贸协定中有关服务贸易的内容多是列出具体承诺减让表，强调有条件的国民待遇原则。

其次，不同类型服务行业以开放促改革的关键点有待进一步厘清。尽管近年来我国在扩大服务业开放中加强了与国际规则的对接，但总体来看，通用性的改革措施偏多，针对不同类型行业特点深化体制机制改革的关键点不够明确。无论与 OECD 平均水平相比，还是与标杆国家相比，我国服务业高水平开放面临的首要障碍是外资准入限制。但是，仅靠不断缩减外资准入负面清单，放宽准入限制，还无法解决影响服务业高水平开放的全部问题。例如，对于数字网络服务业而言，与 OECD 平均水平和标杆国家相比，还都较为突出的其他歧视性措施、竞争壁垒障碍。再如，对于运销供应链服务业而言，与 OECD 平均水平相比，面临较为突出的是监管透明度、其他歧视性措施问题，与标杆国家相比，则需要优先提高监管透明度和降低竞争壁垒。又如，对于市场连接和支持服务业而言，与 OECD 平均水平相比，面临较为突出是竞争壁垒、其他歧视性措施问题，与标杆国家相比，则是竞争壁垒、人员流动限制的障碍更为显著。此外，对于基建服务业而言，与 OECD 平均水平和标杆国家相比，迫切需要解决其他歧视性措施的问题（见图 11）。

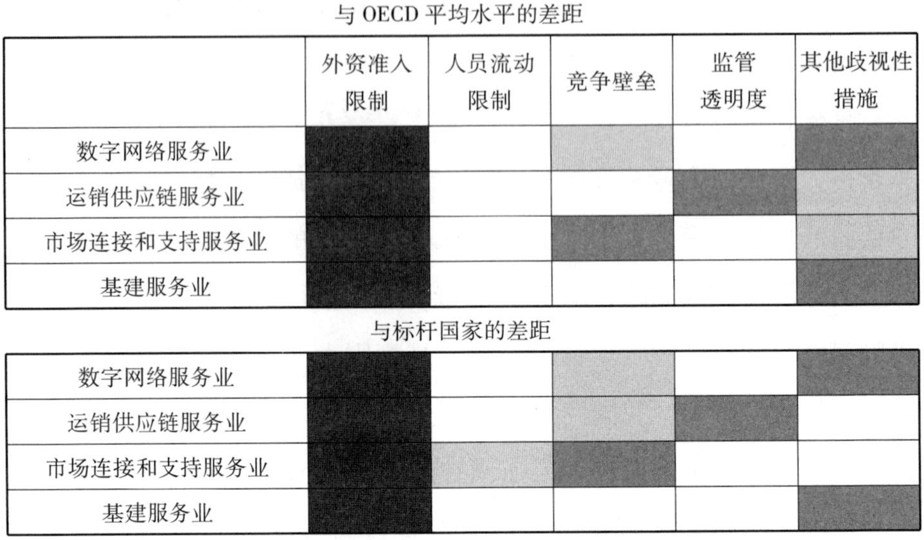

与 OECD 平均水平的差距

	外资准入限制	人员流动限制	竞争壁垒	监管透明度	其他歧视性措施
数字网络服务业					
运销供应链服务业					
市场连接和支持服务业					
基建服务业					

与标杆国家的差距

	外资准入限制	人员流动限制	竞争壁垒	监管透明度	其他歧视性措施
数字网络服务业					
运销供应链服务业					
市场连接和支持服务业					
基建服务业					

图 11　影响我国服务业开放度的主要体制机制障碍

注：黑色、深灰色、浅灰色方框分别为差距排在前三位的障碍，白色方框为差距较小的障碍。

资料来源：课题组根据 OECD 的 STRI 数据库计算整理而成。

最后，不同类型服务行业深化改革的关键措施有待精准化。即使在外资准入限制方面进行改革，不同类型行业改革的重点措施和优先序也有较大差别。对标 OECD 平均水平，在数字网络服务业方面，放宽外资准入限制优先要改革的是外资股比、数据流动及跨境资本活动限制等；在运销供应链服务业方面，放宽外资准入限制更迫切的是要改革数据流动、跨境资本活动限制等；在市场连接和支持服务业方面，放宽外资准入限制优先要改革的是企业法律形态、数据流动限制等；在基建服务业方面，放宽外资准入限制优先要改革的是数据流动、跨境资本活动、企业法律形态限制以及高管专业技术能力要求等。对标标杆国家，不同类型服务行业改革措施的要求有所提高。例如，在数字网络服务业方面，放宽外资准入限制中对“当地存在要求”改革的优先级明显提高；在运销供应链服务业方面，放宽外资准入限制中增加了“经营许可证要求”的改革内容；在基建服务业方面，放宽外资准入限制中也增加了对“当地存在要求”的改革内容。另外，各类服务业在降低竞争壁垒、提高监管透明度、取消其他歧视性措施方面，也都面临差异化的体制机制问题，需要更加精准地推进改革（见表4）。

（四）适应服务业高水平开放的管理制度不完善

第一，服务业准入后的管理制度改革还需深化。目前，我国一些服务行业开放中仍存在“准入不准营”问题，在外资的经营模式、牌照、业务范围、经营条件、业务许可等边境内措施方面有待进一步开放。同时，部分服务行业国有企业改革步伐有待加快，政府不当干预市场的行为屡有发生，不利于内外资企业的公平竞争。当然，推动服务业高水平开放并不意味着一味地放开。从美国、日本等发达国家经验看，在总体扩大开放的同时，也对少数行业保留甚至强化了必要的规制措施等。对此，我国也要结合经济高质量发展要求和服务业发展现实出发，完善服务业开放发展的监管制度体系。

第二，扩大服务业高水平开放中一定程度上存在安全概念泛化的倾向。以国家安全为由限制外资在敏感领域投资，是世界各国的通行做法，我国有必要在服务业开放中设置合理的安全屏障。但目前来看，互联网、教育、文化等行业开放时常出现安全定义不明确、指向不精准、范围不聚焦等问题。从国际经验看，通过建立和完善相关的制度安排特别是外资安全审查制度，可以有效减轻准入要求放宽后可能带来的不利影响。

第三，提升贸易便利化水平仍有较大空间和潜力。目前，各地将服务贸易相关事项纳入国际贸易“单一窗口”的探索，更多是实现了地点和前台的统一，而海关、检验检疫、海事、税务等部门的数据和

表 4　对标国际先进规则需要深化服务业体制机制改革的重点领域和内容

	外资准入限制	人员流动限制	竞争壁垒	监管透明度	其他歧视性措施
对标 OECD 平均水平					
数字 网络 服务业	外资股比限制，数据流动限制，跨境资本活动限制； 数据传输限制； 企业法律形态限制，播放时间限制，当地存在要求		国有企业市场支配地位		政府采购倾向本国商品； 版权保护/管理歧视； 税收补贴歧视
运销 供应链 服务业	数据流动限制，跨境资本活动限制； 外资股比限制		国有企业市场支配地位	工作人员跨境便捷度（签证时长、临时过境签或免签）； 货物进口关税起征点； 国际业务单独注册/许可要求	政府采购倾向本国商品
市场 连接和支持 服务业	企业法律形态限制，数据流动限制，跨境资本活动限制； 外资股比限制； 公司高管/董事会成员国籍限制，许可申请条件，当地存在要求	专业人员执业资格要求（国民身份）	费用规制； 新产品/服务/费用审批要求		政府采购倾向本国商品； 与国际标准不一致

续表

	外资准入限制	人员流动限制	竞争壁垒	监管透明度	其他歧视性措施
基建服务业	数据流动限制，跨境资本活动限制，企业法律形态限制； 高管专业技术能力要求	国外执业资格认可条件			政府采购倾向本国商品
对标标杆国家					
数字网络服务业	外资股比限制，数据流动限制，跨境资本活动限制； 数据传输限制，当地存在要求； 企业法律形态限制，播放时间限制		国有企业市场支配地位	**企业开办便利度（时间）**	政府采购倾向本国商品； 版权保护/管理歧视； 税收补贴歧视
运销供应链服务业	数据流动限制，跨境资本活动限制； 外资股比限制，**经营许可证要求**	**劳动力市场测试**	国有企业市场支配地位	**通关便利度（清关时间）；** **企业开办便利度（时间）；** 工作人员跨境便捷度（签证时长、临时过境签或免签）； 货物进口关税起征点	政府采购倾向本国商品

续表

	外资准入限制	人员流动限制	竞争壁垒	监管透明度	其他歧视性措施
市场连接和支持服务业	企业法律形态限制，数据流动限制，跨境资本活动限制； 外资股比限制； 公司高管/董事会成员国籍限制，许可申请条件，当地存在要求	**劳动力市场测试；** 专业人员执业资格要求（国民身份），**国外执业资格认可条件**	费用规制； 新产品/服务/费用审批要求	**企业开办便利度（时间）**	政府采购倾向本国商品； 与国际标准不一致
基建服务业	数据流动限制，跨境资本活动限制，企业法律形态限制，**当地存在要求；** 高管专业技术能力要求	**劳动力市场测试；** 国外执业资格认可条件			政府采购倾向本国商品

注：黑体加粗字体为对标标杆国家比对标 OECD 平均水平增加的改革措施。

资料来源：课题组根据 OECD 的 STRI 数据库整理而成。

监管后台仍是独立运行，导致“单一窗口”仅是作为数据收集的通道，限制了“单一窗口”对促进通关和口岸便利化作用的发挥。

第四，境外投资管理制度的备案制改革有待进一步落实。目前来看，有关部门的备案仍存在一定的审批意义。例如，根据现行的《企业境外投资管理办法》，除非境外投资涉及敏感国家和地区或敏感行业，都不再需要核准，只需备案。但在实际操作时，商业银行依据《资本项目直接投资外汇业务操作指引》要求非金融企业境外投资要向银行提交的审核材料中，仍然包括商务主管部门颁发的《企业境外投资证书》。

（五）部分服务行业标准、资质等与国际接轨程度不高

一方面，我国部分服务行业的强制性标准、技术法规和合格评定程序不完全符合国际通行的原则和要求。一些标准要求内容存在重复，相互间缺乏协调，全国范围和国内外间的标准互认仍有待加强。

另一方面，法律、会计等专业服务领域缺少国际职业资质互认制度，在很大程度上限制了我国利用国际化人才提供专业服务的有效性。即使在基本实现粤港澳服务贸易自由化的情况下，粤港澳也仅是在建筑工程、商业银行等少数行业实现了资质互认，而较为重要的专业服务领域，如法律、会计、医疗、兽医、专利代理等，港澳专业人士必须通过内地相关资格考试后，才能进入内地执业。并且，区域管理方式的不同导致行业规则衔接困难，资质审批手续复杂，阻碍了粤港澳服务要素的自由流动。

（六）依托多样化开放平台深化服务业改革的作用发挥不够充分

首先，部分开放平台对服务业体制机制改革的重视程度有待提

高。目前，北京市服务业扩大开放综合试点、服务贸易创新发展试点都聚焦在服务业扩大开放的探索，而自贸试验区作为我国扩大开放的主要平台载体，其投资贸易便利化制度改革则主要集中在货物贸易监管领域。

其次，部分开放平台管理体制机制还未理顺。特别是近两年新批复的自贸试验区，较多存在自贸试验区、自贸试验片区与功能区管理体制不顺的问题，导致多头管理、政出多门，工作中存在掣肘现象。对于只涉及单个部门的改革或程序优化的内部创新，一般进展较快，而跨部门的改革任务举措落实较慢。同时，一些自贸试验片区统一领导管理协调的机制还没有真正形成，难以承接省级经济管理权限，导致制度改革创新链条过长。

最后，开放平台改革创新协调成本高。目前，开放平台在推动服务业开放中的很多改革创新审批权限还集中在国家部委层面，地方改革创新探索的空间有限。例如，在上海自贸试验区，虽然负面清单限制和禁止类项目开放力度有所加大，但在教育、金融以及交通运输、仓储和邮政等行业进一步推动改革措施落地时仍存在“一事一议”等情况。同时，多样化开放平台在以开放促改革方面存在浅层化和碎片化现象，在通关便利化、海关监管改革以及各种形式的备案制、“最多跑一次”等简化政府审批流程方面的改革较多，而真正对标国际规则方面的关键性改革措施较少。另外，一些部委由于信息不对称等原因，担心对开放平台放权后会带来监管风险，难以与地方在制度创新探索方面形成有效合力，很大程度上限制了主要开放平台的服务业开放力度，以开放促改革的作用难以充分发挥（见专栏3、专栏4）。

【专栏3】 北京市服务业扩大开放综合试点中金融业开放对标国际规则的前瞻性和创新性改革措施不多

自2018年以来，我国金融业开放步伐明显加快，特别是在降低市场准入门槛、扩大经营范围和业务种类、优化经营环境等方面取得了实质性突破。金融作为北京服务业的支柱行业，是推进服务业扩大开放综合试点的重点。自试点以来，北京在银行、保险、证券投资、资产管理等方面进行了多项改革创新，运用OECD的STRI政策工具评估发现，2019年北京银行业限制指数为0.368，保险业限制指数为0.402，分别比全国水平低5.6%和6.5%，开放度有所提高，但与国际先进水平仍有较大差距（见图12）。

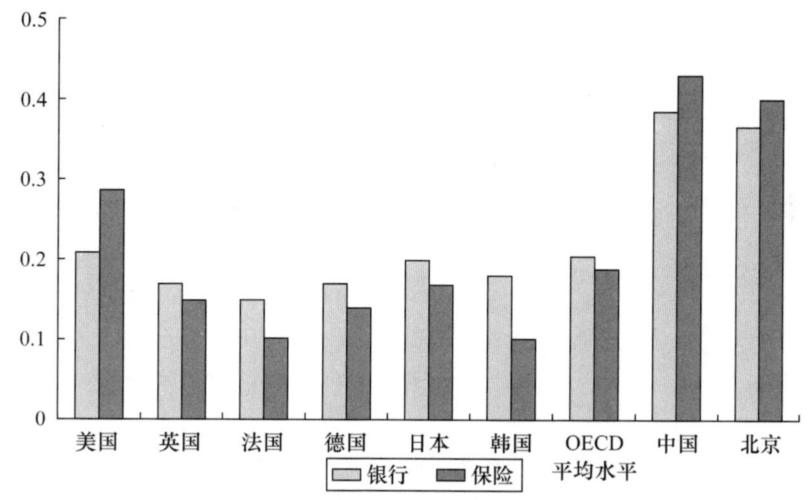

图12　北京市及代表性经济体金融业限制指数

资料来源：课题组根据OECD的STRI数据库计算整理而成。

北京金融业开放度提高主要是因为采取了促进人员流动便利和提高政策透明度方面的服务业共性措施，金融领域的专门措施对开放度影响不显著。这反映出对标国际金融业开放标准和要求，北京在推动金融业开放上还存在一些问题和不足。一是开放举措仍在国家现有政策法规体系范围内推动，对标国际高水平开放制度环境要求的创新性和突破性不强。例如，国际普遍将持股比例限制作为衡量开放水平的重要指标，但该项事权在中央，北京的改革权限不足。二是取消原有不合理限制的改革较多，但对标国际要求进行前瞻性和创新性改革措施不多。例如，OECD 的 STRI 指数重点关注金融业市场准入、市场竞争壁垒和政策透明度方面，而北京的改革措施多围绕业务创新、科技创新等展开。三是原则性、鼓励性政策较多，可操作性不强，特别是与国际金融业高水平开放要求相匹配的法律法规和标准体系亟待完善。例如，在金融科技、绿色金融创新等方面的有益探索和实践（见表5），还未能及时推动制度改革和法律法规调整。

表5　北京市服务业扩大开放综合试点金融业的主要开放措施

商业银行	市场准入	在符合相关法规的条件下，允许外资金融机构设立外资银行、民营资本与外资金融机构共同设立中外合资银行；研究允许新设或改制成立的外商独资银行、中外合资银行或外国银行分行在提交开业申请时可以同时申请人民币业务
	业务创新	推进企业增信担保、企业集团财务公司担保和关税保证保险改革，降低外贸企业融资成本；积极推动知识产权、股权及相关实体资产组合式质押贷款新模式；试点著作权、专利权、商标权等无形资产融资租赁
	科技创新	支持设立金融科技、绿色金融领域交流合作平台，在依法合规的前提下加强金融科技创新，积极发展碳交易和环境权益融资，开发绿色融资工具，支持企业在境外发行绿色债券
	绿色金融	积极开展绿色金融改革创新，探索发展绿色金融工具，开展排污权、水权、用能权等交易，支持境外投资者依法合规参与绿色金融活动，支持北京建设全球绿色金融和可持续金融中心
	监管创新	在依法合规的前提下探索监管“沙盒机制”，促进金融发展，防范金融风险

续表

保险	市场准入	允许设立外资专业健康医疗保险机构（外资持股比例不超过50%）
	业务创新	推进企业增信担保、企业集团财务公司担保和关税保证保险改革，降低外贸企业融资成本；探索知识产权质押融资保证保险

资料来源：国务院发展研究中心市场经济研究所课题组。

【专栏4】　北京市服务业扩大开放综合试点中电信业开放的针对性和改革权限不足

电信业是我国新一轮服务业更高水平开放的主要领域，也是北京全面推进服务业扩大开放综合试点的重点行业。运用OECD的STRI政策工具评估发现，2019年北京电信业限制指数为0.607，比全国水平低9%，开放程度略有提高。从国际上看，北京电信业开放度相对于中国在OECD评价的46个样本经济体中的排名仅上升一位，与欧美发达经济体仍有较大差距（见图13）。

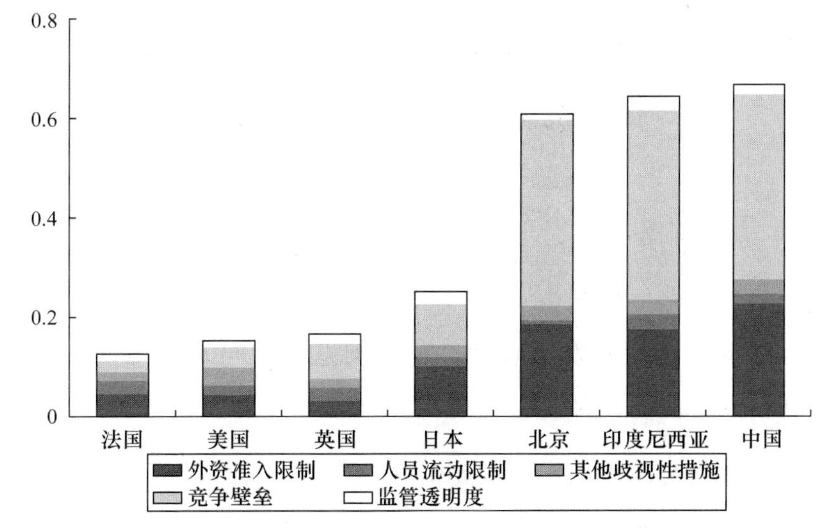

图13　北京市及代表性经济体电信业限制指数

资料来源：课题组根据OECD的STRI数据库计算整理而成。

究其原因，一是北京电信业改革力度不够大，未充分发挥服务业扩大开放综合试点“行业开放 + 园区开放”的优势，在更广层面放宽限制。北京专门针对电信业的开放政策仅有“取消多项增值电信业务的外资股比限制”一项，在企业法律形态、企业资本活动等方面仍存在较多障碍。整个开放度的提高在一定程度上得益于北京对外籍高层次人才的支持及整体营商环境的改善，降低了电信业在人员流动、监管透明度方面的限制。二是北京在扩大服务业开放试点中的改革权限不足。由于电信业的自然垄断特性，影响其高水平开放的体制机制障碍难以通过地方层面的努力完全解决。北京市场作为全国市场的一部分，电信业市场结构难以发生大的改变，因此，北京在限制电信业开放最主要的“竞争壁垒”领域的开放度并未提升，导致其总体开放度进步较小。

资料来源：国务院发展研究中心市场经济研究所课题组。

五、以制度型开放促进我国服务业体制机制改革的思路和路径

（一）基本思路

按照高质量发展的要求，适应全球服务贸易发展的新趋势，坚持对外开放的基本国策和发展理念，坚持问题导向与目标导向相统一、扩大开放与防范风险相兼顾、近期与中长期相结合，以制度型开放为引领，着力建立与国际先进规则相衔接的服务业法律法规、管理体制、运行机制、政策体系，在持续推动服务业更大范围、更宽领域、更深层次开放中，加快形成科学规范、运行有效、成熟定型的服务业发展

制度框架，打造具有国际竞争力的制度优势，更好地满足产业转型升级需求、实现人民对美好生活的期待以及提高我国在全球治理中的制度性话语权。

（二）推进路径

第一，对标两个层次的国际先进规则。从加快建立统一开放、竞争有序的现代市场体系的实际需要出发，对标 OECD 平均水平，增加有利于我国服务业市场化、国际化发展的制度供给，促进国内外服务要素资源的自由流动和高效配置，为加快发展更高层次的开放型经济、参与国际经贸规则制定提供制度保障。从建设高标准市场体系的实际需要出发，对标标杆国家的最佳实践，建立适应我国服务业在全球范围配置和利用资源的高水平规则体系，提高服务业相关制度的国际竞争力，为我国更好引领国际经贸规则制定、推动开放型世界经济联动发展提供制度基础。

第二，分类推进服务业体制机制改革。服务业是异质性强的产业，不同类型行业的发展要求和体制机制障碍存在差别。为此，要着眼于数字网络类、运销供应链类、市场连接和支持类、基建类服务业高水平开放中不同的制度需求，促进制度规则供给的针对性和有效性。在外资准入限制、人员流动限制、竞争壁垒、政策透明度、其他歧视性措施方面，厘清破除不同体制机制障碍的重点措施、相同体制机制障碍的关键措施及其优先次序。

第三，强化具有牵引作用和联动效果的服务业改革。除了难度小的通用性改革外，要着力推动具有重要牵引作用的改革举措，提高改革的含金量。发挥好放宽外资股比限制、放松专业人员国籍要求、深化国有企业改革、提高市场竞争程度等改革的“牛鼻子”作用，推动规则、规制、管理、标准等与服务业高质量发展和高水平开放的要求相适应。同时，加强改革措施的联动和集成，注重提高改革整体效能，不断将服务业体制机制改革向纵深推进。

第四，推动重点开放平台加大服务业改革探索力度。发挥上海自贸试验区、北京市服务业扩大开放综合试点、海南自贸港等发展基础好、制度创新空间大的开放平台作用，大胆试、大胆闯、自主改，加强放宽外资股比限制、促进数据流动、接轨国际标准、互认执业资格等关键性制度创新，鼓励首创性改革探索，彰显改革试验田的标杆示范作用，为全国发展更高层次开放型经济、形成高标准制度规则进行更充分的压力测试。

综合来看，以制度型开放促进服务业体制机制改革的推进路径和优先措施如图 14 所示。

六、以制度型开放促进我国服务业体制机制改革的政策建议

（一）进一步完善负面清单管理制度

一是进一步转变政府治理方式。将扩大服务业高水平开放与稳外资、扩大内需、推动产业结构优化调整结合起来，分类放宽服务业准入限制。特别是对互联网、教育、文化等敏感行业，稳妥处理好产业属性、商品属性与意识形态属性关系，既守牢安全底线，又防止开放中的安全概念泛化倾向。对我国电子商务等具备一定领先优势的领域，要坚持在高水平开放中拓展更大发展空间和提高国际竞争力。

二是完善负面清单修订动态调整机制。对服务业领域条目内容和有关表述做到只减不增，增强权威性和严肃性，真正让市场主体“法无禁止即可为”、让政府部门“法无授权不可为”。对部分行业可探索

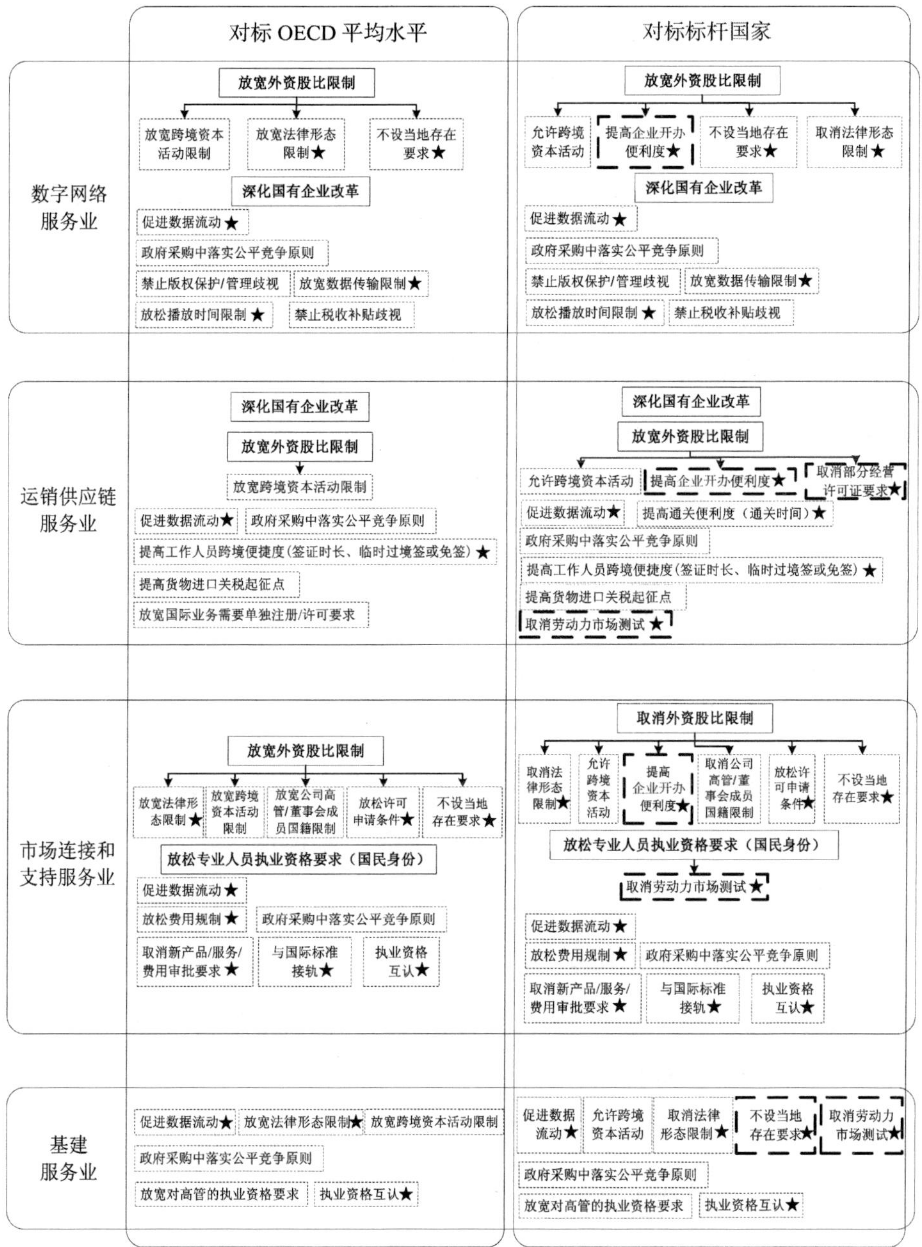

图 14　以制度型开放促进服务业体制机制改革的推进路径和优先措施

注：①实线方框为优先度高且具有牵引作用的改革措施；②虚线方框为优先度高的一般性改革措施；③加粗方框为对标标杆国家比对标 OECD 平均水平增加的改革措施；④标有★的方框为重点开放平台可以加大试点探索的改革措施。

资料来源：国务院发展研究中心市场经济研究所课题组。

公布未来几年的开放措施，给予行业发展一定过渡期，增强开放的可预期性。

三是加快建立跨境服务贸易负面清单管理制度。逐步完善跨境交付、自然人移动、境外消费等模式下服务贸易市场准入制度，有序推进商业存在模式之外的服务贸易领域对外开放。

四是以完善负面清单制度为牵引，加快“证照分离”改革。重点推进“照后减证”，将中央和地方层面设定的涉企经营许可事项全部纳入改革范围，通过直接取消审批、审批改为备案、实行告知承诺、优化审批服务等方式分类推进改革。

（二）完善外资准入前和准入后国民待遇制度

瞄准短板和弱项，持续改善市场化、法治化、国际化的营商环境。全面落实《外商投资法》，按照内外资一致的原则，全面清理外资准入负面清单之外领域的对外资单独设置的准入限制。同时，推进在土地供应、税费减免、标准制定、上市融资、职称评定、人力资源政策等方面给予外资企业公平待遇，保障内外资企业依法平等使用资金、技术、人力资源、土地使用权及其他自然资源等各类生产要素和公共服务资源。进一步完善透明高效的政府采购和招投标制度规范，加强政府采购和招标投标监管。

（三）强化服务业高水平开放的法治保障

借鉴国际经验，在继续改革我国服务业不合理的体制机制障碍的同时，着力加强与国际先进规则的对标，更多运用法治化方式推动服务业高水平开放。加快全面清理、修改废止与《外商投资法》不符的法律法规、规范性文件。同时，将各地特别是多样化开放平台实践探索的成熟经验，及时上升到法律法规层面予以固化和强化。对存在空白需要法律制度支撑的，要及时研究制定；对服务业领域出现的一些新情况新问题，一时看不清的，要划出底线，给出相对明确的预期，从而更好地发挥法治固根本、稳预期、利长远的保障作用。

（四）健全与负面清单管理模式相配套的事中事后监管制度

处理好服务业高水平开放与高效监管的关系，着力加强事中事后监管体制机制和能力建设。完善公平公正的市场监管体制机制。深化“放管服”改革，在公平竞争制度中建立审查投诉举报和受理回应机制，鼓励政策制定机关在公平竞争审查工作中引入第三方评估，提高审查质量。针对高水平开放中不同服务行业特点、发展趋势等，完善动态监管政策体系。健全以信用为基础的新型监管机制，切实维护市场秩序、杜绝监管空白。全面推行信用分级分类监管，推行信用承诺制，探索跨领域跨部门综合执法，深入探索包容审慎监管，细化行政处罚裁量权。完善外商投资国家安全审查、反垄断审查、国家技术安全清单管理、不可靠实体清单等制度，实现服务业开放的趋利避害。

（五）完善多样化开放平台的组织协调机制

首先，进一步理顺中央与各开放平台所在地的管理体制，完善部际间、部委与开放平台间的定期协调机制，提升统筹协调的层次，根据制度创新的需要，加大国家部委的放权力度，充分调动地方服务业改革创新的积极性和创造性，将多双边自贸协定谈判中的焦点议题，优先放在重点开放平台先行先试和探索经验上，加快专业服务领域资质、标准等与国际接轨。其次，完善适用于开放平台改革创新的容错机制。遵循实际需要和务实有效的原则，科学设计下放的省级经济管理权限。再次，支持各类开放平台间联合开展制度创新研究、经验分享、培训交流等互动活动。最后，将北京市服务业扩大开放综合试点纳入自贸试验区工作部际联席会议制度，加大对比试验、互补试验力度，统筹协调解决各类开放平台在服务业改革试验中遇到的重大问题，及时评估总结试点经验，提出复制、推广意见和建议。

（六）健全服务业对外投资促进和保护机制

清理取消束缚服务业对外投资的不合理限制。完善对外投资合作国别指南和产业指引，做好对重点市场相关法律法规、准入政策、市场信息等的收集发布，增加对外投资合作的公共服务供给。有针对性地改善对“走出去”服务业企业在外汇管理、人员出入境、金融支持、境外投资等方面的服务，增强企业全球布局和资源配置能力。构建海外利益保护和风险预警防范体系，加强风险监测分析，引导企业防范风险。

（七）加快构建高标准和广覆盖的自贸区网络

适应国际环境新变化，以更加开放包容的态度，从国家长远利益出发，积极推动和参与更多区域自贸协定谈判。一方面，加快推进区域全面经济伙伴关系（RCEP）、中日韩自贸区等多双边投资和贸易自由化协定谈判进程，拓展与周边特别是“一带一路”沿线国家的自贸区建设，通过“以开放换开放”推动我国服务业企业“走出去”，以促进布局优化和利用国际资源，促进实现更大范围、更深层次的产业链供应链整合，促进贸易和双向投资体制机制不断完善。另一方面，适时以加入全面与进步跨太平洋伙伴关系协定（CPTPP）为契机，通过适应和对接国际服务贸易新规则，促进国内服务业相关改革深化，加快改革不适应市场竞争和跨境贸易投资发展的体制机制，培育参与和引领国际经济合作竞争的新优势。

（八）建立促进服务业开放发展的国际交流机制

密切与有关国际组织的交流合作，深入理解 OECD 国家特别是标杆国家在推动服务业开放和规制改革方面的实践，为我国以高水平开放促进服务业体制机制改革提供经验借鉴。同时，加强对我国扩大服务业开放最新改革举措的对外解读和宣传，推动国际社会更及时、客观地了解我国服务业改革和开放发展的动态。

执笔人：刘　涛　刘　馨　王　微　王　青
李汉卿　王立坤　王　念　漆云兰

参考文献

[1] OECD. Services Trade Policies and the Global Economy. OECD Publishing，2017

[2] Sebastián Sáez，Daria Taglioni，Erik van der Marel，Claire H. Hollweg and Veronica Zavacka. Valuing Services in Trade：A Toolkit for Competitiveness Diagnostics. World Bank，2014

[3] Sebastián Sáez，Ruchita Manghnani，Erik van der Marel and Wei Meng. Services Performance and the Chinese Economy. World Bank Working Paper，2017

[4] 陈靓，武雅斌．全球价值链下服务贸易规则的新发展——美墨加协定（USMCA）的视角．国际贸易，2019（2）

[5] 迟福林．改革攻坚　要防三种“取代”．人民日报，2013－06－13

[6] 崔卫杰．制度型开放的特点及推进策略．开放导报，2020（2）

[7] 董姝玥，何芳．负面清单模式下自贸区事中事后监管制度的研究．人民法治，2019（22）

[8] 高祖贵．世界百年未有之大变局的丰富内涵．学习时报，2019－01－21

[9] 葛顺奇．外商投资“负面清单”管理模式研究．北京：人民出版社，2018

[10] 国务院发展研究中心，世界银行．创新中国：培育中国经济增长新动能．北京：中国发展出版社，2019

[11] 国务院发展研究中心课题组．迈向高质量发展：战略与对策．北京：中国发展出版社，2017

[12] 国务院发展研究中心市场经济研究所课题组．北京市服务业及服务贸易开放度评价（工作报告），2020

[13] 韩文秀．建设更高水平开放型经济新体制．经济日报，2019－12－11

[14] 江小涓．新中国对外开放70年．北京：人民出版社，2019

[15] 江小涓，罗立彬．网络时代的服务全球化——新引擎、加速度和大国竞争力．中国社会科学，2019（2）

[16] 联合国贸易和发展组织，冼国明、葛顺奇总校译．世界投资报告2018：投资及新产业政策．天津：南开大学出版社，2018

[17] 联合国贸易和发展组织，冼国明、葛顺奇总校译．世界投资报告2019：特殊经济区．天津：南开大学出版社，2019

[18] 李善民等．中国自由贸易试验区发展蓝皮书（2018—2019）．广州：中山大学出版社，2019

[19] 刘秉镰，边杨．自贸区设立与区域协同开放——以京津冀为例．河北经贸大学学报，2019（1）

[20] 刘涛．新常态下服务业发展趋向与税改动力．北京：商务印书馆，2016

[21] 刘向东．对外开放起始录．北京：经济管理出版社，2008

[22] 隆国强．构建开放型经济新体制：中国对外开放40年．广州：广东经济出版社，2017

[23] 裴长洪等．中国（上海）自由贸易试验区试验思路研究．北京：社会科学文献出版社，2015

[24] 任兴洲，王微．服务业发展：制度、政策与实践．北京：中国发展出版社，2011

[25] 商务部外国投资管理司．中国外商投资报告：政策与环境．天津：南开大学出版社，2013

[26] 世界贸易组织，中国世界贸易组织研究会译．2019年世界贸易报告——服务贸易的未来．上海：上海人民出版社，2019

[27] 世界银行，宋林霖译．2019年营商环境报告：强化培训 促进改革．天津：天津人民出版社，2020

[28] 屠新泉．以开放促改革：中国与多边贸易体制40年．人民论坛·学术前沿，2018（23）

[29] 王微，刘涛，刘馨．在开放创新中增强服务业发展新动能（工作报告），2020

[30] 王旭阳，肖金成，张燕燕．我国自贸试验区发展态势、制约因素与未来展望．改革，2020（3）

[31] 王中美．“负面清单”转型经验的国际比较及对中国的借鉴意义．国际经贸探索，2014（9）

[32] 熊性美．中国加入世贸组织的利弊分析．南开经济研究，2002（6）

[33] 阎学通．崛起为何需要开放．国际政治科学，2018（2）

[34] 张琦等．提升我国服务贸易竞争力的战略研究．北京：中国发展出版社，2019

[35] 赵晋平．把自由贸易试验区建设成新时代对外开放新高地．中国经济时报，2019-08-19

[36] 赵玲，黄建忠，蒙英华．关于高质量开放若干问题的理论思考．南开学报（哲学社会科学版），2018（5）

专题报告一

服务业开放水平的测度与比较

——基于 OECD 的 STRI 指数视角

近年来，服务全球化趋势越发明显，推动了全球服务业和服务贸易持续较快发展。但也要看到，全球服务贸易的壁垒依然普遍存在，特别是与货物贸易相比，服务贸易限制的内容和方式更为复杂多样。因此，客观测度服务业开放水平、尽可能消除政策壁垒、推动服务业扩大开放，具有现实必要性与紧迫性。由经济合作与发展组织（OECD）设计编制的服务贸易限制指数（STRI），为测度全球主要国家重点服务行业的开放水平提供了客观有效的工具。运用该指数分析发现，近年来全球服务业总体上呈现开放态势。其中，发达国家引领了服务业开放，新兴市场和发展中国家的服务业开放度明显提高，但仍有很大提升空间。外资准入限制是全球服务业开放的首要政策壁垒，边境内措施是影响服务业扩大开放的重要障碍，各国扩大服务业开放的重点由边境措施向边境内措施拓展。对于不同国家来讲，服务业开放要适应行业特点和具体国情要求。

一、OECD 的 STRI 指数简介

OECD 的 STRI 指数是衡量不同国家服务业开放度的客观尺度，也是对标国际服务业先进规则、把握服务业改革关键点、模拟政策措施效果的有效分析工具。

（一）基本情况

服务业是引领和推动全球经济增长的主要动力。2019 年，全球服务业增加值占 GDP 的 65% 左右，服务业就业人数占总就业人数的 50%。自 21 世纪以来，服务贸易呈现快速发展态势，增速明显超过货物贸易。2001～2019 年，全球服务贸易进出口年均增长 7.9%，高出货物贸易 1.5 个百分点，占全球贸易总额的比重从 2001 年的 19.6% 上升至 2018 年的 23.9%。随着新一轮科技革命的迅猛发展，服务业与制造业界限不断模糊，服务可贸易程度大幅提高，将有力促进发达国家、新兴市场国家和发展中国家的服务业和贸易发展。根据世界贸易组织（WTO）的测算，到 2040 年服务贸易在全球贸易中的比重将提高 50%，如果发展中国家能够采用数字技术，在全球服务贸易中的比重将增加约 15%。①

但也要看到，全球服务贸易的壁垒依然普遍存在，各国往往结合服务贸易对本国经济运行的可能影响，制定针对特定服务行业的贸易管制政策。与货物贸易不同的是，服务贸易涉及很多边境内的法律法规规制，限制措施内容更加宽泛也更为复杂，对贸易的影响更为深远。因此，针对全球服务业开放水平进行客观测度与比较的重要性与现实

① 世界贸易组织：《2019 年世界贸易报告——服务贸易的未来》，上海人民出版社 2019 年版。

迫切性日益凸显。

OECD 设计编制的 STRI 指数，是基于政策事实定量评价服务业开放度的有力工具。该指数通过收集全球主要国家重点服务行业开放的相关法律制度，构建服务贸易规制数据库（Services Trade Regulatory Database）；进一步借助指标间的逻辑关系，充分反映行业特点和规律，并使用专家打分法确定指标权重，设计定量衡量服务业开放度的评价体系，对各评价指标赋分、加权得到 STRI 指数。OECD 从 2014 年开始每年定期发布 STRI 指数，至今已连续发布六年。该指数取值区间为 0 到 1，数值越小表示服务业和服务贸易开放度越高（限制程度越低），数值 0 表示完全开放，数值 1 表示完全限制。借助 STRI 指数，可以对各国服务业开放度进行基准评价和国际比较，并对标服务业高水平开放的国家，识别本国存在的政策壁垒与开放瓶颈，这对于促进各国服务业开放和全球服务贸易发展具有重要作用。

（二）主要特点

第一，代表性。目前 OECD 的 STRI 指数涵盖了 46 个主要国家的 22 个主要服务行业，涉及的服务贸易额超过全球服务贸易总额的 80%。该指数的样本国家包括 37 个 OECD 国家[①]，即澳大利亚、奥地利、比利时、加拿大、智利、哥伦比亚、捷克、丹麦、爱沙尼亚、芬兰、法国、德国、希腊、匈牙利、冰岛、爱尔兰、以色列、意大利、日本、韩国、拉脱维亚、立陶宛、卢森堡、墨西哥、荷兰、新西兰、挪威、波兰、葡萄牙、斯洛伐克、斯洛文尼亚、西班牙、瑞典、瑞士、土耳其、英国、美国，以及 9 个新兴市场国家和发展中国家，即巴西、

① 哥伦比亚于 2020 年 4 月 29 日正式加入 OECD，成为其第 37 个成员国。

中国、印度、俄罗斯、南非、哥斯达黎加、印度尼西亚、马来西亚、泰国。该指数评价的22个主要服务行业涵盖了大部分可贸易服务部门，隶属于四个类型：数字网络服务业（Digital Network Services）、运销供应链服务业（Transport and Distribution Supply Chain Services）、市场连接和支持服务业（Market Bridging and Supporting Services）以及基建服务业（Physical Infrastructure Services）。具体的行业定义与分类如表1所示。

表1　　OECD的STRI指数行业定义与分类

类别及行业		行业范围	与国际标准产业分类（第4版）对应的行业
数字网络服务业	广播	电视、广播（包括电视和广播节目）	5911、6020
	影视	电影、视频、电视节目制作、后期制作和发行活动	5911~5914
	录音	录音和音乐出版活动	592
	电信	有线与无线电信活动	611、612
	计算机服务	计算机编程、咨询及相关活动、信息服务活动	62、63
运销供应链服务业	铁路货运	铁路货物运输（不包括铁路客运）	
	公路货运	公路货物运输（仅针对商业机构）	4923
	空运	国内和国际的航空客运、货运	51
	海运	海上货物运输（不包括内部水路运输）、执行海上运输所需的服务（包括引航、牵引、拖拉和货物装卸）	
	物流仓储	各种商品仓储设施的运营（包括粮仓、百货商店仓库、冷藏仓库、储罐），外贸区商品储存、吹风式冻结	5210
	物流货物装卸	货物或旅客行李的装卸（所有运输方式）、货运铁路车辆的装卸（不包括码头设施的运营）计划、实施、管理和控制货物、服务和相关信息从来源地到消费地的流动和储存的过程	5224
	物流货代	货运代理等物流运输过程中的辅助活动	5229

续表

类别及行业		行业范围	与国际标准产业分类（第4版）对应的行业
	物流报关	海关代理等物流运输过程中的辅助活动	5229
	邮政快递	邮政和快递活动	53
	批发零售	消费品批发和零售（不考虑药品和机动车等特殊部门的具体规定。另外，鉴于多渠道零售服务作为一种日益普遍的分销服务形式，STRI 指数评价还涵盖了与电子商务有关的法规）	
市场连接和支持服务业	商业银行	商业对商业，以及商业对消费者的零售银行业务	
	保险	人寿保险、财产保险和意外伤害保险、再保险和辅助服务，不含私人医疗保险和私人养老金	651、652
	法律	国内法和国际法中的咨询和代理服务（国际法包括母国法、第三国法、国际法方面的咨询服务，以及在国际商事仲裁中出庭的权利；国内法适用于在东道国的法院或司法机构为客户提供咨询和代理服务）	691
	会计	会计、审计和簿记服务	692
基建服务业	建筑	住宅、非住宅施工及土木工程施工	41、42
	建筑设计	建筑服务和相关技术咨询	711
	工程咨询	工程和综合工程服务，以及与工程相关的科技咨询服务	711

资料来源：课题组根据 OECD 的 STRI 数据库整理而成。

第二，合理性。不同服务行业特点和发展规律区别较大，OECD 充分考虑行业间的差异性，构建分行业的 STRI 指数。各行业指数均由五个政策领域的分项指数构成，但行业间分项指数的权重不同（见表 2）。分项指数包括外资准入限制（Restrictions on Foreign Entry）、人员流动限制（Restrictions to Movement of People）、竞争壁垒（Barriers to Competition）、监管透明度（Regulatory Transparency）以及其他歧视性措施（Other Discriminatory Measures），从不同服务贸易限制来源的细分维度进行测度，反映了服务行业分政策领域的开放度。五个分项指数由若干政策措施评分项组成，且不同行业的政策措施评分项不同，既有适用于所有行业的共性评分项，也有适用于某一行业的特性评分项。例如，各行业“外资准入限制”均包括外资股比限制、企业法律形态限制、外资审查额外条件等共性评分项，同时，商业银行业的“外资准入限制”还包括分支机构网络限制、ATM 机网络限制等特性评分项。该指数基于服务贸易限制来源及行业特征设计，客观地量化了各国分行业服务业开放度，可以较好地反映服务贸易限制的现实情况，是一项合理的评估工具。

表 2　　各行业 OECD 的 STRI 分项指数的权重　　单位：%

	外资准入限制	人员流动限制	竞争壁垒	监管透明度	其他歧视性措施
广播	39.7	12.0	17.7	13.3	17.3
影视	27.2	21.8	13.4	18.2	19.2
录音	12.0	17.0	27.0	21.0	23.0
电信	24.9	13.1	26.3	20.3	15.4
计算机服务	17.4	20.8	20.2	23.8	17.7
铁路货运	24.9	13.1	26.3	20.3	15.4
公路货运	35.0	15.0	20.0	5.0	25.0
空运	24.5	14.0	20.0	17.8	23.8
海运	35.0	25.0	14.5	13.0	12.5
物流货物装卸	34.2	13.2	31.3	17.4	3.8
物流仓储	47.5	15.3	9.9	20.1	7.3
物流货代	37.8	19.9	13.1	24.0	5.2
物流报关	36.2	13.3	26.1	18.4	6.0
邮政快递	27.2	12.2	21.0	20.4	19.2
批发零售	30.1	10.3	21.9	20.0	17.7
商业银行	26.3	12.1	20.8	22.1	18.7
保险	31.0	13.8	19.1	20.1	16.0
法律	22.3	29.8	14.4	17.7	15.9

续表

	外资准入限制	人员流动限制	竞争壁垒	监管透明度	其他歧视性措施
会计	25.0	22.3	17.1	19.9	15.7
建筑	22.0	16.9	18.6	20.5	22.1
建筑设计	18.6	25.6	16.5	22.2	17.1
工程咨询	19.5	26.6	15.6	22.8	15.6

资料来源：课题组根据 OECD 的 STRI 数据库计算整理而成。

第三，可比性。OECD 的 STRI 指数在统一的评价框架下，对各国主要服务行业的开放度进行测度，是一个跨国别、分年度、可比性强的评价体系。除少数国家的部分政策评分项在全国层面未有明确设定，或统一设定的政策措施以代表性地区或城市政策措施作为替代评价对象外，STRI 指数的评价对象均为国家层面服务行业具体的法律制度规定，且所有样本国家均适用于相同的评价、赋分与加权规则，这一测度标准保证了国家间的可比性。与此同时，OECD 分年度连续发布 STRI 指数，为实现跨年份的服务业开放度纵向对比奠定了良好基础。

第四，实践性。近年来，STRI 指数反映的内容日益丰富，覆盖范围不断拓展，评价方法持续优化，受到越来越多国家的认可和支持。STRI 指数评价的样本国家由 2014 年的 34 个 OECD 国家以及中国、巴西、印度、俄罗斯、南非和印度尼西亚 6 个新兴市场和发展中国家，不断扩展到 2019 年的 46 个国家，评价的行业数量也由 2014 年的 18 个增加至目前的 22 个。该指数可以有效定量分析服务业开放度，客观比较国别间差异，并且其翔实的服务贸易管制数据库能够为各国提升服务业开放水平提供丰富和有价值的政策信息和经验借鉴，具有显著的实践意义。

第五，指导性。OECD 的 STRI 指数是国际组织用于评价主要发达国家、新兴市场国家和发展中国家服务业开放水平的重要指标。各行业 STRI 评分的最小值代表了服务业最高的开放水平，平均值代表服务业开放的先进水平，其变化客观反映了全球服务业开放趋势，为各国特别是新兴市场国家和发展中国家在全球化深入发展的背景下提高服务业发展水平提供了基本遵循。并且，OECD 开发了在线政策模拟（Policy Simulator）交互式平台，借助平台可以方便快捷地进行政策模拟分析，通过改变特定政策措施评分项选项，能够获取法律制度调整后的各项政策措施评分项得分，从而直观地了解法律制度改革对服务业开放度的影响。另外，OECD 还联合多个国家的研究机构，通过深入挖掘 STRI 指数政策信息并进行数据分析，发表了多份国别研究报告，如印度、巴西、澳大利亚等，结合国际专家的经验与视角为上述国家提供咨询建议。

（三）存在的不足

一是缺少针对一国服务业总体开放度（限制程度）的指数。目前 OECD 的 STRI 指数及分项指数都是基于国别分行业进行的衡量评价，缺乏针对各国服务业开放度的总体测度与评价，在一定程度上增加了针对不同国家服务业开放度整体水平对比分析的难度。

二是服务行业的覆盖范围还可以进一步扩展。目前 OECD 的 STRI 指数已涵盖大部分可贸易服务部门，特别是生产性服务行业，并且这部分可贸易服务部门构成了服务业开放的主体，但仍可以将更多的消费性服务行业纳入现有指标体系框架。

二、近年来全球服务业开放的进展情况

利用 OECD 的 STRI 指数研究近年来全球服务业开放的进展可以发现，全球服务业总体上呈现开放态势。其中，发达国家引领了服务业开放，新兴市场和发展中国家的服务业开放度明显提高，但仍有很大

提升空间。外资准入限制是全球服务业开放的首要政策壁垒，边境内措施是影响服务业扩大开放的重要障碍，各国扩大服务业开放的重点由边境措施向边境内措施拓展。对于不同国家来讲，服务业开放要适应行业特点和具体国情要求。

（一）全球服务业总体上呈现开放态势

2014～2019 年，全球服务业呈逐步开放的趋势，共有 12 个行业的 STRI 平均水平出现下降，占到全部行业的 55%（见表 3）。

表 3　2014～2019 年全球服务业各行业 STRI 评分的变化

	2014	2015	2016	2017	2018	2019
广播	0. 303	0. 303	0. 307	0. 307	0. 308	0. 309
影视	0. 224	0. 223	0. 217	0. 217	0. 217	0. 219
录音	0. 219	0. 217	0. 212	0. 211	0. 212	0. 212
电信	0. 235	0. 230	0. 230	0. 230	0. 231	0. 232
计算机服务	0. 238	0. 237	0. 237	0. 238	0. 238	0. 239
铁路货运	0. 320	0. 317	0. 316	0. 315	0. 316	0. 317
公路货运	0. 222	0. 222	0. 222	0. 223	0. 224	0. 225
空运	0. 429	0. 430	0. 427	0. 428	0. 421	0. 421
海运	0. 270	0. 269	0. 268	0. 269	0. 268	0. 269
物流仓储	0. 244	0. 242	0. 247	0. 245	0. 245	0. 246
物流货物装卸	0. 273	0. 272	0. 268	0. 267	0. 266	0. 267
物流货代	0. 220	0. 220	0. 219	0. 216	0. 217	0. 218
物流报关	0. 244	0. 243	0. 243	0. 240	0. 242	0. 242
邮政快递	0. 305	0. 305	0. 302	0. 301	0. 301	0. 302
批发零售	0. 205	0. 202	0. 201	0. 200	0. 201	0. 202
商业银行	0. 239	0. 238	0. 239	0. 239	0. 239	0. 240
保险	0. 235	0. 232	0. 231	0. 232	0. 230	0. 231
法律	0. 389	0. 390	0. 391	0. 391	0. 391	0. 392
会计	0. 331	0. 332	0. 332	0. 332	0. 333	0. 334

续表

	2014	2015	2016	2017	2018	2019
建筑	0.239	0.239	0.239	0.241	0.242	0.242
建筑设计	0.265	0.266	0.265	0.266	0.265	0.265
工程咨询	0.239	0.243	0.243	0.245	0.243	0.243

注：①分行业 STRI 评分根据对应年度、行业所有国别 STRI 评分的算术平均得出；②文中提及的“变化率”或“变化幅度”为2019年相较于2014年的变化。

资料来源：课题组根据 OECD 的 STRI 数据库计算整理而成。

在四类行业中，运销供应链服务业中 STRI 评分下降的行业占据了主体，空运、海运、铁路货运、邮政快递、批发零售、物流货物装卸、物流货代和物流报关 8 个行业的 STRI 的平均水平均有不同程度的下降。运销供应链服务业开放水平不断提升，反映了全球化分工合作背景下对各国贸易网络连通性的更高要求。

数字网络服务业 STRI 评分的降幅也较为明显。2019 年，录音、影视、电信 3 个行业的 STRI 平均水平相较于 2014 年分别下降 3.2%、2.1% 和 1.2%。数字网络服务业对提高服务业发展效率、推动产业转型升级具有重要作用，因此其开放受到越来越多国家的重视，开放程度显著提升。

计算机服务、物流仓储、商业银行、法律、会计、建筑设计行业的 STRI 平均水平基本保持稳定，变化率均在 1% 以内。另外，少数行业的 STRI 平均水平呈现上升趋势，包括广播、公路货运、建筑以及工程咨询。

（二）发达国家引领全球服务业的开放

图 1 展示了 2019 年 OECD 国家、新兴市场国家和发展中国家分行业 STRI 平均水平。通过分行业比较两类国家的 STRI 平均水平可

以看出，在全部22个行业中，OECD平均水平均低于新兴市场国家和发展中国家平均水平，且14个行业中OECD平均水平不足新兴市场国家和发展中国家平均水平的70%，主要为数字网络服务业和运销供应链服务业。两类国家服务贸易开放程度差距显著，虽然当前全球服务业总体上呈现开放态势，但发达国家仍是引领服务业开放的主导力量。

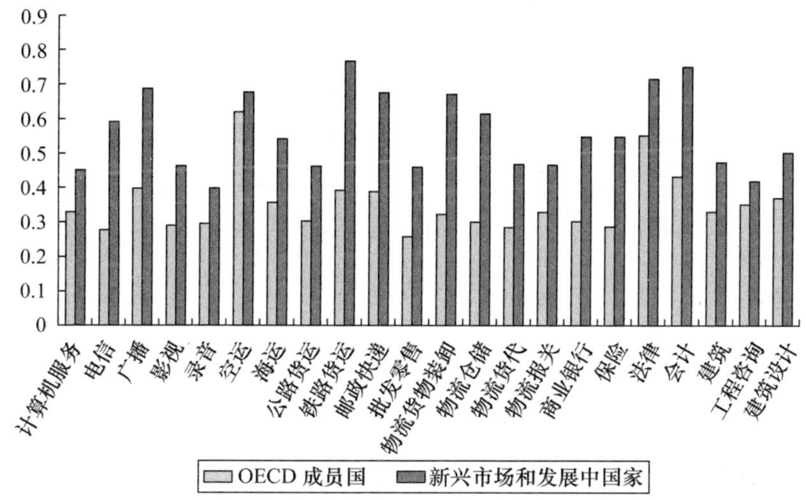

图1　2019年OECD国家、新兴市场和发展中国家STRI评分的平均水平

资料来源：课题组根据OECD的STRI数据库计算整理而成。

（三）新兴市场和发展中国家服务业开放度明显提高，但仍有较大提升空间

通过图1的对比分析可以看出，与OECD国家相比，2019年新兴市场国家和发展中国家的STRI平均水平显著偏高，表明新兴市场国家和发展中国家服务业开放程度相较于发达国家仍有较大差距。

在全部22个服务行业中，与2014年相比，2019年新兴市场国家和发展中国家中包括录音、空运、影视、批发零售、物流货物装卸等在内的16个行业的服务贸易限制程度平均水平有所下降，占全部行业

的73%。这些行业大多属于运销供应链服务业及基建服务业，表明新兴服务行业及贸易连通开放水平的提升是新兴市场国家和发展中国家服务业扩大开放的主要动力。另外，商业银行、法律行业的服务贸易限制程度平均水平没有明显变化，而包括广播、公路货运、会计、电信在内的4个行业的平均限制水平有所提高（见表4）。

表4　2014年、2019年新兴市场和发展中国家各行业STRI评分的变化

	2014年	2019年	变化率（%）
广播	0.449	0.460	2.45
影视	0.334	0.310	-7.19
录音	0.290	0.266	-8.28
电信	0.391	0.394	0.77
计算机服务	0.311	0.304	-2.25
铁路货运	0.518	0.512	-1.16
公路货运	0.303	0.308	1.65
空运	0.486	0.450	-7.41
海运	0.366	0.361	-1.37
物流仓储	0.418	0.408	-2.39
物流货物装卸	0.464	0.446	-3.88
物流货代	0.319	0.313	-1.88
物流报关	0.314	0.313	-0.32
邮政快递	0.453	0.452	-0.22
批发零售	0.322	0.307	-4.66
商业银行	0.370	0.370	0.00
保险	0.379	0.369	-2.64
法律	0.476	0.477	0.21
会计	0.495	0.502	1.41
建筑	0.316	0.314	-0.63
建筑设计	0.342	0.335	-2.05
工程咨询	0.286	0.276	-3.50

资料来源：课题组根据OECD的STRI数据库计算整理而成。

（四）外资准入限制是全球服务业开放的首要制度壁垒

外资准入限制是当前制约全球服务业开放的首要壁垒。表5展示了2019年STRI分项指数平均占比中外资准入限制占比最大的行业，共有11个行业的外资准入限制指数占比位列所有STRI分项指数的首位，占全部行业的50%，主要是数字网络服务业和运销供应链服务业，包括广播、电信、影视、空运、海运、公路货运、批发零售、邮政快递、铁路货运、保险、商业银行。另外，在其他11个行业中，外资准入限制指数占比在8个行业中位列第二。

表5　　2019年STRI外资准入限制占比最大的行业

占比最大	行业	占比	占比第二大
外资准入限制	广播	59.4%	11.3%（其他歧视性措施）
	空运	52.7%	31.2%（竞争壁垒）
	海运	50.9%	24.7%（人员流动限制）
	保险	45.5%	20.0%（人员流动限制）
	公路货运	43.8%	25.7%（人员流动限制）
	商业银行	42.2%	19.8%（监管透明度）
	批发零售	34.7%	25.3%（监管透明度）
	电信	33.4%	26.2%（竞争壁垒）
	影视	32.6%	28.1%（人员流动限制）
	邮政快递	31.9%	23.3%（竞争壁垒）
	铁路货运	30.8%	28.2%（竞争壁垒）

注：分行业STRI分项指数平均占比的计算思路为，首先计算出分行业各国对应的STRI分项指数以及总指数的平均值，其次分行业计算平均STRI分项指数与总指数的比值，从而得到2019年对应行业的STRI分项指数的平均占比。

资料来源：课题组根据OECD的STRI数据库计算整理而成。

进一步对外资准入限制所涉及的限制性政策措施内容进行梳理分析可知，限制措施主要集中在外资股比限制、企业法律形态限制、董事会成员及高管要求、外资审查额外条件、外商申请使用土地和房产限制、外商投资者持有股权或债券类型限制、跨境资本活动限制经营要求、当地存在要求、跨境数据流动限制等方面。

（五）边境内措施是影响服务业扩大开放的重要障碍

影响服务业开放的因素，不仅包括事前的投资准入限制，还包括一国边境内的诸多限制措施，如监管透明度、竞争壁垒等与一国制度环境和体制机制密切相关的政策设计。由表6可知，物流及录音行业在监管透明度方面的限制占据主导地位，具体限制措施主要包括通关便利度低、注册公司便利度低、法律生效前未公开协商、未对包括外商在内的相关方征询意见、许可证审批相关规定、破产处理要求等方面。对于会计、建筑设计、工程咨询、法律、建筑等专业服务业，其

表6　2019年STRI边境内措施限制占比最大的行业

占比最大	行业	占比	占比第二大
监管透明度	物流货代	37.4%	29.1%（外资准入限制）
	物流报关	35.3%	32.3%（外资准入限制）
	物流仓储	32.7%	28.0%（外资准入限制）
	物流货物装卸	29.1%	27.3%（竞争壁垒）
	录音	28.9%	26.8%（人员流动限制）
人员流动限制	建筑设计	49.6%	20.5%（外资准入限制）
	工程咨询	47.0%	23.6%（外资准入限制）
	法律	41.0%	39.8%（外资准入限制）
	会计	40.9%	39.3%（外资准入限制）
	计算机服务	35.3%	26.0%（监管透明度）
	建筑	30.5%	25.4%（外资准入限制）

注：分行业STRI分项指数平均占比的计算思路为，首先计算出分行业各国对应的STRI分项指数以及总指数的平均值，其次分行业计算平均STRI分项指数与总指数的比值，从而得到2019年对应行业的STRI分项指数的平均占比。

资料来源：课题组根据OECD的STRI数据库计算整理而成。

首要限制是对人员流动的限制，具体包括人员流动数量限制、劳动力市场测试、滞留时间限制、执业身份要求、国外资格认定条件、临时许可证要求等。

竞争壁垒与其他歧视性措施对部分服务业行业扩大开放也造成了较大阻碍。在电信、空运、铁路货运、邮政快递等具有自然垄断特性的行业中，竞争壁垒是重要的限制来源，具体措施主要包括是否可上诉监管机构决定、未惩罚限制竞争行为、政府企业的市场支配地位、费用规定、价格规制、最低资本要求、广告限制、服务活动限制等。其他歧视性措施是广播行业的重要限制来源，在广播行业分项指数中位列第二，主要包括税收补贴歧视、政府采购歧视、经营业务歧视等政策。

（六）服务业扩大开放重点由边境措施向边境内措施拓展

当前，全球服务业扩大开放的重点正由传统的放宽外资准入限制等边境措施向竞争法规、监管透明度等边境内措施拓展。图 2 展示了相比于 2014 年，2019 年各行业边境措施与边境内措施限制平均水平的变化幅度。所有行业的边境内措施限制均有不同程度下降，且下降幅度均大于边境措施限制的下降幅度。其中，数字网络服务业、运销供应链服务业和基建服务业的边境内措施都有较大幅度的下降。各国更加重视放宽甚至取消一些边境内措施限制，全球有 12 个国家超过一半的行业边境内措施限制降低，而仅有 4 个国家超过一半的行业边境措施限制降低，放宽或取消边境内措施限制成为全球服务业扩大开放的重要方向。

（七）服务业开放要适应行业特点和具体国情要求

图 3、图 4 展示了 2019 年四类行业与细分行业 STRI 平均水平的构

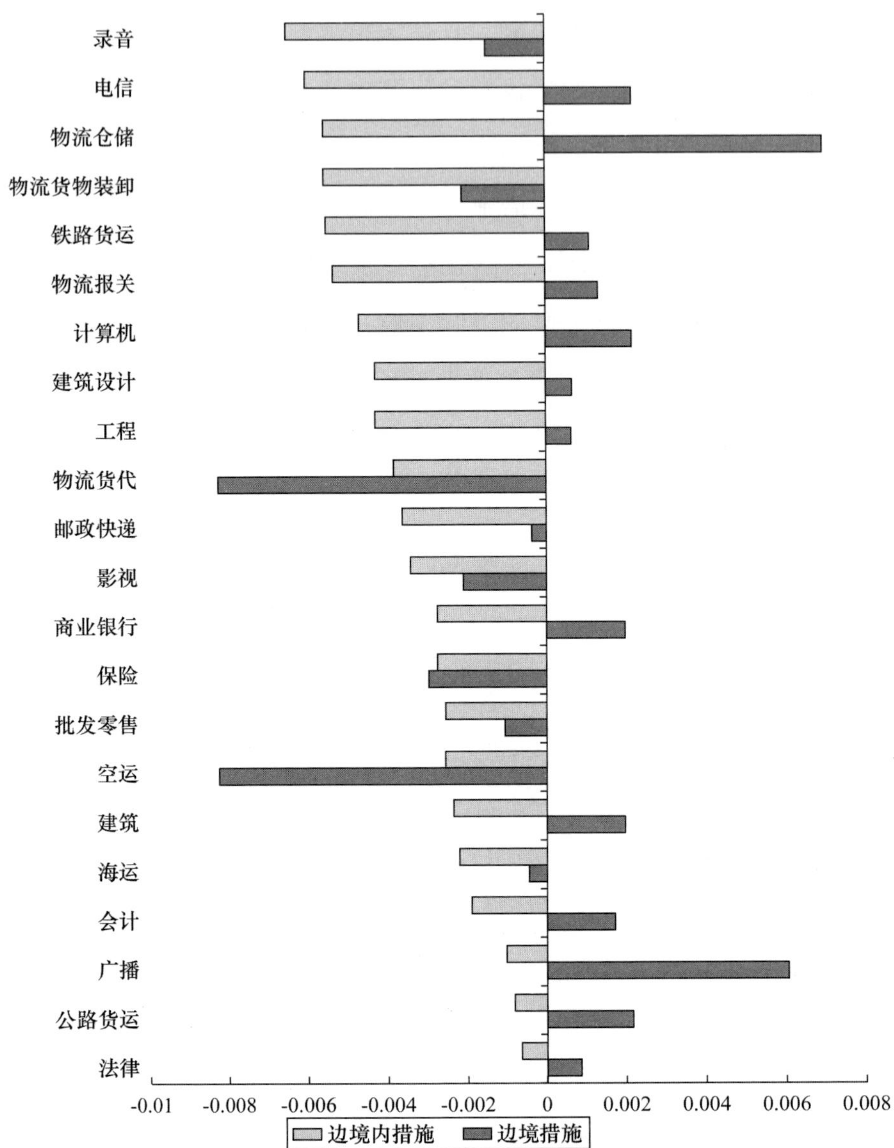

图 2　各行业边境措施与边境内措施限制平均水平的变化

注：图中以 STRI 的外资准入限制分项指数作为边境措施的限制水平，竞争壁垒、监管透明度和其他歧视性措施 3 项分项指数之和作为边境内措施的限制水平。变化幅度指 2019 年相比于 2014 年的变化。

资料来源：课题组根据 OECD 的 STRI 数据库计算整理而成。

成情况。可以看出，不同服务行业开放度存在差异，且面临的制度障碍也有很大区别。限制程度最高的 5 个行业分别为空运、法律、会计、

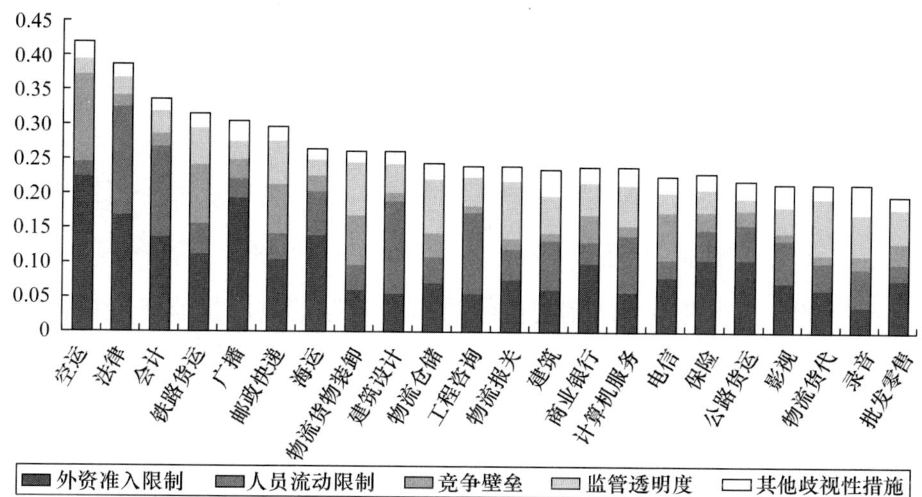

图 3　2019 年各行业 STRI 平均水平

注：STRI 平均水平为分行业计算 STRI 分项指数平均值。

资料来源：课题组根据 OECD 的 STRI 数据库计算整理而成。

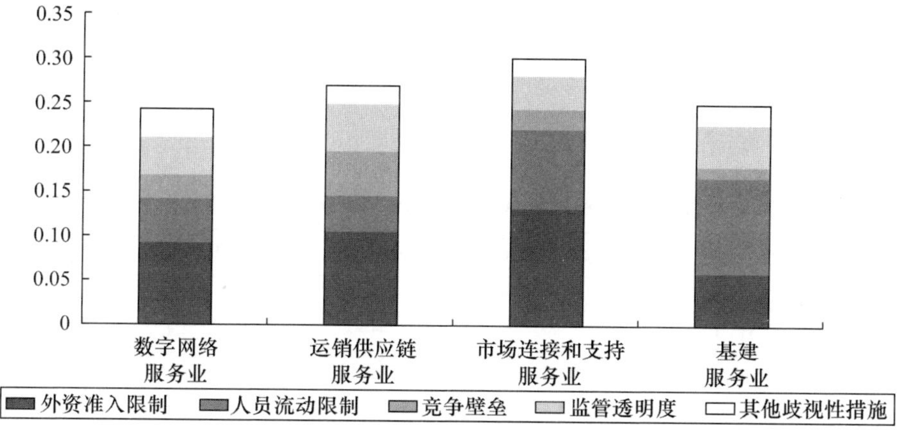

图 4　2019 年四类行业 STRI 平均水平

注：四类行业 STRI 平均水平构成的计算思路为，在分行业计算 STRI 分项指数的基础上，进一步求取四类行业对应的 STRI 分项指数的平均水平。

资料来源：课题组根据 OECD 的 STRI 数据库计算整理而成。

铁路货运和广播，限制程度最低的 5 个行业分别为批发零售、录音、物流货代、影视和公路货运。从具体分值情况来看，空运 STRI 平均水平高于 0.4，剩余 21 个行业的 STRI 平均水平均为 0.2～0.4。此外，以 STRI 平均水平最高的前 5 个行业为例可以发现，外资准入限制是影响服务业开放的最主要因素，人员流动限制、竞争壁垒也是服务业限制的重要来源。基于四类行业的STRI平均水平的结果同样支持这一发现。数字网络服务业、市场连接和支持服务业、基建服务业的限制主要来源均为外资准入限制与人员流动限制，这三类行业的外资准入限制与人员流动限制分别占STRI评分的38%和44%、24%和20%、29%和43%。外资准入限制与监管透明度是运销供应链服务业的限制主要来源，分别占据了其STRI评分的39%和20%。

表7展示了2018年服务贸易进口量排名全球前10位的国家，STRI各分项指数为主要贸易限制来源的行业数量分类统计结果。在服务贸易进口量相当的国家中，服务业开放的限制来源同样存在较大差异，美国、中国、德国、日本、韩国、意大利主要的开放限制来源是外资准入限制，而英国、爱尔兰、荷兰主要的限制来源则是人员流动限制，法国主要的服务贸易开放限制来源在外资准入限制、人员流动限制与竞争壁垒上较为平均。

表7　2018年全球服务贸易进口前10位的国家STRI分项指数为主要来源的行业数量

排名	国家	外资准入限制	人员流动限制	竞争壁垒	监管透明度	其他歧视性措施
1	美国	9	6	0	4	3
2	中国	18	0	1	3	0
3	德国	11	5	1	5	0
4	法国	7	6	6	0	3
5	英国	5	10	3	4	0
6	爱尔兰	5	11	1	5	0
7	日本	8	5	4	5	0
8	荷兰	3	12	2	5	0
9	韩国	16	3	1	2	0
10	意大利	12	5	1	3	1

注：表中STRI分项指数下对应的数字代表各国以该STRI分项指数占比最多的行业的数量。

资料来源：课题组根据OECD的STRI数据库计算整理而成。

上述客观事实表明服务业开放不是限制程度越低越好，不同服务行业的开放标准并不唯一，面临的制度障碍也存在较大差异。因此，扩大服务业开放需要根据具体行业特点、一国发展阶段和经济结构等进行具体分析。

执笔人：刘　涛　刘　馨　陈锦然

参考文献

[1] http://www.oecd.org/trade/topics/services-trade

[2] Ueno, A. et al. (2014-11-04), "Services Trade Restrictiveness Index (STRI): Distribution Services", OECD Trade Policy Papers, No. 173, OECD Publishing, Paris. http://dx.doi.org/10.1787/5jxt4njvtfbx-en

[3] Nordås, H. et al. (2014-11-04), "Services Trade Restrictiveness Index (STRI): Audio-visual Services", OECD Trade Policy Papers, No. 174, OECD Publishing, Paris. http://dx.doi.org/10.1787/5jxt4nj

[4] Nordås, H. et al. (2014-11-04), "Services Trade Restrictiveness Index (STRI): Computer and Related Services", OECD Trade Policy Papers, No. 169, OECD Publishing, Paris. http://dx.doi.org/10.1787/5jxt4np1pjzt-en

[5] Geloso Grosso, M. et al. (2014-11-04), "Services Trade Restrictiveness Index (STRI): Construction, Architecture and Engineering Services", OECD Trade Policy Papers, No. 170, OECD Publishing, Paris. http://dx.doi.org/10.1787/5jxt4nnd7g5h-en

[6] Rouzet, D. et al. (2014-11-04), "Services Trade Restrictiveness Index (STRI): Financial Services", OECD Trade Policy Papers, No. 175, OECD Publishing, Paris. http://dx.doi.org/10.1787/5jxt4nhssd30-en

[7] Geloso Grosso, M. et al. (2014-11-04), "Services Trade Restrictiveness Index (STRI): Legal and Accounting Services", OECD Trade Policy Papers, No. 171, OECD Publishing, Paris. http://dx.doi.org/10.1787/5jxt4nkg9g24-en

[8] Sugie, K. et al. (2015-08-04), "Services Trade Restrictiveness Index (STRI): Logistics Services", OECD Trade Policy Papers, No. 183, OECD Publishing, Paris. http://dx.doi.org/10.1787/5jrw9bwpbskk-en

[9] Nordås, H. et al. (2014-11-04), "Services Trade Restrictiveness Index (STRI): Telecommunication Services", OECD Trade Policy Papers, No. 172, OECD Publishing, Paris. http://dx.doi.org/10.1787/5jxt4nk5j7xp-en

[10] Geloso Grosso, M. et al. (2014-11-04), "Services Trade Restrictiveness Index (STRI): Transport and Courier Services", OECD Trade Policy Papers, No. 176, OECD Publishing, Paris.

http：//dx. doi. org/10. 1787/5jxt4nd187r6 – en

[11] Geloso Grosso, M. et al. (2015 – 01 – 23), "Services Trade Restrictiveness Index (STRI): Scoring and Weighting Methodology", OECD Trade Policy Papers, No. 177, OECD Publishing, Paris. http：//dx. doi. org/10. 1787/5js7n8wbtk9r – en

专题报告二

美国服务业开放进展、政策措施和经验启示

美国拥有发达的服务产业体系，是全球最大的服务贸易国，在知识产权、金融、空运等领域具有强大的国际竞争力。这主要得益于美国较为开放和相对完善的服务业制度环境，也是美国在全球服务贸易规则制定中掌握主导权的关键。近年来，美国服务业开放水平和服务贸易自由化程度进一步提高。通过取消人员流动的部分限制，促进了影视、法律行业开放度的提升；通过破除竞争壁垒、提高监管透明度，促进了公路货运、工程咨询、建筑设计行业的开放；尽管计算机服务总体开放度略有降低，但外资准入与市场竞争程度仍呈现高水平开放。合理借鉴美国的经验，我国要持续完善服务业开放发展的环境，分类推动服务业扩大开放，运用法治方式加快开放步伐，根据发展需要对开放措施进行适应性调整，通过扩大开放争取服务贸易规则的制定权。

一、美国服务业开放的历程及阶段性特征

（一）20世纪80~90年代：服务业限制大幅放宽

20世纪80~90年代，美国服务业发展迅猛，服务业增加值占GDP比重从1980年的63.6%上升到1999年的72.7%。同时，美国服务贸易顺差快速增长，从1980年的60.9亿美元扩大到1990年的301.7亿美元，年均增长率达到19.5%。到1999年，美国服务贸易顺差进一步上升到784.5亿美元。在服务贸易结构方面，自20世纪80年代以来，旅游服务、运输服务并列美国前两大服务进口与出口部门。不过，以这两大部门为代表的传统服务业虽然在这一时期占据美国服务贸易的主体，但其贸易顺差额较小，表明其并不是美国服务贸易优势的主要来源。而以专利特许经营、金融为代表的资本和技术密集型服务行业的贸易额比重不断提升，且具有较高的贸易顺差，是这一时期美国服务贸易优势的主要来源产业。①

在这一时期，美国政府对服务业发展改革的支持力度加大，大幅放宽了服务业管制。对内，美国不断完善法律法规，健全有关政府部门设置，促进服务业和服务贸易发展；对外，美国主动加强双边、区域和多边服务贸易谈判，为服务业和服务贸易发展拓展市场空间。具体来看，在对内方面，1980年美国商务部正式设立国际金融与服务贸易办公室，旨在促进服务贸易发展。1984年《贸易与关税法》、1988年《综合贸易与竞争法》相继出台，在法律层面为美国服务贸易发展提供了有力保障。1994年，美国发布的第二份《国家出口战略》中详细规划了促进服务贸易出口战略。1995年，美国政府正式提出“服务

---

① 赵瑾等：《国际服务贸易政策研究》，中国社会科学出版社2015年版。

先行”战略，将促进服务贸易出口作为贸易政策的重要内容，服务贸易在美国得到了空前重视。[①] 在对外方面，美国大力推动服务贸易自由化，1994 年相继推动并签署了以《服务贸易总协定》（GATS）为代表的多边服务贸易协议和以《北美自由贸易协定》（NAFTA）为代表的区域贸易协议。此外，美国还主动利用自身在全球服务贸易方面的影响力，促成与欧盟、日本等经济体的贸易谈判，不断拓宽国外服务贸易市场。

（二）2000 ~ 2010 年：在推动服务贸易自由化过程中适度保护弱势行业

21 世纪第一个十年，美国服务业保持较快发展态势，领先优势明显。除 2001 年与 2009 年外，这一时期其余年份的服务贸易进出口额都处于增长状态，服务贸易进口额和出口额分别从 2000 年的 2161.2 亿美元、2903.8 亿美元增长到 2010 年的 4093.1 亿美元、5627.6 亿美元。服务贸易顺差额自 2004 年起保持逐年扩大的趋势，2004 ~ 2010 年服务贸易顺差额年均增长率高达 18.9%。而在服务贸易结构方面，旅游服务与运输服务仍是美国服务贸易的主体部门，同时旅游服务贸易顺差额逐步扩大，但运输服务却出现一定的逆差。这一时期，以金融服务为代表的高附加值的资本和技术密集型服务贸易行业优势明显，服务贸易总额和顺差额持续增长。

在这一时期，美国推动服务业开放发展的重点主要集中在两个方面。一方面，在优势服务行业积极推动贸易投资自由化，签署自贸协议。具体而言，这一时期美国签署的双边自贸协议包括美国—约旦自贸协议、美国—智利自贸协议、美国—新加坡自贸协议、美国—澳大

① 赵瑾等：《国际服务贸易政策研究》，中国社会科学出版社 2015 年版。

利亚自贸协议等。同时，在2002年《美国国家安全战略》中明确强调，要进一步加快与包括中美洲、南部非洲、摩洛哥和澳大利亚在内的区域自贸协议的达成。而在多边贸易协议方面，美国积极推动多哈回合谈判，促进了全球贸易投资的自由化。另一方面，美国积极利用反倾销、反补贴等措施来保护本国弱势行业。以“多轨制”政策为主要方式，实施“竞争性自由化”的贸易政策，对美国一些战略性服务行业进行保护扶持。此外，美国在这一时期还通过实行公平贸易政策，打击其他国家的不公平贸易行为，增加美国对外贸易机会。

（三）2011年至今：服务业开放水平和服务贸易自由化程度进一步提升

2011～2018年，美国服务业发展水平依旧保持领先。服务贸易进口额和出口额呈现逐年攀高的趋势。其中，服务进口额从2011年的4357.6亿美元增长到2018年的5673.2亿美元，服务出口额从2011年的6270.6亿美元增长到2018年的8269.8亿美元，相应的服务贸易顺差额从2011年的1913亿美元扩大到2018年的2596.6亿美元，增幅约为36%。2018年，美国服务贸易总额、服务贸易顺差额都位列全球首位，服务贸易优势非常显著。在服务贸易结构方面，专业服务业仍是美国服务业和服务贸易的优势行业。2015年美国专业服务业创造了18.6%的GDP，其中研发服务、商务和管理咨询服务分别为美国专业服务进口和出口比重最大的行业。①

在这一时期，美国服务业开放水平得到了进一步提升。美国政府从基础设施、出口通关、贸易融资、制度环境等方面着手改革，助推了服务贸易自由化进程。具体而言，在基础设施方面，通过加大政府

① United States International Trade Commission, “Recent Trends in U.S. Services Trade: 2018 Annual Report”, June 2018.

与私人部门在基础设施建设领域的投资，以及制定包括2012 年的《新运输法案》、2014 年的《成长法案》、2015 年的《修复全美地面运输法案》等在内的法律，有力推动了美国在货运与信息基础设施领域的发展，巩固了信息与物流网络连接基础。在出口通关方面，通过通关无纸化和一体化、改善边检设施、加强边境风险预先管理、加强国际海关合作等多种方式，提高了边检效率。在贸易融资方面，通过提高出口融资项目认知、增加出口融资额度、精简贸易融资流程、拓展出口融资渠道等手段，有效降低了企业对外贸易融资成本。在制度环境方面，美国政府积极协调国际贸易规章制度、改善国际市场环境，为美国服务业对外贸易创造了良好的制度与营商环境。①

二、近年来美国服务业开放的主要成效

（一）总体评价

第一，服务业开放促进了服务贸易和服务业投资的快速增长。2000 ~ 2019 年，美国服务贸易进口和出口额一直保持全球首位，服务贸易领先优势明显。2000 年，美国服务进口额为 2161. 2 亿美元，到 2008 年突破 4000 亿美元，不到 10 年时间近乎实现了翻番。2019 年，美国服务进口额更是达到 5954. 1 亿美元，与 2000 年相比增长近 1. 8 倍。与此同时，美国服务出口额增幅更为显著。2019 年，美国服务出口额为 8452. 3 亿美元，比 2000 年增长 1. 9 倍。由此，美国服务贸易顺差呈现扩张趋势，到 2019 年接近 2500 亿美元（见表 1）。与此同时，受近年来服务业开放水平和服务贸易自由化程度进一步提升的影

① 曹子瑛：《美国贸易便利化改革研究（2008—2016）》，社会科学文献出版社 2017 年版。

响，美国吸引的外商直接投资净流入额占全球的比重从 2011 年的 11.4% 稳步提高到 2019 年的 23.5%（见图 1）。

表 1　　2000～2019 年美国服务贸易进出口额　　单位：亿美元

年份	服务进口	服务出口	贸易差额
2000	2161.2	2903.8	742.6
2001	2134.7	2743.2	608.5
2002	2243.8	2806.7	562.9
2003	2422.2	2899.7	477.5
2004	2830.8	3379.7	548.9
2005	3044.5	3730.1	685.6
2006	3411.7	4167.4	755.7
2007	3725.8	4884.0	1158.2
2008	4090.5	5328.2	1237.7
2009	3868.0	5127.2	1259.2
2010	4093.1	5627.6	1534.5
2011	4357.6	6270.6	1913.0
2012	4520.1	6557.2	2037.1
2013	4610.9	7004.9	2394.0
2014	4807.6	7410.9	2603.3
2015	4919.7	7553.1	2633.4
2016	5116.3	7584.5	2468.2
2017	5438.8	7989.6	2550.8
2018	5673.2	8269.8	2596.6
2019	5954.1	8452.3	2498.2

资料来源：世界银行数据库。

第二，服务业开放促进了服务业竞争力的提升。总体来看，美国服务贸易显性比较优势（RCA）指数①呈现波动上涨趋势。特别是修

① 显性比较优势指数是指一国某一出口商品或服务占其总出口的份额与全球该商品或服务占全球总出口的份额之比。该指数大于 1 表示该国在该类商品或服务中具有一定的比较优势。

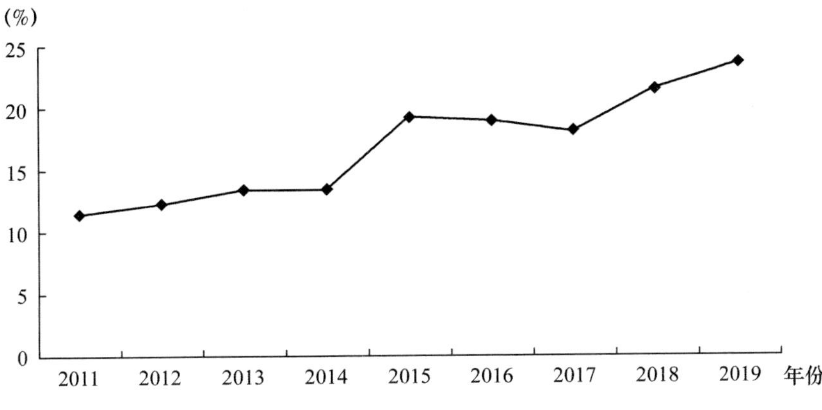

图1　美国外商直接投资净流入占全球比重

资料来源：世界银行数据库。

理维护服务、空运、金融服务、知识产权、政府物品与服务行业的显性比较优势指数均大于1，表明美国在这些服务行业具有明显优势。其中，知识产权、修理维护行业的显性比较优势指数都大于2，竞争优势更为突出（见表2）。

表2　2012～2018年美国服务贸易显性比较优势指数

	2012年	2013年	2014年	2015年	2016年	2017年	2018年
修理维护服务	2.146	2.036	2.111	2.036	2.033	2.018	2.113
海运	0.280	0.288	0.301	0.310	0.348	0.339	0.347
空运	1.377	1.391	1.330	1.290	1.247	1.234	1.226
其他方式运输	0.197	0.168	0.165	0.171	0.173	0.163	0.168
建筑	0.231	0.150	0.122	0.170	0.101	0.117	—
保险和养老金服务	0.941	0.889	0.876	0.854	0.871	0.924	0.939
金融服务	1.385	1.517	1.634	1.519	1.505	1.609	1.628
知识产权	3.139	3.053	2.656	2.415	2.350	2.284	2.281
电信、计算机和信息	0.559	0.547	0.522	0.514	0.526	0.544	0.512
其他商务服务	0.838	0.788	0.770	0.808	0.823	0.853	0.890
个人、文化和娱乐服务	0.450	0.420	0.452	0.432	0.431	0.402	—
政府物品与服务	1.963	1.984	1.848	1.833	1.788	1.838	1.891

资料来源：联合国贸发会议数据库。

第三，服务业开放促进了服务贸易结构的优化升级。2016年，旅游、专业服务、批发零售、金融、电子、知识产权是美国主要的服务贸易进口、出口部门（见图2、图3）。从分行业贸易差额情况可以发现，旅游、专业服务、金融、批发零售、电子、知识产权等都处于贸易顺差状态。其中，批发零售、旅游的贸易顺差均高于800亿美元，专业服务、金融、知识产权、电子的贸易顺差也都接近或高于400亿美元。但其他行业的贸易顺差并不明显，合计贸易顺差仅为9亿美元（见表3）。

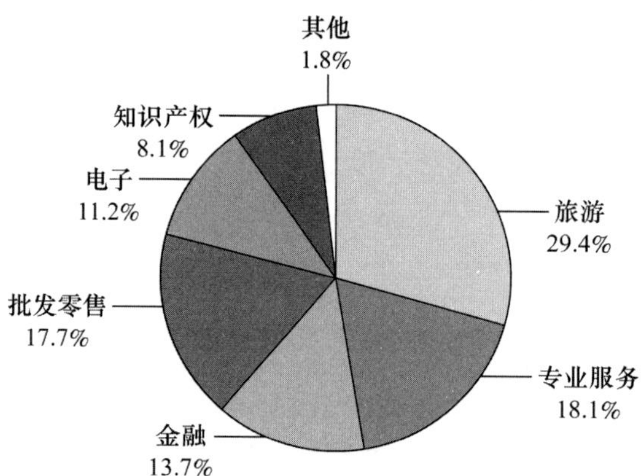

图2 2016年美国服务贸易出口结构

资料来源：美国国际贸易委员会。

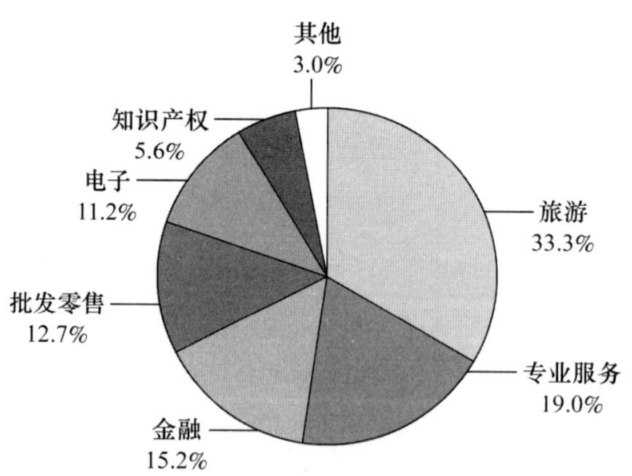

图3 2016年美国服务贸易进口结构

资料来源：美国国际贸易委员会。

表 3　**2016 年美国服务贸易分行业进出口额**　单位：亿美元

	服务出口	服务进口	贸易差额
旅游	2447	1608	839
专业服务	1510	917	593
金融	1145	737	408
批发零售	1471	612	859
电子	934	543	391
知识产权	675	269	406
其他	154	145	9

资料来源：美国国际贸易委员会。

（二）分行业评价

首先，对标 OECD 平均水平可以发现，美国服务业总体开放水平较高。图 4 展示了 2019 年分行业的美国与 OECD 国家的 STRI 评分。可以看出，在全部 22 个行业中，美国共有 14 个行业的 STRI 评分低于 OECD 平均水平，服务业总体开放程度较高。这一特征很大程度上得益于美国整体较为开放和相对完备的制度环境。例如，美国政府允许独立的服务供应商在获得第一次入境许可后最长在美国境内居留 36 个月。另外，美国以政府所有的形式干预私人供应商的程度很低，除了邮政运营商外，联邦政府在上述 22 个行业中没有任何国有企业。但也要看到，在空运、海运、邮政快递、物流货物装卸、保险这五大行业中，美国的 STRI 评分则高于 OECD 平均水平。这表明虽然美国服务业的总体开放水平较高，但在一些运销供应链服务行业中依然保留一定的限制措施。

其次，针对美国 22 个行业间的 STRI 评分情况比较可以发现，2019 年美国影视、批发零售、铁路货运行业的开放程度较高，而空运、邮政快递、海运行业的开放程度相对较低。2019 年，美国不同服

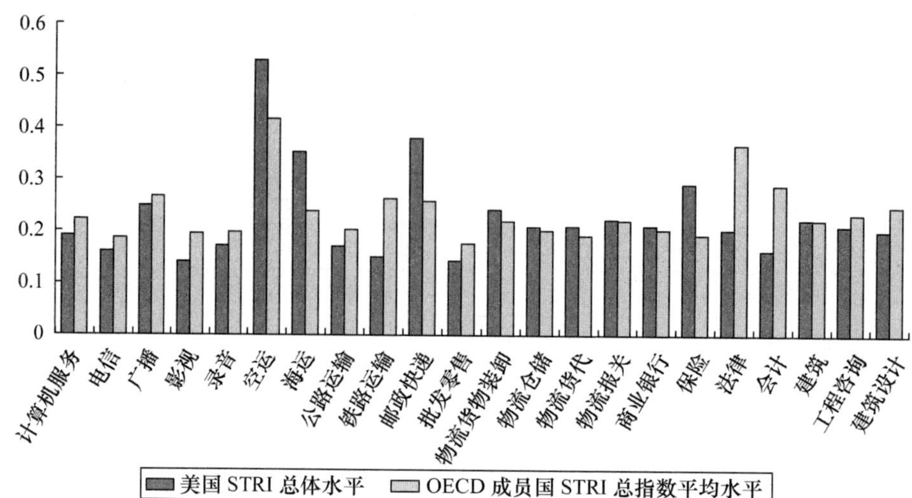

图4　2019年美国各行业STRI评分与OECD平均水平的比较

资料来源：课题组根据OECD的STRI数据库计算整理而成。

务行业STRI评分分布在0.14～0.53。其中，影视、批发零售、铁路货运是美国各行业中STRI评分相对较低的三个行业，分别为0.14、0.14、0.15，代表了较高的开放水平；而空运、邮政快递和海运则是美国各行业中STRI评分相对较高的三个行业，分别为0.53、0.38、0.35，开放程度与前述行业有一定差距。

最后，通过对比2014～2019年美国STRI评分与排名的变化情况可以发现，美国服务业总体开放程度保持稳定，但在个别服务行业的限制程度略有提高。相较于2014年，2019年美国绝大部分服务行业的STRI评分与排名没有明显变化，表明美国服务业总体开放程度近年来保持稳定，但值得注意的是，计算机服务的限制程度趋于严格。具体而言，在STRI评分方面，仅计算机服务、影视、法律三个行业经历了不同程度的变化（其余19个行业均维持不变），变化幅度分别为11.8%、-6.7%、-4.8%，对应的排名变化情况分别为下降10位、上升2位、无变化。此外，虽然包括空运、海运、铁路货运、邮政快递、批发零售、物流货物装卸、物流货代、物流报关等在内的10个行业的STRI评分情况没有发生变化，但排名均出现小幅下滑（见表4）。

表4　2014年、2019年美国各行业STRI评分及开放度排名的变化

	年　份	STRI评分	评分变化	全球排名	排名变化
影视	2014	0.15	↓	6	↑
	2019	0.14		4	
法律	2014	0.21	↓	10	—
	2019	0.20		10	
公路货运	2014	0.17	—	14	↑
	2019	0.17		12	
工程咨询	2014	0.21	—	21	↑
	2019	0.21		20	
建筑设计	2014	0.20	—	17	↑
	2019	0.20		16	
电信	2014	0.16	—	14	—
	2019	0.16		14	
广播	2014	0.25	—	22	—
	2019	0.25		22	
物流仓储	2014	0.21	—	21	—
	2019	0.21		21	
保险	2014	0.29	—	37	—
	2019	0.29		37	
会计	2014	0.16	—	4	—
	2019	0.16		4	
建筑	2014	0.22	—	21	—
	2019	0.22		21	
铁路货运	2014	0.15	—	2	↓
	2019	0.15		3	
录音	2014	0.17	—	13	↓
	2019	0.17		16	

续表

	年份	STRI 评分	评分变化	全球排名	排名变化
空运	2014	0. 53	—	39	↓
	2019	0. 53		41	
海运	2014	0. 35	—	34	↓
	2019	0. 35		35	
邮政快递	2014	0. 38	—	29	↓
	2019	0. 38		30	
批发零售	2014	0. 14	—	7	↓
	2019	0. 14		10	
物流货物装卸	2014	0. 24	—	22	↓
	2019	0. 24		25	
物流货代	2014	0. 21	—	22	↓
	2019	0. 21		24	
物流报关	2014	0. 22	—	24	↓
	2019	0. 22		25	
商业银行	2014	0. 21	—	21	↓
	2019	0. 21		23	
计算机服务	2014	0. 17	↑	6	↓
	2019	0. 19		16	

资料来源：课题组根据 OECD 的 STRI 数据库计算整理而成。

三、近年来美国服务业开放的政策措施

（一）通过部分取消人员流动限制，促进了影视、法律行业开放度提升

相较于 2014 年，2019 年美国的影视、法律行业 STRI 评分出现下降，反映出行业的开放度有所提高。其中，影视行业的 STRI 评分从 2014 年的 0. 15 降低为 2019 年的 0. 14，开放度排名从第 6 位上升为第

4位。法律行业的STRI评分从2014年的0.21降低为2019年的0.20，开放度排名未发生变化，均为第10名。

通过对影视、法律行业的开放措施进行梳理发现，2019年影视行业开放度提高得益于人员流动限制中的“执业需要许可或授权”的放宽，从2014年的“是”变为“否”，法律行业开放度提高得益于人员流动限制中的“临时许可证制度是否建立”一项从2014年的“否”变为“是”（见表5）。

表5 2014年、2019年美国服务业中开放度提高的行业所采取的措施

类别	影视行业		法律行业	
	2014年	2019年	2014年	2019年
人员流动限制	执业需要许可或授权	执业不需要许可或授权	未建立临时许可证制度	已建立临时许可证制度

资料来源：课题组根据OECD的STRI数据库计算整理而成。

值得注意的是，在竞争壁垒方面，影视与法律行业都不存在限制，主要限制措施集中在外资准入限制、人员流动限制、监管透明度与其他歧视性措施方面。具体而言，在外资准入限制方面，采取的措施主要是外资审查额外条件，此外法律行业还在外资股比限制、董事会成员和经理要求、商业存在要求方面存在额外限制。在人员流动限制方面，数量限制、劳动力市场测试是影视与法律行业共同的政策限制措施内容，此外，法律行业在外国执业资格认定条件方面（含短期）还存在额外限制。在监管透明度方面，影视、法律行业的限制措施来源一致，都集中在签证申请要求及许可内容、注册公司手续数量两个方面。在其他歧视性措施方面，外商税收补贴歧视、政府采购领域歧视是影视、法律行业的限制措施主要来源，而影视行业在版权保护上存在额外限制。

（二）通过破除竞争壁垒、提高监管透明度，促进了公路货运、工程咨询、建筑设计行业的开放

相较于2014年，2019年美国公路货运、工程咨询、建筑设计三个行业STRI评分不变，但开放度的排名有所提升。

通过对上述行业的政策措施进行梳理发现，公路货运、工程咨询、建筑设计行业限制措施主要集中在外资准入限制、人员流动限制与其他歧视性措施方面，在竞争壁垒与监管透明度方面限制措施较少或不存在。具体而言，在外资准入限制方面，外资审查额外条件是三个行业都面临的共同限制，不同行业在董事会成员和经理要求、跨境数据流动方面也存在不同程度的限制。在人员流动限制方面，三个行业在数量、劳动力市场测试方面都存在限制，部分行业在外国执业资格认定条件、执业对居留的要求方面也存在限制。在其他歧视性方面，三个行业的限制措施都在外商税收补贴歧视以及政府采购领域歧视方面有所体现，此外，公路货运行业还面临国内外标准一致程度的限制。而在竞争壁垒方面，仅公路货运行业在特定公司竞争领域的约束条件与政府对企业的控制方面有具体的限制措施，工程咨询与建筑设计行业都不存在限制。在监管透明度方面，主要的政策限制内容集中在签证申请要求及许可内容与注册公司手续数量。

（三）计算机服务总体开放度略有降低，但外资准入等方面仍呈现高水平开放

相较于2014年，2019年美国的计算机服务行业的STRI评分有所提高，并且开放度排名在全球有所下滑。其中，计算机服务行业的STRI评分从2014年的0.17上升为2019年的0.19，开放度排名从第6位降到第16位。

通过对计算机服务行业的政策措施进行梳理发现，虽然美国计算机服务行业总体限制程度提升，但其在外资准入等方面开放度相对较高。具体而言，外资审查额外条件是计算机服务行业外资准入限制采取的唯一措施。在竞争壁垒方面，不存在具体的限制措施，而在人员流动限制方面的主要政策措施包括数量限制、劳动力市场测试。在监管透明度方面的主要政策措施包括签证申请要求及许可内容、注册公司手续数量。在其他歧视性措施方面，外商税收补贴歧视、政府采购领域歧视是限制措施的具体内容。

四、美国服务业开放经验对我国的启示

（一）持续完善服务业开放发展的环境

美国作为全球最发达的国家，2020 年营商环境排名全球第 6 位。良好的营商环境是美国服务业发展的重要基础。更重要的是，美国也在根据本国服务业发展的实际需要，不断完善营商环境，消除歧视性措施。从 OECD 的 STRI 指数看，美国适用于所有服务行业的“完成公司注册所有强制性程序的工作天数”从 2014 年的 5 天缩短到 2019 年的 4 天，在“完成公司注册所需的所有官方程序的总成本（以人均收入的百分比计）”方面从 2014 年的 1. 5% 降低为 2019 年的 1. 2% 。从我国情况来看，尽管近年来营商环境的全球排名不断跃升，但与美国相比仍有不小差距，还需要持续不断地完善市场化、法治化、便利化的营商环境。

（二）分类推动服务业扩大开放

服务业是异质性强的产业，不同行业发展特点和面临的政策障碍

有很大差异。从美国情况看，在整体服务业开放程度较高的情况下，近年来针对影视、法律行业的开放主要采取了取消人员流动部分限制的措施，对于公路货运、工程咨询等行业的开放，则主要是通过降低竞争壁垒和提高监管透明度等措施。从我国情况来看，也需要根据不同服务行业发展特点，有针对性地扩大高水平开放。

（三）运用法治化方式加快服务业开放步伐

从美国情况来看，推动服务业开放及相关制度的改革主要是通过法律法规的“立改废”实现的。这种法治化的规制方式，有利于形成稳定的市场预期和有约束力的行为规范。对比来看，我国现阶段推动服务业开放更多还是依靠各类政策文件，对法律法规的运用明显不足。尽管在推进服务业扩大开放中需要先进行局部试点探索，但经实践证明行之有效、市场主体支持的成熟做法还需及时上升到法律法规层面。

（四）根据发展需要对服务业开放措施进行适应性调整

美国虽然在全球服务业和服务贸易发展中占据绝对领先地位，但也并不是所有服务行业和贸易领域都处于最开放的水平。例如，近年来美国影视行业的开放程度不断提升，特别是在竞争壁垒方面完全没有限制。而在交通物流行业的开放中，则保留了必要的价格规制、特定竞争领域约束条件等竞争方面的壁垒措施。再如，在计算机服务行业方面，美国于2019年针对人员流动限制方面加严了原有政策措施，规定“入门级计算机程序员职位一般不符合H－1B签证要求的专业职位”。从我国情况来看，推动服务业高水平开放要从经济高质量发展要求和服务业发展现实出发，不断完善服务业开放发展的制度体系。

（五）通过扩大开放掌握服务贸易规则制定的主导权

在服务业开放过程中，美国非常重视主动推进全球服务贸易和投资自由化进程，通过双边、区域以及多边等多种形式的服务贸易协议，降低服务贸易壁垒，不仅为美国服务业拓宽海外市场提供了坚实而有力的基础，更重要的是，美国大力推行由其主导的服务贸易新规则，掌握了未来全球服务贸易发展的规则制定权。从我国情况来看，要以扩大服务业高水平开放为契机，积极参与和引领全球服务贸易规则制定，并在一些具有优势的服务行业提高制度性话语权。

执笔人：刘　涛　陈锦然

参考文献

[1] OECD Services Trade Restrictiveness Index（STRI）：United States

[2] United States International Trade Commission，Recent Trends in U. S. Services Trade：2018 Annual Report，June 2018

[3] 曹子瑛．美国贸易便利化改革研究（2008—2016）．北京：社会科学文献出版社，2017

[4] 赵瑾等．国际服务贸易政策研究．北京：中国社会科学出版社，2015

专题报告三

日本服务业开放进展、政策措施和经验启示

从全球来看，日本服务业和服务贸易较为发达，开放程度名列前茅，特别是在建筑工程等领域具有强大的国际竞争力。近年来，日本通过打破竞争壁垒和取消歧视性措施、调整准入限制，促进了物流、金融以及建筑设计等多个行业开放度的提升；通过较为全面的开放措施，保持了影视、建筑等行业开放的领先地位。尽管电信、广播、法律行业总体开放度略有降低，但人员流动、歧视性措施方面仍呈现高水平开放。合理借鉴日本的经验，我国要稳妥推进服务业扩大开放，通过完善法律法规加快开放，在扩大开放的同时完善必要的规制，持续改善服务业开放发展的环境，以扩大开放争取服务贸易新规则的制定权。

一、日本服务业开放的历程及阶段性特征

自 1955 年加入关贸总协定（GATT）之后，为了缓和贸易自由化的冲击，日本政府在服务业市场准入方面设置了较多限制措施。直到 20 世纪 70 年代中期，日本开始推行贸易和投资自由化政策，服务业正式进入放松管制阶段。具体开放历程和阶段性特征可分为以下两个阶段。

（一）20 世纪 70 年代中期至 90 年代中期：初步放松服务业规制，服务贸易进口增长快于出口

20 世纪 70 年代中期，日本开始推行服务贸易和投资自由化，对服务业放松规制。这一时期，日本放松服务业规制的动因，一方面来自国内，主要是私人企业发展迅速、要求更大的市场发展空间，另一方面，也是更重要的是来自外部的影响。一是国际经济环境不佳，“石油危机”使日本经济受到较为严重的冲击，造成国内严重的财政赤字，经济增长乏力；二是日本此前的高速增长威胁到发达国家，以欧美为首的西方国家为扩大在日利益，指责日本政府对经济规制过多，要求日本进一步放松规制。因此，日本从 20 世纪 70 年代中期开始对国内服务业放松规制。

在这一阶段，日本对服务业领域的制度和政策进行了调整与修改，主要包括：1981 年日本设置第二次临时行政调查会；1985 年日本专卖公社和日本电信公社实行民营化，分别更名为日本烟草股份公司和日本电信电话股份公司；1986 年，中曾根内阁发表《协调国际经济结构调整研究报告书》（著名的《前川报告》），首次将放松规制作为政策主题，提出“原则取消、例外规制”的基本方针。《前川报告》通常被认为是日本政府开始进行规制改革的重要标志。另外，1993 年《紧急综合经济对策》中明确提出放松服务业管制，制定了若干放松规制项目，并成立首相咨询机构“经济改革研究会”。

但整体而言，这一时期日本的服务贸易和投资自由化进程并不快，在服务业开放方面，日本政府相对谨慎保守，特别是对外国服务提供者仍保留较多管制措施。在金融业，日本政府在此期间虽然放松了对金融业管制，但仍控制着外国银行在日本的机构数量以及金融业

务，外资银行融资比例不及日本银行的50%。在零售业，1991 年以后日本对开设大型百货商店的限制放宽，准许一定数量的符合条件的外国零售商业进入日本，但是受到《大店法》反垄断条款的约束，不准外国零售商在日本设立超过规定营业面积的企业，以此防范外资零售巨头对日本本土市场的挤占。

结合这一阶段的服务业和服务贸易发展情况可以发现，尽管日本服务业开放还存在不少限制，但由于日本的经济体量和国内服务业市场的庞大需求，这一时期日本服务贸易总体规模从 1980 年的 526 亿美元增长到 1997 年的 1910 亿美元，年均增长率高达 15. 5%，其中，服务贸易进口增长较为亮眼，由 1980 年的 323. 6 亿美元增长到 1997 年的 1216. 5 亿美元，年均增长率达到 16. 3%。因此，在这一阶段，伴随服务贸易进出口的高速增长，服务贸易逆差规模也逐年扩大，并于 1996 年达到 600 亿美元的历史峰值。

（二）20 世纪 90 年代中期至今：进一步促进服务业开放，服务贸易出口增长快于进口

1997 年亚洲金融危机的爆发，使日本经济陷入萧条。面对这一情况，日本政府逐渐意识到经济结构调整的紧迫性，开始加快规制改革步伐。面对世界经济新格局，日本政府以破除服务贸易壁垒为抓手，改善服务业进出口结构并调整服务贸易政策以增强经济活力。具体开放政策措施主要分为以下三类。

一是修订法律和制定发展规划，根据市场变化进一步放松管制。自 1997 年以来，日本政府对电信、国内航空等主要服务行业进行了系统性改革，并重新调整土地使用配置，实行证券市场自由化，降低规制壁垒，并加强金融市场稳定性建设。2003 年，日本制定《结构改革

法》允许放松和减少特殊领域内管制。2004 年，日本公布“加快规制改革三年计划”。2005 年，日本对该计划进行第一次修改，其中包括引入市场测试系统、引进公开投标制度。2006 年，日本对该计划进行第二次修改，这次修改扩大了放松管制的范围，进一步减少对主要服务行业开放的管制。此外，日本于 2015 年、2016 年、2017 年对《电信商业法》《保险业法》《建筑业法》等行业性法律进行修订，以适应全球服务贸易快速发展的形势需要。

二是设立服务贸易咨询和促进机构，为有意向进行服务贸易的企业或机构提供咨询服务，拓展服务贸易的参与者范围，促进服务业开放发展。2002 年，日本出台《贸易振兴机构法》。按其规定，日本贸易振兴机构自 2003 年 10 月起正式取代原日本贸易振兴会，作为独立行政法人，由政府出资维持营运，进而行使贸易促进职能。日本贸易振兴机构的主要任务是：扩大日本市场准入范围，向对日投资的外国企业提供支援；收集分析海外经济贸易投资信息，帮助日本中小企业扩大出口；对发展中国家进行经济援助，对其进行相关调查研究、培养人才；提供贸易洽谈咨询服务，为日本企业开展海外业务提供支援等。另外，国际协力银行作为一家政策性金融机构，由政府出资支持其运营。该银行的主要职能有：开展海外经济合作，促进服务贸易发展；稳定国际金融秩序；对发展中国家的经济发展开展各项政策性金融业务；为发展中国家的基本建设项目提供资金等。

三是应对国际经济新秩序，通过一系列区域合作协定着力构建国际协调型的贸易政策体系，以开放获得话语权。截至 2019 年，与日本缔结自贸协定和经济合作协定并签署生效的国家、地区和组织包括新加坡、墨西哥、马来西亚、智利、泰国、印度尼西亚、文莱、菲律宾、瑞士、越南、印度、秘鲁、澳大利亚、蒙古国、东盟、欧盟以及全面与进步跨太平洋伙伴关系协定（CPTPP）。正在商谈的有土耳其、哥伦比亚、中国、韩国以及区域全面经济伙伴关系（RCEP）等。目前，日本的区域合作协定构建数量和覆盖范围都位居世界前列。

结合这一阶段的服务业和服务贸易发展情况可以发现，这一阶段日本服务业开放领域较为全面。服务贸易总额由1998年的1723亿美元增长到2018年的3921亿美元，年均增长率为6.4%。与前一阶段不同的是，这一阶段的服务贸易出口增长较进口更快，由1998年的623.7亿美元增长到2018年的1920亿美元，年均增长率达到10.4%。在这一阶段中，日本的服务贸易虽仍为逆差，但逆差额在波动中逐年减少，贸易结构也在逐步优化。

二、近年来日本服务业开放的主要成效

（一）总体评价

第一，服务业开放促进了服务贸易的不断增长，贸易逆差明显缩小。从总体上看，日本服务贸易规模呈现稳步增长态势。自2005年以来，日本服务贸易出口额从1020.3亿美元增加到2018年的1920.1亿美元，增长88.2%，服务贸易进口额从1390.3亿美元增加到2018年2000.5亿美元，增长43.9%。出口增长率约为进口增长率的2倍，服务贸易逆差额从2005年的370亿美元缩小到2018年的80亿美元（见表1）。

第二，服务业开放促进了服务贸易竞争力的稳步上升。作为资本和技术要素丰富的国家，日本服务业较为发达，占国民经济比重高，已成为日本经济增长的主要动力。但在服务贸易竞争力方面与欧

表 1　　2005 ~ 2018 年日本服务贸易发展的情况

年份	服务进口（亿美元）	服务出口（亿美元）	贸易差额（亿美元）	服务出口占日本贸易出口比重（%）	服务出口占全球服务出口比重（%）	RCA 指数
2005	1390. 3	1020. 3	-370. 0	15. 1	3. 8	0. 731
2006	1414. 1	1093. 9	-320. 2	15. 0	3. 6	0. 740
2007	1585. 4	1215. 0	-370. 4	15. 2	3. 4	0. 729
2008	1788. 7	1410. 1	-378. 6	15. 8	3. 5	0. 776
2009	1557. 3	1208. 6	-348. 7	18. 1	3. 4	0. 796
2010	1647. 0	1344. 1	-302. 9	15. 5	3. 4	0. 744
2011	1756. 6	1408. 3	-348. 3	15. 1	3. 2	0. 768
2012	1847. 0	1369. 4	-477. 6	15. 0	3. 0	0. 752
2013	1708. 7	1352. 3	-356. 4	16. 3	2. 8	0. 789
2014	1924. 2	1637. 9	-286. 3	19. 0	3. 2	0. 870
2015	1785. 9	1626. 4	-159. 5	20. 7	3. 3	0. 884
2016	1861. 8	1758. 1	-103. 8	21. 7	3. 5	0. 894
2017	1928. 4	1863. 7	-64. 7	21. 3	3. 4	0. 896
2018	2000. 5	1920. 1	-80. 4	20. 7	3. 3	0. 884

资料来源：课题组根据联合国贸发会议数据库计算整理而成。

美一些发达国家相比还有差距，国内服务业发展优势还没有完全转换为对外出口优势。2005 ~ 2018 年，日本服务贸易出口占全球服务贸易出口比重为3% ~4%，近年来，日本服务贸易出口占该国贸易出口总额比重在 20% 左右波动。自 2014 年以来，日本服务贸易显性比较优势（RCA）指数突破 0. 8，服务业的国际竞争力呈逐步提高趋势。

第三，服务业开放促进了贸易结构的不断升级。一方面，日本建筑工程和运输等优势非常明显的服务行业，在保持国际竞争优势和进出口平衡的条件下，出口额出现一定程度的下降。另一方面，部分新兴服务贸易行业快速增长，竞争优势逐步凸显。例如，旅游业曾是日本服务贸易第一大逆差行业，21 世纪以来一直保持出口持续性增长，并于2015年实现贸易顺差。相应地，旅游行业显性比较优势（RCA）指数从2012年的0.332快速提高到2018年的0.787，显示出近年来日本旅游业开放的成效非常明显。与旅游业相似的快速成长的行业还有金融业，随着行业的进一步开放，日本金融业呈现出口高速增长的态势、进口稳步增长，逐渐扭转了以往逆差过大的状况（见表2、表3）。

表2　　2012～2018年日本服务贸易分行业进出口额　　单位：亿美元

	进/出口	2012年	2013年	2014年	2015年	2016年	2017年	2018年
建筑工程	出口	115.9	96.7	113.1	107.0	93.7	102.9	92.2
	进口	77.6	75.0	104.6	82.0	74.6	82.2	82.9
旅游	出口	145.8	151.3	188.5	249.8	306.8	340.5	411.3
	进口	278.8	218.4	192.7	159.8	184.8	181.8	201.4
运输	出口	429.4	395.6	395.9	353.9	317.0	341.0	289.3
	进口	553.5	469.2	458.7	410.4	380.9	400.3	384.0
金融	出口	46.4	47.4	88.7	118.8	139.3	126.9	139.0
	进口	106.1	103.6	103.8	107.9	119.4	130.3	143.7
电信、计算机和信息服务	出口	23.2	27.1	31.9	32.5	38.6	50.5	45.7
	进口	56.8	63.5	115.7	133.7	143.4	141.8	155.0
专业服务	出口	—	—	45.1	41.7	57.7	74.7	85.3
	进口	—	—	88.3	96.5	113.8	130.8	134.7

资料来源：联合国贸发会议数据库。

表3　　2012～2018年日本服务贸易显性比较优势（RCA）指数

	2012年	2013年	2014年	2015年	2016年	2017年	2018年
建筑工程	3.12	2.917	2.891	2.967	2.599	2.631	2.381
商业性服务	0.747	0.788	0.86	0.874	0.881	0.888	0.881
旅游	0.332	0.362	0.416	0.556	0.635	0.667	0.787
运输	1.224	1.251	1.109	1.064	0.943	0.95	0.781
金融	0.302	0.336	0.474	0.608	0.687	0.629	0.669
视听服务	0.229	0.16	0.511	0.755	0.838	1.13	0.627

续表

	2012 年	2013 年	2014 年	2015 年	2016 年	2017 年	2018 年
电信	0.285	0.296	0.398	0.31	0.377	0.592	0.576
专业服务	—	—	0.347	0.319	0.389	0.47	0.574
保险	—	0.039	0.31	0.341	0.414	0.433	0.48
文化休闲	0.117	0.108	0.277	0.382	0.441	0.559	0.365
计算机服务	—	—	0.147	0.171	0.184	0.187	0.255

资料来源：课题组根据联合国贸发会议数据库计算整理而成。

（二）分行业评价

从国际横向比较来看，日本服务业开放度位居世界前列，但不同行业间的开放水平不一。在 OECD 评价的 22 个主要服务行业中，日本有 20 个行业低于 OECD 国家 STRI 的平均评分。其中，影视、录音、公路货运、建筑、工程咨询等行业开放度位列第一，计算机服务、批发零售等行业的 STRI 评分也远低于 OECD 平均水平，体现出较高的开放水平。但在法律、电信这两大行业中，日本的 STRI 评分则大幅高于 OECD 平均水平（见图 1）。这反映出日本在法律和电信这两大服务行业中仍保留了一定的限制措施。

从纵向比较来看，日本 STRI 评分和全球排名情况基本稳定，物流业、金融业的开放程度有较大提升。相较于 2014 年，2019 年日本的 22 个服务行业中有 14 个行业的 STRI 评分排名发生了变化，可分为三种情况。一是 STRI 评分下降、开放度排名提升的行业，包括物流货物装卸、物流仓储、物流货代、物流报关、商业银行、保险和建筑设计 7 个行业，主要属于物流业和金融行业，体现出近年来日本对物流业和金融业开放力度的加大。二是 STRI 评分不变但开放度排名有变化的行业，例如，会计行业、邮政快递行业的开放程度排名上升，都仅上

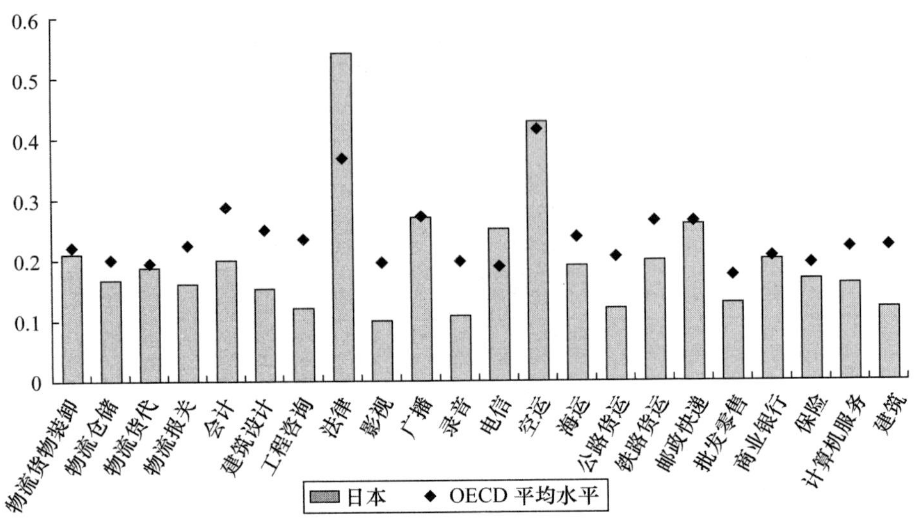

图1 2019 年日本各行业 STRI 评分与 OECD 平均水平的比较

资料来源：课题组根据 OECD 的 STRI 数据库计算整理而成。

升 1 位，而空运和铁路货运分别下降 3 位和 1 位。三是 STRI 评分上升、开放程度排名下降的行业，包括电信、广播、法律，其变化幅度分别为 4.2%、8.3%、1.9%，排名分别为下降 1 位、7 位、1 位（见表 4）。

表 4 2014 年、2019 年日本各行业 STRI 评分及开放度排名的变化

行　业	年　份	STRI 评分	评分变化	全球排名	排名变化
物流货物装卸	2014	0.22	↓	20	↑
	2019	0.21		17	
物流仓储	2014	0.18	↓	18	↑
	2019	0.17		9	
物流报关	2014	0.20	↓	21	↑
	2019	0.16		10	
商业银行	2014	0.21	↓	21	↑
	2019	0.20		20	
保险	2014	0.19	↓	18	↑
	2019	0.17		14	

续表

行　业	年　份	STRI 评分	评分变化	全球排名	排名变化
建筑设计	2014	0. 17	↓	8	↑
	2019	0. 15		4	
物流货代	2014	0. 21	↓	22	—
	2019	0. 20		22	
邮政快递	2014	0. 26	—	26	↑
	2019	0. 26		25	
批发零售	2014	0. 13	—	4	↑
	2019	0. 13		3	
会计	2014	0. 20	—	14	↑
	2019	0. 20		13	
计算机服务	2014	0. 16	—	3	—
	2019	0. 16		3	
影视	2014	0. 10	—	1	—
	2019	0. 10		1	
录音	2014	0. 11	—	1	—
	2019	0. 11		1	
海运	2014	0. 19	—	8	—
	2019	0. 19		8	
公路货运	2014	0. 12	—	1	—
	2019	0. 12		1	
建筑	2014	0. 12	—	1	—
	2019	0. 12		1	
工程咨询	2014	0. 12	—	1	—
	2019	0. 12		1	
空运	2014	0. 40	—	13	↓
	2019	0. 40		16	
铁路货运	2014	0. 20	—	11	↓
	2019	0. 20		12	
电信	2014	0. 24	↑	32	↓
	2019	0. 25		33	

续表

行　业	年　份	STRI 评分	评分变化	全球排名	排名变化
广播	2014	0.24	↑	18	↓
	2019	0.26		25	
法律	2014	0.53	↑	36	↓
	2019	0.54		37	

资料来源：课题组根据 OECD 的 STRI 数据库计算整理而成。

三、近年来日本服务业开放的政策措施

（一）通过部分取消竞争壁垒和歧视性措施、调整准入限制，提高了物流、金融及建筑设计行业的开放度

相较于2014 年，2019 年日本的物流货物装卸、物流仓储、物流报关、物流货代、商业银行、保险、建筑设计 7 个行业 STRI 评分出现下降，反映出行业的开放度有不同程度的提高。

通过对这些行业促进开放的政策措施进行梳理发现，2019 年物流货物装卸、物流仓储、物流货代、物流报关、商业银行、建筑设计行业开放度的提高得益于外资准入限制中“董事会至少有一人必须是本国居民”的放宽，从 2014 年的“是”变为“否”。另外，物流货物装卸、物流仓储、物流报关、物流货代行业开放度的提高还得益于竞争壁垒限制中“其他限制”的取消，从 2014 年的“是”变为“否”；商业银行、保险行业开放度的提高还部分得益于其他歧视性措施中“透明度和反洗钱、反恐融资规则偏离国际标准”从 2014 年的“是”变为“否”。值得注意的是，2019 年日本对上述行业在跨境数据流动方面加严了某些限制，明确要求“个人数据仅可跨境转移至隐私保护法大致相似的国家”，而 2014 年并没有此类规定（见表 5）。

表 5　2014 年、2019 年日本服务业中开放度提高的行业所采取的措施

<table>
<tr><th>类别</th><th>政策内容</th><th>年份</th><th>开放变化</th><th>适用行业</th></tr>
<tr><td rowspan="2">外资准入限制</td><td rowspan="2">董事会至少有一人必须是本国居民</td><td>2014</td><td>是</td><td rowspan="2">物流货物装卸、物流仓储、物流报关、物流货代、商业银行、建筑设计</td></tr>
<tr><td>2019</td><td>否</td></tr>
<tr><td rowspan="2">竞争壁垒</td><td rowspan="2">其他限制</td><td>2014</td><td>是</td><td rowspan="2">物流货物装卸、物流仓储、物流报关、物流货代</td></tr>
<tr><td>2019</td><td>否</td></tr>
<tr><td rowspan="2">其他歧视性措施</td><td rowspan="2">透明度和反洗钱、反恐融资规则偏离国际标准</td><td>2014</td><td>是</td><td rowspan="2">商业银行、保险</td></tr>
<tr><td>2019</td><td>否</td></tr>
<tr><td rowspan="2">外资准入限制</td><td rowspan="2">个人数据仅可跨境转移至隐私保护法大致相似的国家</td><td>2014</td><td>无此规定</td><td rowspan="2">物流货物装卸、物流仓储、物流报关、物流货代、商业银行、保险、建筑设计</td></tr>
<tr><td>2019</td><td>明确规定</td></tr>
</table>

资料来源：课题组根据 OECD 的 STRI 数据库整理而成。

（二）通过较为全面的开放措施，促进了影视、建筑等行业开放度保持领先

日本的影视、建筑业、批发零售的开放度位居世界前列，其中，影视业和建筑业的 STRI 评分排名自 2014 年以来保持全球第一，批发零售业 2019 年的 STRI 评分排名位居全球第三。

综合 STRI 指标框架，通过对影视、建筑业、批发零售等行业的服务开放政策措施进行梳理发现，日本在以上行业几乎没有采取限制措施，实行较为全面的开放政策。例如，在外资准入限制方面，在外资审查额外条件、跨境数据流动条件、业务限制（范围、数量、地域）、董事会成员和高管限制等方面均有较高水平的放开；在其他歧视性措施方面，不存在补贴性歧视等。STRI 评分结果佐证了这一观点，据统计，影视行业 85 个政策措施评分项中，76 个呈现最高水平开放状态；批发零售业 85 个政策措施评分项中，76 个呈现最高水平开放状态；

建筑行业 77 个政策措施评分项中，67 个呈现最高水平开放状态。

目前，这三个行业仅存在以下限制措施。在外资准入方面，三个行业都对跨境服务供应商提出当地存在的要求。在人员流动方面，根据 2019 年日本最新修订的《出入境管理和难民识别法》，未在该法附录表一中列出的非熟练劳工，不得在日本参与此类行业的工作。其中，建筑行业还要求跨国公司至少一名工程师必须获得建造许可证的签发许可（工程）。在其他歧视性措施方面，尽管没有法律明令，但三个行业都被认为存在歧视外国供应商的事实。此外，日本批发零售业配送服务的国家标准与国际标准不符，虽然日本政府支持批发零售企业引入危害分析关键控制点（HACCP）体系[①]，但当前未强制实施。同时，日本的在线税收系统仅限于国内居民，非日本居民的外国服务提供者无法在线进行税务登记和申报。影视业和批发零售业在竞争壁垒方面不存在任何的限制性措施，建筑行业对建筑企业的财务状况和财务信誉存在底线要求。在监管透明度方面，目前三个行业在提高公司注册、获得施工许可证、通关的便利度和效率方面也还存在一定的上升空间。

（三）电信、广播、法律总体开放度略有降低，但人员流动等方面仍呈现高水平开放

相较于 2014 年，2019 年日本的电信、广播、法律行业的 STRI 评分有所提高，并且开放度排名在全球有所下滑。其中，电信业的 STRI 评分从 2014 年的 0. 24 上升为 2019 年的 0. 25，广播业的 STRI 评分从 2014 年的 0. 24 上升为 2019 年的 0. 26，法律业的 STRI 评分从 2014 年

---

① 危害分析关键控制点（Hazard Analysis Critical Control Point）体系是目前世界公认的食品安全保障体系，主要是对食品中微生物、化学和物理危害进行安全控制。

的0.53上升为2019年的0.54。

通过对这些行业的政策措施进行梳理发现，虽然日本电信、广播、法律行业的总体限制程度提升，但电信业在人员流动与其他歧视性措施方面的开放程度仍处于较高水平，法律业在其他歧视性措施方面仍保持较高水平，广播业在其他歧视性措施和人员流动方面的开放程度也处于较高水平。

四、日本服务业开放经验对我国的启示

（一）稳妥推进服务业不断扩大开放

总体而言，日本对服务业采取了渐进的开放方式。这种方式可以提供给日本企业向发达的同行业学习先进管理经验的充足时间，促进国内服务业发展。同时，也可以防止激进的开放给国内服务业市场可能带来的冲击。对我国来讲，服务业开放需要根据国内经济发展实际情况，把握不同服务行业发展特点、所处阶段及对国家安全的影响等，稳妥推进服务业高水平扩大开放。

（二）通过完善法律法规推进服务业开放

与美国情况类似，日本推进服务业开放主要是根据发展形势需要制定修改法律法规实现的。这种法治化的规制方式能够使服务业在规范的法律环境下实现开放发展。对我国来讲，要转变主要依靠政策文件推动服务业开放的做法，加强对法律法规手段的运用，及时将多样化开放平台试点实践的有效经验上升到法律法规层面。

（三）在扩大服务业开放的同时完善必要的规制

从全球来看，日本服务业开放度在全球处于较为领先的地位。从

OECD 的 STRI 指数来看，90% 的服务行业开放度高于 OECD 平均水平，并且在录音、影视、建筑、工程咨询等多个行业开放度排名所有样本国家的首位。在此情况下，日本近年来仍在提高服务业开放度方面不断努力。但也要看到，推进服务业开放并不是一味地放开，也要根据服务业和服务贸易发展需要适时完善必要的规制。

（四）持续改善服务业开放发展的环境

根据世界银行公布的全球营商环境报告，2020 年日本的营商环境排名第 29 位，与美国等发达国家相比也还存在一定差距。为此，日本近年来也在持续推动改善包括服务业在内的发展环境，消除歧视性措施。从 OECD 的 STRI 指数来看，日本适用于所有服务行业的“完成公司注册所有强制性程序的工作天数”从 2014 年的 12 天缩短到 2019 年的 11.5 天，在“获得商务签证的费用”方面从 2014 年的 8 美元降低到 2019 年的约 7 美元。从我国情况来看，2020 年营商环境排名比日本落后 2 位，还需要在改善服务业开放发展的环境方面持续加力。

（五）以扩大开放争取服务贸易新规则的制定权

近年来，日本通过一系列区域合作协定扩大服务业合作开放。特别是美国退出跨太平洋伙伴关系协定（TPP）后，日本主导推动 CPTPP 谈判，希望通过高标准的 CPTPP 将符合自身利益的规则体系推广到整个亚太地区，在未来服务贸易规则制定中占据主动。从我国情况来看，要以扩大服务业高水平开放特别是制度型开放为契机，加快与国际先进规则对接，着力增强全球服务贸易规则的制定能力。

执笔人：刘　涛　邱旭容

参考文献

［1］OECD Services Trade Restrictiveness Index（STRI）：Japan

［2］世界贸易组织 . Trade Policy Review Body：Japan（系列报告）

［3］常思纯．日本主导 CPTPP 的战略动因、影响及前景．东北亚学刊，2019（3）

［4］赵瑾等．国际服务贸易政策研究．北京：中国社会科学出版社，2015

专题报告四

金砖国家服务业开放进展、政策措施和经验启示

在经济全球化不断深化的背景下，以巴西、俄罗斯、印度、中国、南非为代表的五个国家，不仅成为世界经济增长的主要动力源，而且提升了新兴市场和发展中国家的国际地位，被称为“金砖国家”（BRICS）。近年来，金砖国家重点降低了运销供应链服务业、市场连接和支持服务业等外资准入限制和竞争壁垒，监管透明度也有所提高，同时，通过建立和强化金砖合作机制，有力促进了服务业扩大开放。合理借鉴其他金砖国家的经验，我国要坚定推进服务业更高水平开放，完善有利于服务业开放的法律法规，根据行业特点有针对性地实施开放举措，加大服务业边境内措施的开放力度，利用好金砖合作机制参与服务贸易规则制定。

一、金砖国家服务业开放的历程及阶段性特征

金砖国家作为21世纪以来新兴市场和发展中国家互利合作的典范，在共同推进服务业开放、促进全球服务贸易自由化方面取得了显著进展。从金砖国家服务业开放以及服务贸易合作进程看，大致可分

为两个阶段。

（一）2001～2008年：积极谋求区域合作，服务贸易快速增长

进入21世纪，以巴西、中国、印度、俄罗斯为代表的新兴市场和发展中国家呈现出经济充满活力、蓬勃发展等共同特征，服务贸易稳步快速增长。截至2008年，四个国家的服务贸易进口额、出口额以及进出口总额分别为2067亿美元、3557亿美元和5624亿美元，分别为2001年的3.6倍、4.6倍和4.1倍，占全球服务贸易的比重分别为5.9%、9.5%和7.8%，比2001年分别上升2.2、4.3和3.3个百分点。基于此，2001年美国高盛集团首席经济学家吉姆·奥尼尔首次将巴西、中国、印度和俄罗斯并称为"金砖四国"。2006年，四个国家的外长举行首次金砖国家外长会晤，虽然金砖国家间还没有实质性的合作关系，但开始积极主动谋求区域合作。从贸易政策看，作为WTO成员方，四个国家逐步降低或取消服务贸易限制，推进了服务业开放和服务贸易发展。

（二）2009年至今：建立并强化区域合作机制，推进服务业开放和服务贸易自由化

受2008年国际金融危机的冲击，金砖国家服务贸易在短期内出现回落后，重新恢复较快增长。2019年，金砖国家服务贸易进口额、出口额分别为8199.4亿美元和5702.6亿美元，进出口总额达到13902亿美元，分别比2009年增长1.4倍、0.8倍和1.1倍，服务贸易总额占全球服务贸易额的比重达到23%，比2009年上升15个百分点。在这一阶段，金砖各国一方面越来越重视服务业开放，积极推进服务贸易自由化；另一方面，加快建立和加强合作机制，以推动服务业扩大开放。2009年，金砖国家领导人首次会晤，并发表《"金砖四国"领

导人俄罗斯叶卡捷琳堡会晤联合声明》[①]，实质性地开启了金砖国家合作的序幕。近年来，金砖国家合作机制不断完善，形成了以领导人会晤为引领，以安全事务高级代表会议、外长会晤等部长会议为支撑，在多层次、多领域开展务实合作的机制，制定了《金砖国家经济伙伴战略》《金砖国家投资便利化合作纲要》等合作方案，强化区域合作机制，有力推动了金砖国家的服务业开放。

二、近年来金砖国家服务业开放的主要成效

（一）总体评价

近年来，金砖国家积极推进服务业开放，在促进与相关国家服务贸易发展持续向好的同时，对本国服务业和整个经济发展也起到了促进作用，突出表现在以下几方面。

一是服务贸易快速增长，在全球的影响力不断扩大。2019 年，金砖国家服务贸易总额达到 13902 亿美元，是 2001 年的 7.5 倍，进口额、出口额分别为 8199.4 亿美元和 5702.6 亿美元，分别是 2001 年的 8.1 倍和 6.9 倍（见图 1），约占全球服务贸易总额的 23%，比 2001 年提高 18 个百分点。

二是服务贸易结构有所改善，部分服务行业竞争力明显增强。金砖国家的服务贸易历来以传统服务贸易为主，旅行与运输两项传统服务贸易占比普遍较高。但从近年来的情况看，部分金砖国家现代服务贸易发展势头良好，竞争力明显增强。其中，印度的计算机及信息服务业尤为突出。目前，印度已成为全球计算机服务第一大出口国，

① 2010 年 12 月，中国作为金砖国家合作机制轮值主席国，与俄罗斯、印度、巴西一致商定，吸收南非作为正式成员加入该合作机制。

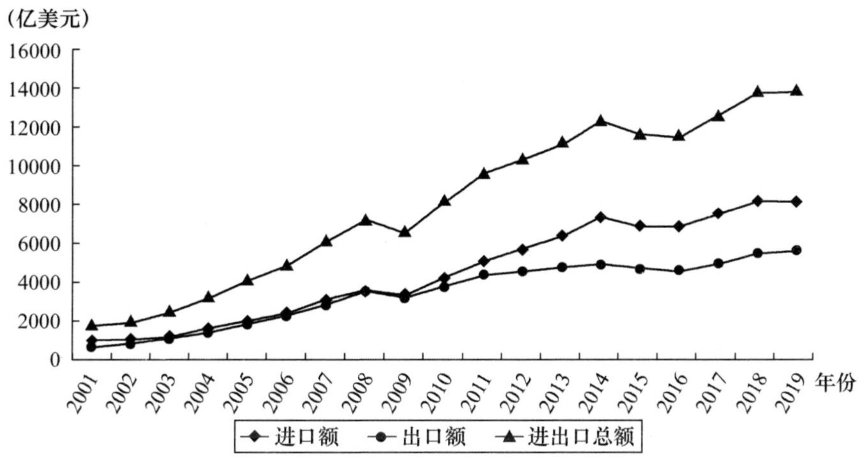

图1　2001～2019年金砖国家服务贸易进出口额的变化

资料来源：WTO数据库。

2018年，印度计算机及信息服务贸易的国际市场占有率达到27.1%，比2001年上升13.7个百分点；中国的部分现代服务贸易开放水平也有明显提升，2018年，中国保险服务、计算机及信息服务贸易的国际市场占有率分别达到12.2%和9.9%，比2001年分别上升11.5和9.1个百分点（见表1、表2）。

表1　2001年、2018年印度服务贸易各部门国际市场占有率　单位：%

年份	运输	旅游	电信服务	建筑服务	保险服务	金融服务	计算机及信息服务	知识产权使用费	其他商业服务	个人、文化及休闲服务
2001	0.5	0.6	3.2	0.2	0.9	0.3	13.4	0.1	0	0
2018	5.1	4.7	16.4	5.8	6.4	4.5	27.1	0.6	8.0	8.8

资料来源：课题组根据联合国贸发会议数据库计算整理而成。

表2　2001年、2018年中国服务贸易各部门国际市场占有率　单位：%

年份	运输	旅游	电信服务	建筑服务	保险服务	金融服务	计算机及信息服务	知识产权使用费	其他商业服务	个人、文化及休闲服务
2001	1.2	3.5	0.8	2.2	0.7	0.1	0.8	0.1	2.3	0.2
2018	11.3	6.6	0	24.7	12.2	3.0	9.9	4.3	13.6	4.5

资料来源：课题组根据联合国贸发会议数据库计算整理而成。

三是服务业发展基础不断夯实，对整个经济的贡献稳步提高。一国的服务业发展与服务贸易增长具有显著的相互促进作用。21 世纪以来，在金砖国家服务贸易迅速发展的同时，服务业发展水平断提升，各国服务业增加值对经济增长的贡献稳步提高。其中，中国和印度的提升幅度最为显著。2018 年，中国服务业增加值占 GDP 的比重为 52.2%，比 2001 年上升 11 个百分点，印度服务业增加值占 GDP 比重也从 2001 年的 43.8% 提高到 2018 年的 49.1%，上升 5.3 个百分点（见图 2）。

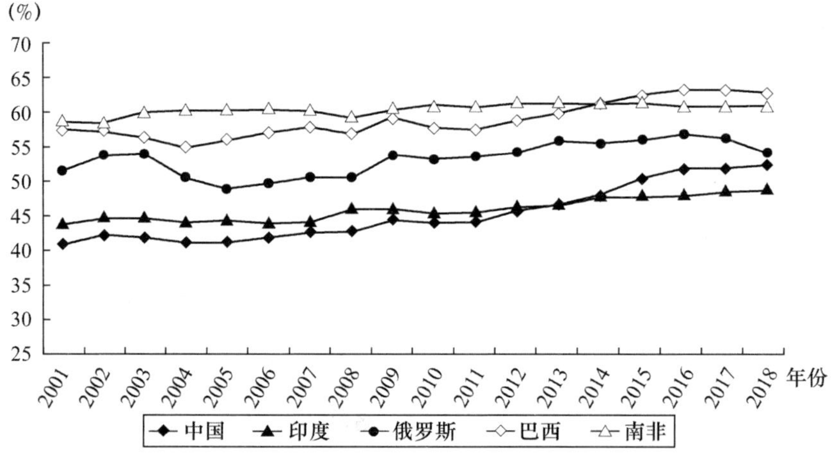

图 2　2001～2018 年金砖国家服务业增加值占 GDP 比重的变化

资料来源：世界银行数据库。

（二）分行业评价

从国际横向比较看，金砖国家服务业平均开放度低于 OECD 平均水平，但部分行业的差距呈缩小趋势。以 OECD 的 STRI 指数来衡量服务业的开放度，2019 年金砖国家服务行业的 STRI 指数全面高于 OECD 平均水平，其中快递、铁路货运、物流货物装卸三个行业开放水平的差距最为明显，金砖国家这三个行业 STRI 平均评分与 OECD 平均水平的差距分别达到 0.32、0.31 和 0.28。差距最小的是工程、空运和建筑三个行业，与 OECD 平均水平的差距分别为0.04、0.06 和0.08（见图3）。

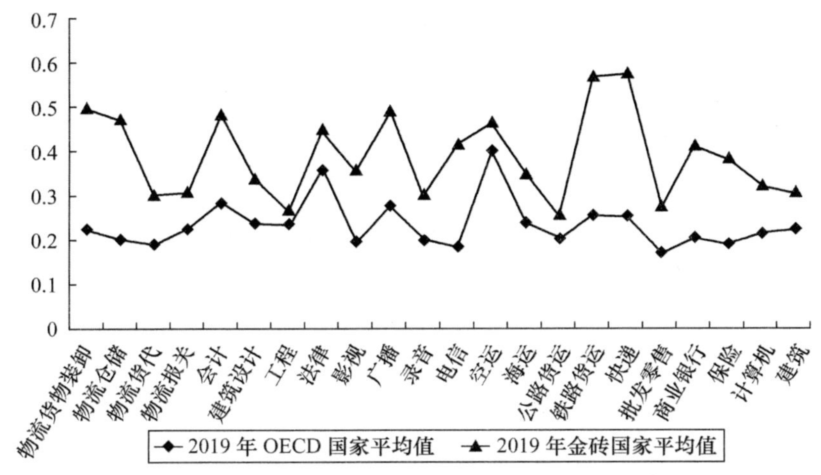

图3　2019 年金砖国家 STRI 评分与 OECD 平均水平的比较

资料来源：课题组根据 OECD 的 STRI 数据库计算整理而成。

值得注意的是，金砖国家在运销供应链服务业、市场连接和支持服务业、基建服务业与 OECD 国家开放水平的差距呈缩小趋势。与 2014 年相比，金砖国家在空运、物流货物装卸、批发零售以及工程服务的 STRI 评分与 OECD 平均水平的差距明显减小，在建筑设计、海运、铁路货运、保险服务的 STRI 评分与 OECD 平均水平也有一定幅度的缩小（见图4）。

从纵向比较看，2019 年金砖国家在运销供应链服务业、市场连接和支持服务业中的空运、物流货物装卸、批发零售、海运、铁路货运、保险服务六个行业的 STRI 评分，比 2014 年都有不同程度的下降，特别是空运服务 STRI 评分下降了 0.06，但在数字网络服务业方面的限制水平则有所提高。例如，广播、电信服务的 STRI 评分分别比 2014 年提高 0.04 和 0.01。另外，公路货运、商业银行服务的 STRI 评分也提高了 0.02（见图5）。而从金砖国家服务业开放水平的变化趋势看，

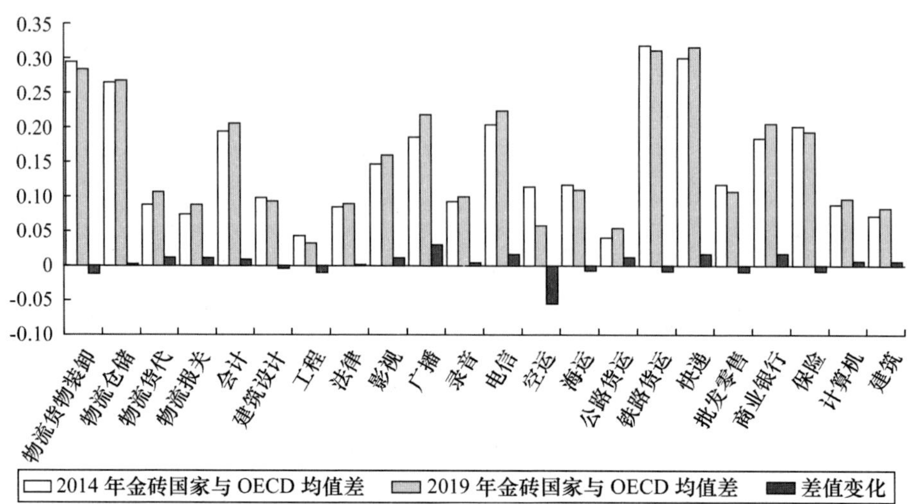

图 4　2014 年、2019 年金砖国家 STRI 评分与 OECD 平均水平的比较

资料来源：课题组根据 OECD 的 STRI 数据库计算整理而成。

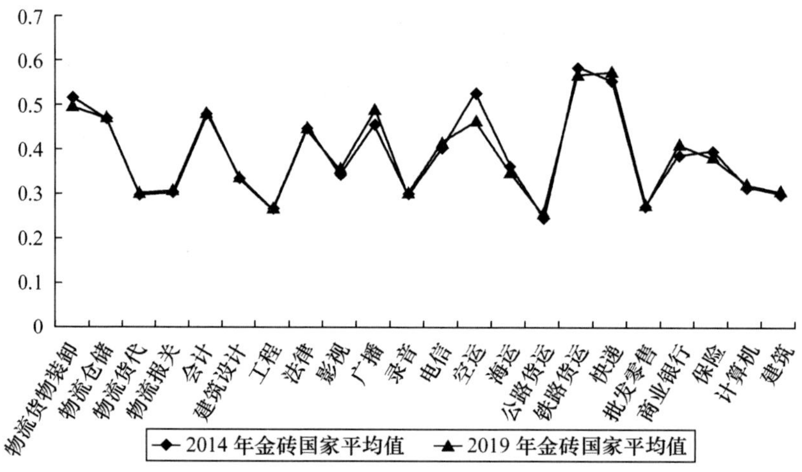

图 5　2014 年、2019 年金砖国家 STRI 评分变化的比较

资料来源：课题组根据 OECD 的 STRI 数据库计算整理而成。

中国服务业 STRI 评分的下降幅度最为显著，巴西和印度基本持平。南非和俄罗斯的 STRI 评分有所提高，与 2014 年相比，STRI 指数涵盖的 22 个服务行业中，中国有 14 个行业的 STRI 评分下降，仅有影视一个行业 STRI 评分略有上升，其他行业基本持平；南非作为金砖国家中服务业 STRI 评分相对低的国家，近年来，服务业限制水平却有所上升，与2014年相比，2019年南非仅有保险服务一项STRI评分有所下降。

三、近年来金砖国家服务业开放的政策措施

（一）重点降低运销供应链服务业、市场连接和支持服务业等的外资准入限制和竞争壁垒，监管透明度有所提高

近年来，金砖国家积极融入全球服务贸易市场，在各自具体承诺表中的服务行业承担市场准入和国民待遇义务，有选择地逐步降低服务贸易政策限制，特别是将放宽外资准入限制作为主要政策手段。

从国别来看，2014～2019年中国、印度在通过降低外资准入限制和竞争壁垒、提高监管透明度促进服务业开放方面的表现较为突出；巴西、俄罗斯也通过提高监管透明度促进了服务业开放。而在人员流动限制、其他歧视性措施方面，这一时期金砖各国并没有明显扩大开放，甚至个别国家出现限制程度提高的情况（见表3）。

表3　　2014年、2019年金砖国家STRI分项指数的比较

	年份	巴西	中国	印度	俄罗斯	南非
外资准入限制	2014	2.87	5.38	5.23	1.69	2.36
	2019	3.13	4.95	5.07	3.93	2.86
人员流动限制	2014	1.38	1.10	1.79	1.80	0.64
	2019	1.40	1.10	1.80	1.80	0.64
竞争壁垒	2014	0.85	1.51	1.37	1.33	0.83
	2019	0.85	1.44	1.23	1.33	0.80
监管透明度	2014	1.41	1.18	1.71	1.85	1.13
	2019	1.15	1.01	1.69	1.69	1.36
其他歧视性措施	2014	0.56	0.92	0.52	0.87	0.75
	2019	0.56	0.93	0.90	0.89	0.75

资料来源：课题组根据OECD的STRI数据库计算整理而成。

从行业来看，近年来，金砖国家通过降低外资准入限制、减少歧视性政策，促进了空运、物流货物装卸、批发零售等行业开放程度的提高（见表4）。具体来看，2016年，印度取消了机场服务、有线和卫星广播的外资股权限制，放宽了民用航空领域的外资股权限制。2018年，巴西出台了新的法律，允许外国投资者拥有和控制巴西一条经营国际和（或）国内交通路线的100%投票权股份，并取消了商店开店时间限制。另外，中国于2018年开始在全国推行外资准入负面清单管理模式，相继公布了3版负面清单，特别是交通运输、批发零售等行业的负面清单限制措施条目数量大幅缩减，提高了相关行业的开放度。

表4　2014年、2019年金砖国家空运、物流货物装卸、批发零售行业STRI分项指数的变化

	年份	外资准入限制	人员流动限制	竞争壁垒	监管透明度	其他歧视性政策
空　运	2014	0.31	0.02	0.14	0.03	0.13
	2019	0.25	0.02	0.14	0.03	0.03
物流货物装卸	2014	0.18	0.04	0.13	0.14	0.13
	2019	0.17	0.04	0.13	0.13	0.03
批发零售	2014	0.14	0.03	0.04	0.06	0.04
	2019	0.13	0.03	0.04	0.06	0.03

资料来源：课题组根据OECD的STRI数据库计算整理而成。

（二）通过建立和强化金砖国家合作机制促进服务业开放

在服务业开放进程中，通过与相关国家和地区签订区域贸易协定，加强互利合作，有利于促进服务业开放和服务贸易自由化进程，为服务贸易规模的扩大和竞争力的提高提供了良好的发展契机。自金砖国家合作进入实体化以来，贸易投资合作一直是金砖国家经济合作机制的核心和关键议题。近年来，在贸易保护主义抬头、全球贸易形势日益紧张的背景下，金砖国家间不断深化合作，完善合作机制，有效提升了金砖国家服务贸易的整体水平。突出表现在：一是形成了以领导人会晤为引领，以安全事务高级代表会议、外长会晤等部长会议为支撑，在多层次、多领域开展务实合作的机制。二是合作内容逐步具体化。2018 年，金砖国家领导人南非会晤发表《金砖国家领导人约翰内斯堡宣言》，进一步明确强调金砖国家在支持开放包容的多边贸易体系方面的共同立场，支持全球贸易，加强成员国间的合作，大力促进贸易自由化和投资便利化，并制定了《金砖国家投资便利化合作纲要》，明确提出投资政策框架透明、提供“一站式”服务、简化投资程序等。这些措施有利于营造开放、透明、便利的投资环境，也为金砖国家服务业开放和服务贸易的发展创造了条件。

四、金砖国家服务业开放经验对我国的启示

（一）坚定推进服务业更高水平开放

受内外复杂环境的影响，近年来金砖国家经济发展出现一定程度的分化，巴西、俄罗斯、南非经济增长明显减速，部分年份甚至出现负增长。受此影响，这些国家对于服务业开放的态度也发生了一些变化，在部分行业的外资准入方面采取了加严限制的措施。从历史经验来看，开放是世界大势和时代潮流，越是在困难的时候，越要扩大开放。对于我国来讲，要以更坚定的信心、更有力的措施把服务业开放不断引向深入，以高水平开放促深层次改革、促高质量发展。

（二）不断完善有利于服务业开放的法律法规

从巴西、印度等国推进服务业开放的实践看，更多是通过出台新的法律法规方式实现的。这种法治化的规制方式，有利于服务业在规范的法律环境下实现开放发展。为此，我国也要进一步转变主要依靠政策文件推动服务业开放的做法，有效运用规制、规则、标准等手段，并将各类开放平台试点的成熟经验及时上升到法律法规层面。

（三）根据行业特点有针对性地实施开放举措

从金砖国家发展情况看，服务业开放要与本国服务业发展的水平相适应，只有针对不同行业特点，实施差异化的开放措施，才能不断拓展本国优势服务行业开放的广度与深度，真正做到与国际接轨，才能更好地参与国际竞争，发挥出行业自身的比较优势，形成服务业开放、服务贸易增长与服务业发展的良性互动。

（四）加大服务业边境内措施的开放力度

当前，全球服务业开放重点正从传统的进出口关税、外资准入等边境措施，向竞争法规、知识产权、监管透明度等边境内措施拓展。相比于发达国家，包括中国在内的金砖国家的边境内措施限制水平仍相对较高，亟须实行更加积极主动的开放战略，全面对接国际高标准市场规则体系，实现服务业更大范围、更宽领域、更深层次的开放。

（五）利用好金砖合作机制参与服务贸易规则制定

当前，经济全球化不确定性增强，新兴市场和发展中国家面临的外部环境更趋复杂。为此，我国要充分发挥金砖国家合作机制的作用，积极设置议题，求同存异，进一步深化双边和多边服务业领域的务实合作。同时，积极推动“金砖+”合作模式，扩大金砖国家代表性和影响力，打造开放多元的发展伙伴网络，合力推动建设开放型世界经济，促进服务贸易和投资自由化、便利化，共同致力于提高在国际服务贸易规则制定和全球经济治理方面的地位和作用。

执笔人：漆云兰

参考文献

[1] OECD Services Trade Restrictiveness Index (STRI): Brazil, Russia, India, China, South Africa.
[2] 林红. 金砖五国服务业发展比较研究. 吉林大学，2016 年，CNKI
[3] 陈昭. 印度服务贸易自由化及监管政策研究. 国际贸易，2014 (9)
[4] 赵瑾等. 国际服务贸易政策研究. 北京：中国社会科学出版社，2015

专题报告五

我国邮政快递业开放的进展、障碍和改革措施

邮政快递业是全球服务贸易发展的重要领域，包括邮政普遍服务和快递服务。其中，邮政普遍服务对于保障民生具有支撑作用，快递服务随着移动互联网和电子商务的发展日益在全球供应链中扮演重要角色。虽然世界各国邮政快递业开放程度存在差异，但大趋势是开放限制措施越来越少，开放程度越来越高。加入 WTO 以来，我国全面履行承诺，大幅开放快递服务市场，取得明显成效。但与 OECD 平均水平、标杆国家相比，我国邮政快递业开放度依然偏低。在综合考虑国际物流体系安全的前提下，还需要提高邮政快递业对外开放水平，形成面向全球的一体化跨境寄递网络，深度融入全球供应链，服务中国“智造”，更好满足人民美好生活需要和支撑经济高质量发展。

一、我国邮政快递业开放的历程与成效

我国邮政快递业先后完成了邮电分营、政企分开、深化行政管理体制改革和邮政监管体制改革等重大改革任务，构建了较为完善的行业管理体系，行业生产力不断解放，发展潜力不断释放，全面开放国

内包裹快递市场，国际领军企业不断扩大在华投资和经营范围，市场活力竞相迸发，在服务国家经济社会发展中体现了价值、发挥了作用。

（一）历程简要回顾

1. 体制改革为开放奠定基础

1978 年党的十一届三中全会后，党的工作重心转移到经济建设和社会主义现代化建设上来。从 1979 年中共邮电部党组在第十七次全国邮电工作会议明确提出“邮电通信是社会生产力”的论断，并逐步将邮政电信业发展水平作为外商投资的前提，以“装电话”为主的邮政通信业务迎来跨越式发展。1991 年为与万国邮联（UPU）全面接轨，将邮票文字标识改为“中国邮政”。1998 年邮电分营工作完成，邮政和电信开始独立自主经营。2005 年《国务院关于印发邮政体制改革方案的通知》中明确了邮政体制改革“实行政企分开，改革邮政主业、邮政储蓄，建立普遍服务机制”的思路。重新组建国家邮政局，作为国家邮政监管机构；组建中国邮政集团公司，经营各类邮政业务。在此阶段，通过体制机制改革，初步实现了政企分开，为对外开放奠定了基础。

2. 快递服务开放先行一步

1986 年，敦豪（DHL）与中外运合资成立了中外运敦豪国际航空快件有限公司，1988 年天地（TNT）与中外运合资成立了中外运天地快件有限公司。加入 WTO 以来，我国全面履行加入承诺，在快递服务领域允许国际快递企业通过合资、并购、独资等方式加快进入。

根据加入 WTO 的承诺，2009 年我国对《邮政法》进行了修订。与 1986 年的《邮政法》相比，该法第 5 条中的邮政企业专营业务范围删除了“具有信件性质的物品”，第 84 条信件定义中排除了书籍、报纸、期刊。2014 年，国务院决定全面开放国内包裹快递市场，对符合许可条件的外资快递企业，按核定业务范围和经营地域发放经营许可。同年，联邦快递（FedEx）又获批增加了10个城市国内快递经营地域，联合包裹（UPS）经营地区也覆盖到全国33个城市，还批准嘉里大通物流有限公司等3家外资企业经营国内快递业务。

2018年国家邮政局批复同意国际快递业务（代理）经营许可审批事项下放天津邮政管理部门、广东自贸试验区。下放后，将简化审批程序，有利于促进邮政、快递企业拓展跨境电商渠道建设，进一步提升贸易便利化水平。经过多年的发展，我国国际快递业务已基本对外资开放，主要城市国内包裹快递业务也已对部分外资企业分批开放。

3. 邮政普遍服务保留专营模式

与快递服务相比，我国邮政普遍服务属于专营模式，开放程度相对较低。我国《邮政法》经历了2009年至今三次重要修订，一直规定“国内的信件寄递业务，由邮政企业专营”。从《外商投资准入特别管理措施（负面清单）》（2019年版）、《自由贸易试验区外商投资准入特别管理措施（负面清单）（2019年版）》及历年各修订版本的情况看，“禁止投资邮政公司、信件的国内快递业务”是我国一直列入外资准入负面清单的项目。

（二）开放主要成效

第一，实际利用外资规模不断提高。从我国交通运输、仓储和邮政业实际利用外资情况来看，由2010年的22.4亿美元增加到2017年的55.9亿美元，规模增长149%。从增速上看，交通运输、仓储和邮政业的实际利用外资额高于多数行业，增速快于全国整体实际利用外资的增速，特别是在2011年、2013年和2016年，实际利用外资增速分别达到了42.2%、21.4%和21.6%的高增长。从占比来看，交通运输、仓储和邮政业占全国实际利用外资的比重从 2010 年的 2.1% 上升到 2017 年的 4.3%，呈不断提高态势（见图 1）。

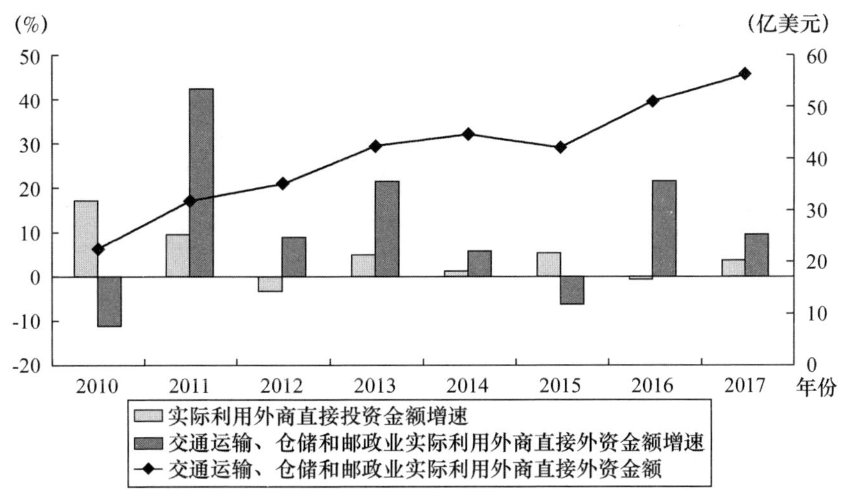

图 1　2010～2017 年我国交通运输、仓储和邮政业实际利用外资情况

资料来源：国家统计局。

第二，对外开放促进市场结构优化升级。对外开放促进了快递服务发展，增速远高于邮政普遍服务（见图 2）。我国规模以上快递业务收入从 2009 年的 479 亿元上升到 2018 年的 6038.4 亿元，十年间年均增长 32.8%；规模以上快递业务量从 2009 年的 18.6 亿件上升到 2018 年的 507.1 亿件，十年间年均增长 45%。其中，国际和港澳台快递业务收入从 2010 年的 178.8 亿元上升到 2018 年的 585.7 亿元。

更重要的是，快递服务对外开放并没有挤压国内企业的市场空间，反而促进了民营快递企业的发展壮大，实现了快速发展，逐渐成为快递市场的中坚力量。民营企业业务收入占全部快递市场比重从 2012 年的 60.5% 提高到 2018 年的 83.6%（见图 3）。

第三，对经济发展支撑作用不断增强。邮政快递业对外开放在促进经济发展和国际经贸合作中发挥着重要作用。据 OECD 测算，OECD 国家邮政快递业占 GDP 比重为 0.53%，占就业的 0.85%，占服务贸

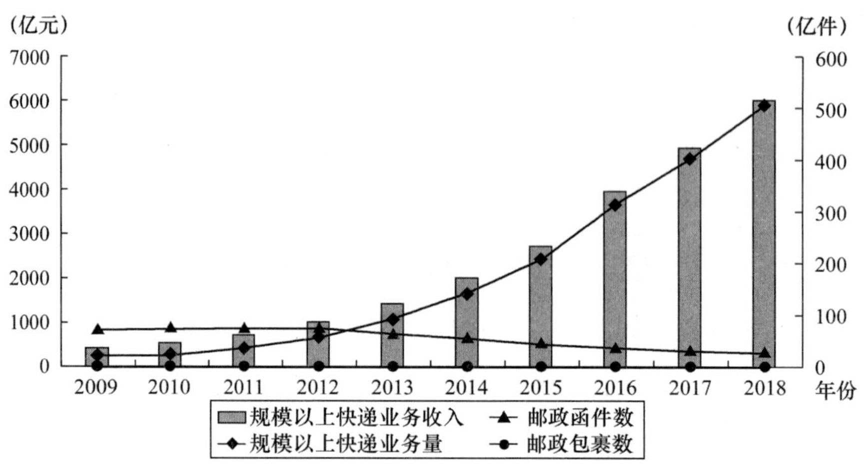

图2　2009～2018年我国快递邮政函件和包裹数变化情况

资料来源：国家邮政局。

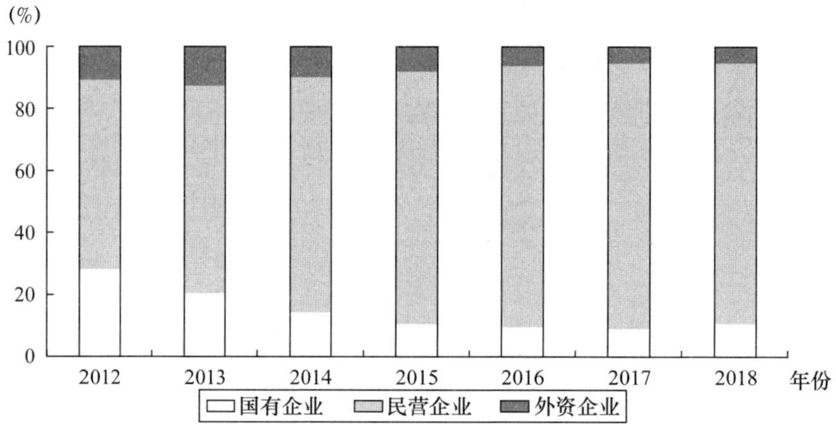

图3　2012～2018年不同性质企业业务收入市场比重变化情况

资料来源：国家邮政局。

易进口的0.31%，占服务业外商直接投资存量的0.11%。根据UPU的研究，发展中国家的人均GDP与人均邮政快递数量呈线性相关。[①] 随着我国邮政快递业不断开放，对于服务经济发展的作用持续增强。

① Research on Postal：MarketsTrends and Drivers for International Letter Mail，Parcels，and Express Mail Services，Published by the Universal Postal Union（UPU），2016.

2018 年，我国快递包裹量达到 505 亿件，占全球的 45%，对全球包裹快递量增长贡献率达 60% 以上，连续五年稳居世界第一。中国邮政集团公司在全球邮政企业中排名第 2 位，三家快递企业业务量规模进入世界前 5 名。我国快递企业国际网络及海外仓覆盖 50 多个国家和地区，支撑了超过 3500 亿元的跨境电商贸易。在全球跨境电商和贸易体系的构建过程中，邮政快递业服务消费能力不断增强，我国消费市场与全球消费市场的落差不断被熨平。

同时，邮政快递业作为高附加值产业的底盘，助力相关产业链进入全球价值链中高端。以顺丰快递为例，在助力国内企业开拓海外市场方面取得一定成效，实现了手机原材料全球"门到门"3 天交付，与之前的运输方式相比，时效提升近 50%，有效助力开拓市场、提高竞争力。另外，邮政快递业的对外开放还带动了本地就业。全行业从业人员超过 300 万人，2018 年增加就业超过 20 万人。以联邦快递为例，2018 年底在华有近万名本地员工。

二、当前我国邮政快递业开放存在的突出问题

（一）国际评价体系下开放程度偏低

根据 OECD 的 STRI 指数，我国邮政快递业是所有行业中限制得分最高的行业，且明显超过 OECD 国家甚至是新兴市场国家的平均水平。2019 年，46 个样本国家邮政快递业的 STRI 指数为 0.106 ~ 0.877，平均为 0.302。而我国得分最高，为 0.877，较第二梯队印度、巴西等国得分高出 50% 以上，比美国得分高出 1 倍，是荷兰、德国得分的 8 倍（见图 4）。

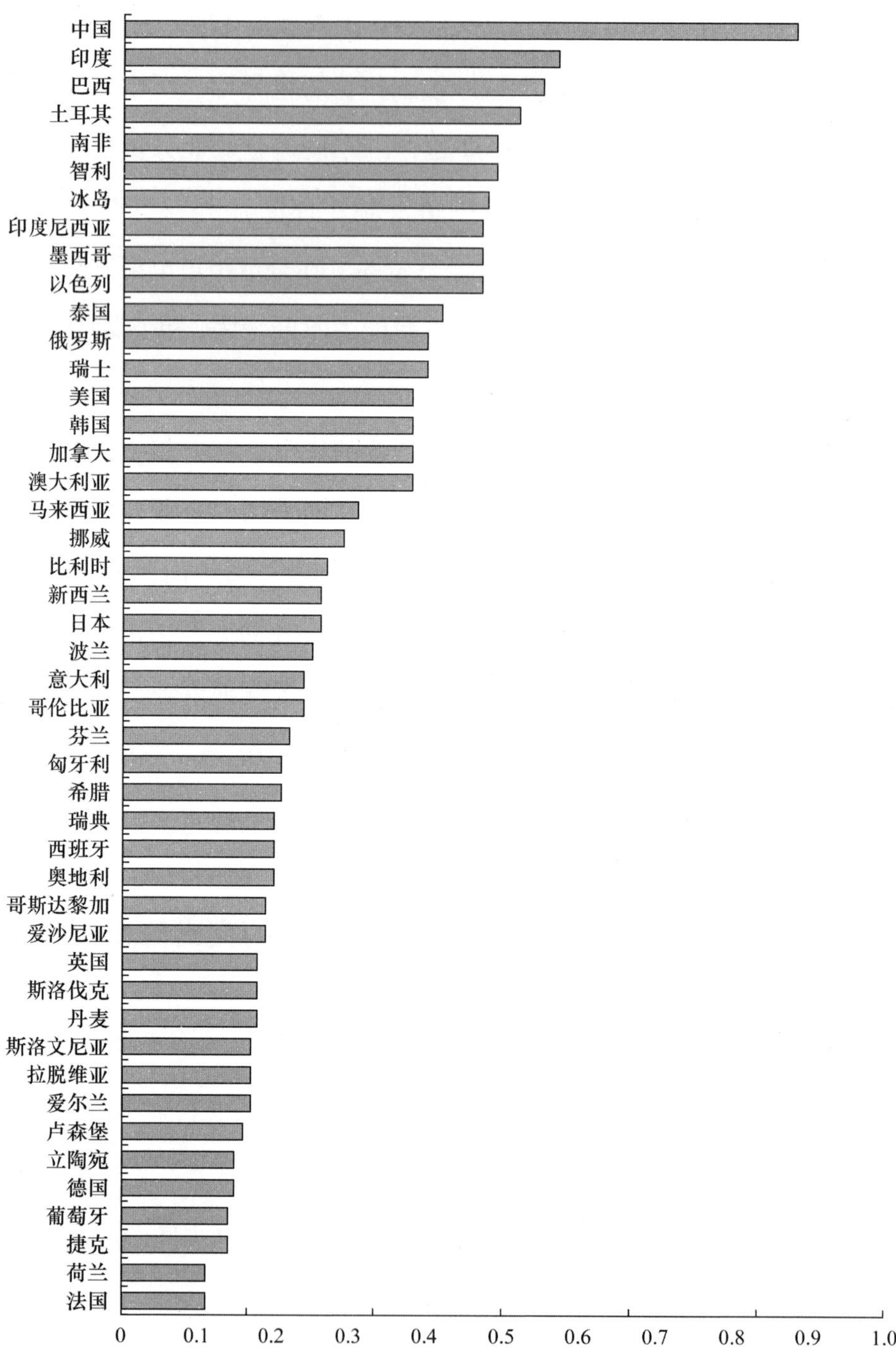

图 4　各国邮政快递业的 STRI 指数情况

资料来源：课题组根据 OECD 的 STRI 数据库计算整理而成。

（二）近年来的开放进展不明显

2014～2019 年，我国邮政快递业的 STRI 指数一直维持高位（见表1），在46个国家中一直是限制程度最高、排名最低的国家。

表1　　2014～2019 年我国邮政快递业 STRI 评分变化情况

年　份	STRI 评分	最　低	最　高	全球排名
2014	0.877	0.108	0.877	45/45
2015	0.877	0.108	0.877	45/45
2016	0.877	0.108	0.877	45/45
2017	0.877	0.108	0.877	45/45
2018	0.881	0.108	0.881	45/45
2019	0.877	0.108	0.877	45/46

资料来源：课题组根据 OECD 的 STRI 数据库计算整理而成。

邮政快递业与我国交通运输相关行业对比开放程度也有待提高。2014～2019 年，我国与邮政快递业相关的国际海运、公路货运、铁路货运、分销等行业限制指数明显降低，与 OECD 平均值接近，而邮政快递业限制程度明显高于 OECD 均值以及物流供应链服务相关行业（见图5）。

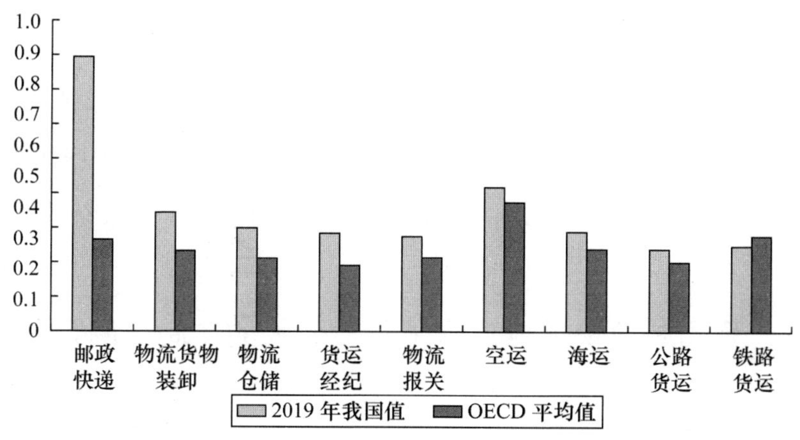

图5　2019 年我国物流供应链行业的 STRI 指数情况

资料来源：课题组根据 OECD 的 STRI 数据库计算整理而成。

（三）外资准入限制最为显著

从邮政快递业限制指数的二级指标看，分为外资准入限制、人员流动限制、竞争壁垒、监管透明度以及其他歧视性措施。其中，与国际比较，外资准入限制方面明显更为严格，限制得分是美国的 3 倍、德国的 8 倍，且外资准入的权重较高，占到快递业限制指数得分的47.3%。

（四）竞争壁垒限制较为突出

在竞争壁垒方面，我国邮政快递业与国际相比也有一定差距，2014～2019 年竞争壁垒限制指数一直为0.191，没有变化，且高于印度的0.123 和巴西的0.138，远超过美国的0.098 和德国的0.011。竞争壁垒在我国邮政快递业限制指数中占到24.6%，是影响邮政快递业限制指数的第二重要因素。

（五）监管透明度等方面也存在一定限制

我国邮政快递业在人员流动限制、监管透明度、其他歧视性措施方面的限制得分也相对较高。监管透明度限制指数 2018 年由0.149 上升到0.153，是唯一上升的指标，也导致总体邮政快递业限制指数在 2018 年上升。人员流动限制和其他歧视性措施从 2014～2019 年限制指数看，分别保持在0.076 和0.044 不变，这两项近年来未有改善。

三、我国邮政快递业高水平开放面临的体制机制障碍

美国、德国等发达国家通过开放邮政快递业，提高邮政普遍服务质量，构建了全球邮政快递网络，实现了全球资源的有效配置，为其

产业链的全球布局提供了条件，助力快速连接全球市场。同时，通过国际比较也发现，对于邮政快递业的部分领域开放限制，各国也有着共识。

（一）外资准入和普遍服务市场有待开放

邮政快递业外资准入开放程度最高的国家为荷兰，外资准入限制指数仅为0.015。德国的邮政快递业外资准入限制指数为0.044，美国为0.135，都远低于我国的0.417。通过与产业竞争力较高的国家进行比较发现，影响我国邮政快递业外资准入限制主要因素在于以下几点。

一是外国股权限制相对严格。荷兰、美国、德国、日本等国允许的最大外国股权份额都为100%，而我国外资准入负面清单中一直将“邮政公司、信件的国内快递业务”作为外资禁止投资的领域。从外国投资者在政府企业中可以购买的股份比例看，荷兰、德国不受限制，美国、日本及我国是受限制的，且我国在外资筛选标准中明确外商投资企业进行的投资应对国民经济发展有显著经济利益。

二是跨境并购和资本流动有待进一步开放。荷兰、美国在资本和投资转移等资本流动及跨境并购方面，没有明确的监管措施。我国《外资企业法实施细则》《中外合资经营企业法实施条例》中都对外资企业、合资企业的外汇管理进行了详细规制。发展中国家由于金融体系国际化中安全性存在隐忧，普遍选择了较为保守的政策。

三是市场存在一定程度的垄断。OECD将邮政快递业市场分为信件、包裹、快递三个细分领域，每部分测算后加总形成市场垄断份额评分。荷兰、德国、日本不存在市场垄断现象，本国邮政快递与其他国际邮政快递一样进行公平竞争。美国行业垄断份额的得分为0.23。我国垄断份额的得分为0.67，远高于发达国家和平均水平，这是因为我国邮政是专营模式，中国邮政集团公司为唯一授权经营企业。基于此，OECD 的 STRI 指数认为我国的信件和包裹市场完全垄断，快递市场完全竞争。

（二）竞争政策基础性作用有待强化

邮政快递业竞争壁垒开放程度最高的国家为德国，竞争壁垒限制得分仅为 0.011，远低于我国的 0.191。美国的竞争壁垒限制得分为 0.098，虽低于我国，但也相对较高，这主要是由于邮政普遍服务对于领土范围广、人口众多的大国具有战略意义。通过对标发现，德国、美国等国家在国家邮政普遍服务专营及税收补贴、国家或省政府控制邮政快递业中的至少一家大型公司等竞争壁垒限制措施上与我国类似。分析发现，影响我国邮政快递业竞争壁垒开放的主要因素集中在竞争政策上，我国给予邮政专营企业特殊政策，影响公平竞争。我国《邮政法》第 27 条规定："对提供邮政普遍服务的邮政企业交运的邮件，铁路、公路、水路、航空等运输企业应当优先安排运输，车站、港口、机场应当安排装卸场所和出入通道。"指定的邮政专营企业可以获得运输禁令的豁免，德国、美国、印度等国家没有类似特殊政策对市场公平竞争进行干扰。

（三）营商环境仍需持续优化

在人员流动限制方面，美国邮政快递业人员流动方面的得分为 0.041，低于我国的 0.076。通过对标发现，我国没有签证配额，好于美国对工作签证的配额限制。但是我国从事邮政快递业执业需要快递业务经营许可，美国等国家都不需要。2018 年，交通运输部修订了《快递业务经营许可管理办法》，细化了实名收寄、安全检查、从业人员安全等安全管理条件要求，适当放宽了人员资质条件、比例等方面的要求；对申请经营国际快递业务的申请人，在其未实际具备报关数据、处理场地等条件的情况下，修订后的《快递业务经营许可管理办法》允许给予一定的宽限期。

在监管透明度方面，法国开放程度最高，限制得分仅为 0.011，远低于我国的 0.149，德国为 0.044，美国为 0.060。在完成所有强制性程序以注册公司的工作日数上，法国、德国、美国是少于 9 天，我国是大于 9 天，营商环境有待持续改善。从快递通关时间看，法国、德国、美国少于 1 天，而我国多于 1 天，通关效率也有待提高。

四、推进我国邮政快递业高水平开放的思路和路径

对标国际先进规则和国际标杆国家，以加快体制机制改革，开放竞争性业务为突破口，发挥完善外资准入负面清单的牵引作用，加强完善营商环境和提升通关效率的联动，提升邮政普遍服务的水平和竞争能力。在保障国家安全的前提下，拓展国际快递网络，扩大有效供给，以开放促进行业供给侧结构性改革，推动流通方式转型，促进消费升级，不断满足社会生产和人民生活日益提升的服务需求。

（一）发挥放宽外资准入限制措施的牵引作用，促进邮政快递业开放

美国、德国、丹麦、日本、荷兰等国“最大外国股权份额”都为 100%，我国是 0。通过 OECD 的 STRI 指数进行政策仿真模拟，将我国外资准入限制中“最大外国股权份额”从 0 调整为小于 33%，则直接带动“商业存在的合法形式、法律形式、高管身份限制”等 15 项

三级限制指标下降，带动效果非常明显。

在三级指标的单项开放政策模拟中，涉及跨境资本流动的多项指标是以外资准入为前提条件的。如果不将外资股比限制进行一定放开，则其他指标单独调整没有效果或不明显。在此，以“最大外国股权份额”不同份额进行政策仿真效果比较。如最大外国股权份额调整为33%～50%，则邮政快递业限制指数下降到0.798；份额调整为50%～100%，则指数下降到0.783；份额调整为100%，则指数下降到0.777。可见，即使全部开放，该指数的下降效果也并不明显。因此，可参照外资准入负面清单中公共航空运输业的相关条款，将外资准入限制中“最大外国股权份额”从0调整为小于33%，则整体限制指数从0.881下降为0.81，既确保为我所控，又可达到一定的开放效果。

（二）通过开放竞争性业务和促进市场竞争，提高邮政快递业开放度

2009～2019年，我国普遍服务中的函件和包裹业务量呈逐年下降趋势。邮政包裹数从2009年的7229.6万件下降到2019年的2155万件，仅为十年前的29.8%；邮政函件数从2009年的75.3亿件下降到2019年的21.7亿件，仅为十年前的28.8%（见图6）。

在保障涉及国家安全等机要文件、信件，边远地区公益性宜采取专营模式的前提下，可对现有已萎缩的普遍服务市场进行结构化开放，以增量发展促进存量改革，通过开放提高普遍服务效率。如果开放30%的信件市场和80%的包裹市场，引入竞争机制，则我国邮政快递业整体的垄断程度将从0.67降为0.3。通过政策仿真模拟，降低市场垄断程度对于邮政快递业开放影响最大，邮政快递业限制指数将进一步从0.81下降为0.601。

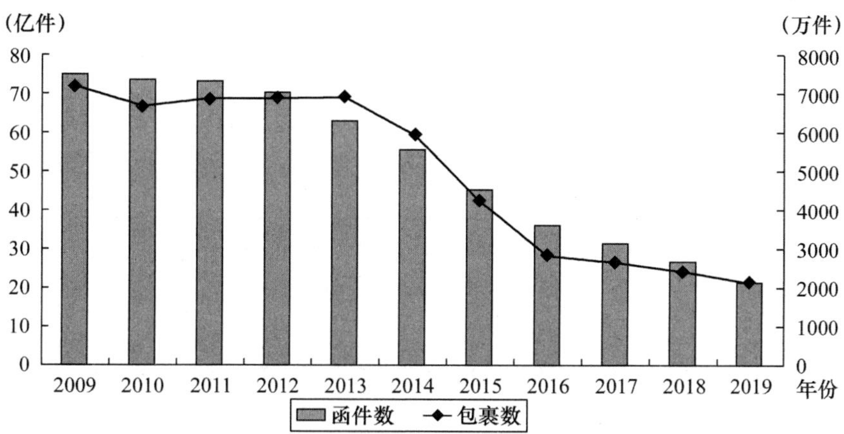

图6　2009～2019年我国函件（左）和包裹业务量情况

资料来源：国家邮政局。

（三）通过优化营商环境，维护公平竞争市场秩序

通过政策仿真模拟，与营商环境相关的指标虽每一单项对邮政快递业限制指数影响不大，但涉及的内容多、范围广，需要从强化竞争政策基础性地位、维护市场公平竞争的角度予以重视。涉及营商环境三级指标共11项，涉及“政府采购供应商选择偏好”“制定邮政企业获得额外优势政策”“普遍服务成本分配”“通关限制”等方面（见表2）。

表2　营商环境优化相关指标政策模拟情况

改革措施	改进后该单项指数得分变化
政府采购：本地供应商的明确偏好	-0.003
政府采购：采购法规明确禁止歧视外国供应商	-0.003
政府采购：采购过程影响竞争条件，有利于本地公司	-0.003
指定的邮政经营者获得税收或补贴优惠	-0.004
指定的邮政运营商获得运输禁令的豁免	-0.004
需要会计分离	-0.004
适当的成本分配系统已经到位	-0.004
会计信息公开	-0.004

续表

改革措施	改进后该单项指数得分变化
以无歧视的方式授予对邮政网络的访问权限	-0.004
通关时间（天）	-0.004
实行最低限度的制度：进口关税（美元）	-0.004

资料来源：课题组根据 OECD 的 STRI 数据库计算整理而成。

五、推进我国邮政快递业高水平开放的政策建议

（一）加强与国际先进对标，以开放促进邮政快递业效率提升

邮政快递业对外开放不是一味地不加限制，而是在保障国家安全的前提下，促进行业发展效率的提升，助推我国邮政快递业高质量发展。通过快递业开放，加快组建国际快递网络，增强我国国际资源快速配置能力，提升全球物流资源控制能力、供应链服务和创新能力，为我国构建具有全球竞争能力的产业链、供应链提供坚实的现代化国际物流体系支撑。

同时，也要站在国际视角横向比较，客观看待我国邮政快递业限制指数确实过高的问题，在我国服务贸易限制指数各行业中限制程度排名第一。促进邮政快递业高水平开放，降低限制指数，也可使我国邮政快递业更好适应国际规则和评价体系，使我国服务业高水平开放形成国际共识。

（二）完善外资准入负面清单，构建安全可靠的全球邮政快递网络

一是进一步修订《邮政法》涉及信息寄递业务由邮政企业专营的表述，建议可在保障涉及国家安全等机要文件、信件，边远地区公益性宜采取专营模式的前提下，其他印刷类的文件信函可由个人自主

选择。

二是进一步修订外资准入负面清单，参照负面清单中公共航空运输业相关条款的表述，建议将“禁止投资邮政公司、信件的国内快递业务”改为“邮政公司、从事国内快递业务的快递公司须由中方控股，且一家外商及其关联企业投资比例不得超过33%，法定代表人须由中国籍公民担任”。通过引入外资战略投资者的方式组建国际快递合资公司，对有必要的项目要进行背景审查和安全评估。

三是鼓励交叉持股，充分利用国际邮政快递公司的全球物流服务网络、基础设施网络、航空运力网络，快速组建起安全可靠的全球邮政快递网络，升级跨境服务能力。

（三）深化体制机制改革，促进邮政普遍服务供给主体多元化

开放竞争性业务，促进市场竞争，促进邮政普遍服务供给多元化。探索试点开放普通印刷类的文件信函；在保障偏远地区包裹普遍服务的基础上，放开包裹市场。对于涉及国家安全等的机要文件可给予特殊运输政策，取消原有对于邮政专营企业全业务范围的特殊运输政策。

建议适时研究将中国邮政集团承担的普遍服务和快递服务按照业务板块进行拆分。竞争性信件、包裹、快递业务成立国有新公司，引入部分外资（最高不超过33%），进行社会化混改。

（四）强化竞争政策基础性地位，进一步完善营商环境

完善公平竞争审查制度，进一步加大对滥用行政权力、排除限制竞争行为的反垄断执法力度，切实维护邮政快递市场的公平竞争秩序。在对不涉及敏感信息的竞争性业务进行供应商选择时，取消对外

资邮政快递企业限制。借鉴美国等国经验，转变补贴方式，通过减免税收或成立邮政普遍服务基金来取代财政直接补贴。同时引入市场化方式，加强欠发达地区邮政快递基础设施建设等。在进一步放开具备市场竞争条件的邮政资费标准基础上，着重使政府定价的资费水平和结构更加合理化。

参照国际通行规则，在国内主要物流枢纽及相关口岸推进海关、边检、海事一次性联合检查，减少进出口环节验核的监管和文件检查，进一步提升通关便利化。提高进口货物抵达口岸前“提前申报”的比例，实现“先验放后检测”，不断提高通关效率。

（五）主动参与国际规则制定，增强全球邮政快递领域话语权

注重发挥大型快递企业和行业组织作用，主动参与 UPU 规则制定，积极维护多边机制，为全球交通与快递物流体系转型升级贡献中国方案。鼓励我国龙头企业和全国性行业协会积极加入全球性行业组织和相关国际组织，更多参与全球交通运输与快递物流领域的对话和交流。加强与 OECD 等国际组织在服务业开放方面的研究和合作，主动争取和提升我国在邮政快递业高水平开放评估中的话语权。

（六）鼓励国内快递企业“走出去”，培育国际化快递品牌

鼓励和支持大型航空公司和快递企业在全球主要航空枢纽机场建设境外基地，在发达国家及其高新技术产业密集地区采取入股、收购和合作等方式，参与专业货运机场及物流设施建设，加快构建我国国际快递网络和体系。结合我国制造业产业链转移，鼓励制造业企业与其配套服务的快递物流企业共同拓展国际市场和实现“走出去”，避

免制造业或物流企业的“单兵突进”。打造国际化的邮政快递服务品牌，淡化中资或国资品牌宣传，为我国国际邮政快递体系发展构筑专业化、国际化的品牌形象。

执笔人：李汉卿

专题报告六

我国金融业开放的进展、障碍和改革措施

银行业和保险业是我国金融业中资产规模比重最大的两个行业，也是金融业对外开放的重点。加入 WTO 以来，以银行业和保险业为代表的金融业开放取得较大成效。自 2018 年以来，我国金融业开放力度明显加大，外资规模稳步提升。但也要看到，我国金融业开放水平仍落后于发达国家，外资进入和经营还存在一些体制机制障碍。为应对日益严峻和复杂的外部环境、加快推动新旧动能转换和实现高质量发展，迫切需要对标国际制度规则，提升我国金融业开放水平。应按照“宜快不宜慢、宜早不宜迟”原则，以放宽外资准入和减少竞争壁垒为着力点，发挥关键性改革措施的牵引作用，以高水平开放促进金融业高质量发展。

一、我国金融业开放的历程与成效

（一）金融业开放历程回顾

1. 为开放打基础、蓄力量（1994～2002 年）

这一阶段，银行业逐步建立与国际接轨的市场体系。首先，在

1993 年，国务院公布《关于金融体制改革的决定》，提出建立政策性银行，并“把国家专业银行办成真正的国有商业银行”。其次，银行的专业性逐步提升，银行的政策性业务得以剥离并成立三家政策性银行，国家专业银行转型为国有商业银行，股份制商业银行和城市商业银行等多种银行组织形式快速发展。再次，银行业基础性法律法规体系基本建立，相继出台《中国人民银行法》《商业银行法》《外资金融机构管理条例》。最后，银行国际化水平不断提高，特别是在应对 1997 年亚洲金融危机过程中，国有商业银行进一步转型，成立四大金融资产管理公司剥离不良资产，四大行经营状况大幅改善。

这一阶段，保险业对外开放步伐领先于银行业。保险业市场准入门槛大幅放宽，产险、寿险公司加快获批和发展，中国人民保险公司完成改组，实现分业经营。此外，还在上海进行保险市场对外开放试点，外资保险公司开始大量进入国内市场，市场初步形成以国有商业保险公司为主体、中外保险公司竞争发展的格局。《保险法》《保险公司管理规定》《向保险公司投资入股暂行规定》等保险业基础性法律法规相继出台。另外，中国保险监督管理委员会在这一阶段成立，成为保险行业专业监管机构。

2. 对外开放水平大幅提高（2003～2013 年）

随着我国加入 WTO，银行业和保险业对外开放步伐加快。这一阶段，银行业市场体系持续完善，银行业利用外资水平有所提升。“工、农、中、建”四大国有银行完成股份制改造和上市，初步建立了比较规范的现代公司治理架构，经营能力和竞争力明显提升。各类银行主体加快多元化发展：股份制银行快速扩张，开始积极尝试“走出去”；城市商业银行与外资合作加深，上市融资步伐加快；农村商业银行逐渐兴起，诸多业务限制相继取消，得以更广泛地参与竞争。

保险业履行“高水平、宽领域、分阶段开放”承诺，进入全面开放时期。国有保险公司股份制改革全部完成，中国保险公司海外上市步伐加快，一批保险公司相继在我国香港和美国上市，成功引入大量境外资本。取消外资非寿险公司在华设立公司限制，向外资非寿险公司开放所有业务。保险公司经营体制实现向分业经营全面转变，建立多家金融控股公司实现综合化经营。保险资金运用持续放宽，保险机构开始探索全球资产配置。

3. 对外开放走向深入（2013 年至今）

这一阶段，随着金融业开放水平持续提升，金融业改革开放开始进入深水区，推出了自贸试验区负面清单、CEPA 经贸协定、北京市服务业扩大开放综合试点等一批创新举措。2017 年版自贸试验区负面清单金融业的准入限制比2015 年版减少4 项，2018 年版又进一步减少6 项（见图1）。2017 年，香港特区政府与商务部签署了《关于建立更紧密经贸关系的安排》（CEPA）框架下《投资协议》及《经济技术合作协议》，进一步扩大对港的服务业开放。从北京市服务业扩大开放综合试点来看，2019 年，《全面推进北京市服务业扩大开放综合试点工作方案》公布，在金融专业人士从业、绿色金融产品创新、金融机构从事外汇和人民币跨境业务、金融开放空间建设方面给予更大支持。

特别是2018 年以来，我国金融业开放步伐明显加快。习近平主席在2018 年博鳌亚洲论坛对金融业放宽市场准入提出新要求，此后国务院金融委、人民银行、银保监会和证监会先后出台44 条银行和保险业开放措施，包括放宽外资股比限制、降低开业条件、允许设立分支机构、放宽营业范围和业务类型等，实质性降低了金融业外资准入门槛和经营限制（见表1）。从 OECD 的 STRI 评分来看，2019 年我国银行业和保险业 STRI 评分较2014 年分别下降0. 02 和0. 04（见图2）。

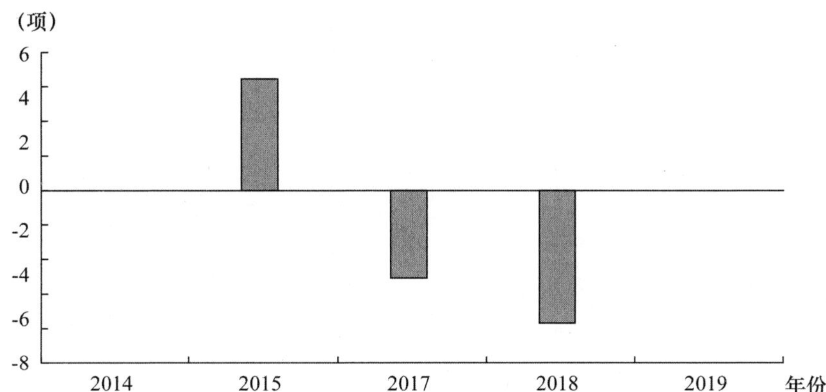

图 1　2014 ~ 2019 年自贸试验区负面清单中金融业特别管理措施的变化

资料来源：课题组根据相关年份的自贸试验区外资准入负面清单整理而成。

表 1　2018 年以来金融业开放举措和实施情况

年份	政策举措	落实和实施情况
2018	4 月 10 日，习近平主席在博鳌亚洲论坛开幕式的主旨演讲中宣布中国将大幅度放宽金融市场准入 4 月 11 日，中国人民银行行长易纲提出了 12 项金融领域的开放举措和明确的时间表	2 月 24 日，银监会公布《中国银监会关于修改〈中国银监会外资银行行政许可事项实施办法〉的决定》 4 月 27 日，银保监会公布《银保监会加快落实银行业和保险业对外开放举措》以及《中国银行保险监督管理委员会关于放开外资保险经纪公司经营范围的通知》《中国银行保险监督管理委员会办公厅关于进一步放宽外资银行市场准入有关事项的通知》配套措施
2019	5 月 1 日，银保监会主席郭树清表示拟进一步推出 12 条对外开放新措施，涉及银行和保险业核心领域 7 月 19 日，国务院金融稳定发展委员会推出 11 条金融业对外开放措施，以进一步放宽金融业外商投资比例限制等	9 月 30 日，国务院公布《国务院关于修改〈中华人民共和国外资保险公司管理条例〉和〈中华人民共和国外资银行管理条例〉的决定》 11 月 8 日，银保监会就《中国银保监会外资银行行政许可事项实施办法（征求意见稿）》公开征求意见 11 月 22 日，中国银保监会公布修改后的《中华人民共和国外资保险公司管理条例实施细则》 12 月 6 日，银保监会明确自 2020 年 1 月 1 日起正式取消经营人身保险业务的合资保险公司外资比例限制，合资寿险公司外资比例可达 100% 12 月 18 日，银保监会公布修改后的《中华人民共和国外资银行管理条例实施细则》

资料来源：安永会计师事务所《中国进一步开放金融市场》系列研究报告。

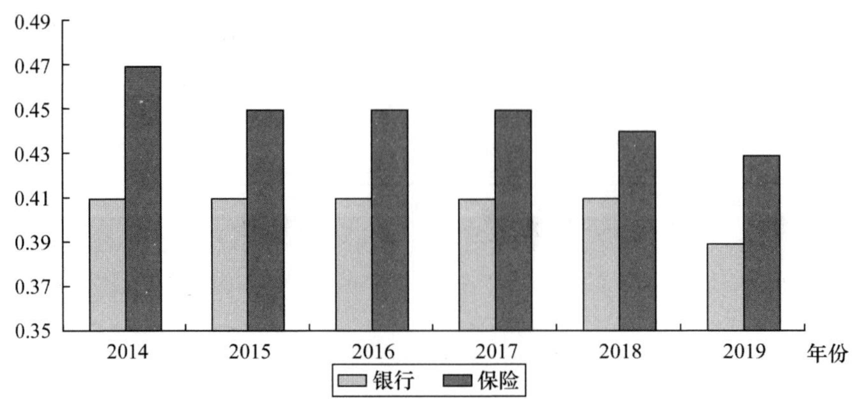

图 2 2014～2019 年我国银行和保险业 STRI 的变化

资料来源：课题组根据 OECD 的 STRI 数据库整理而成。

（二）金融业开放的主要成效

第一，金融业利用外资水平大幅提高。2013 年以来我国金融业开放走向深入，特别是随着 2015 年北京市服务业扩大开放综合试点、上海自贸试验区等开放平台制度创新加速，金融业吸引外商直接投资快速攀升至 149.7 亿美元，占到外商直接投资总额的 12%（见图 3）。外资银行和保险资产规模逐年稳步上升（见图 4）。

第二，外资金融机构布局范围不断扩大。截至 2016 年底，外资银行在全国 27 个省区市的 70 个城市设立了营业机构，形成了具有一定覆盖面和市场深度的总行、分行、支行服务网络布局，营业网点达 1031 家，数量较十年前翻倍。其中，14 个国家和地区的银行在我国设立了 37 家外商独资银行（下设 314 家分行）、1 家合资银行（下设 1 家分行）和 1 家外商独资财务公司；26 个国家和地区的 68 家外国银行设立了 121 家分行。另有 44 个国家和地区的 145 家外国银行设立了 166 家代表处[①]。在保险业，16 个国家和地区的境外保险公司在我国

① 朱隽：《金融业开放和参与全球治理》，中国金融出版社 2018 年版。

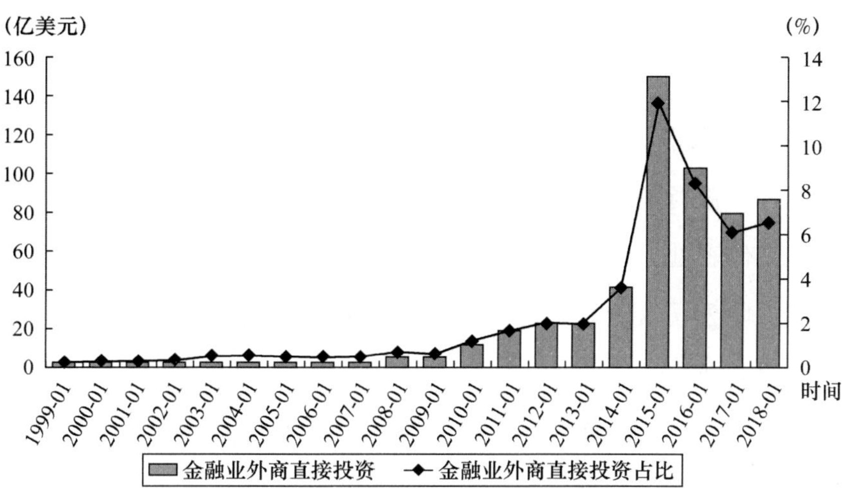

图 3　1999～2018 年我国金融业利用外资情况

资料来源：Wind 数据库。

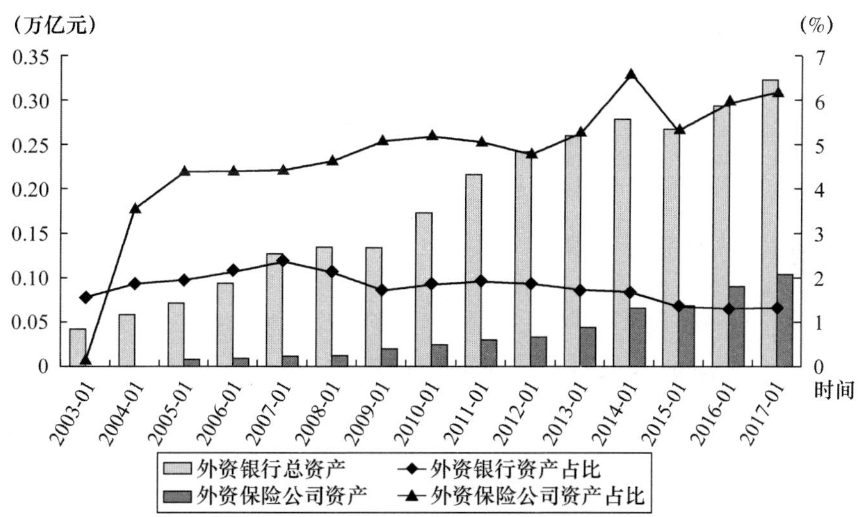

图 4　2003～2017 年我国外资银行和保险资产情况

资料来源：Wind 数据库。

设立 56 家外资保险机构，12 家中资保险公司在境外设立 38 家保险类营业机构①。截至 2016 年底，外资保险公司数量合计占全国产险公司

① 中国人民银行：《中国金融稳定报告（2017）》，2017 年。

的比重约为 27%，外资寿险公司数量占全国寿险公司的比重约为 36%[①]。

2019 年以来，15 项外资银行和保险机构开业申请获批，截至 10 月底，外资银行在华共设立 41 家外资法人银行、114 家母行直属分行和 151 家代表处，营业机构总数达 976 家，资产总额 3.37 万亿元；首家养老保险公司（合资寿险公司）获批筹建，首家外资独资保险控股公司获批开业。

第三，外资金融机构经营绩效较稳定。外资银行经营理念偏稳健、风险管理能力相对成熟，虽然资产利润率不如内资银行，但不良率低于行业平均水平（见图 5）。2015 年供给侧结构性改革特别是“三去一降一补”政策实施以来，外资银行不良贷款比例不升反降。在保险业中，中资企业依然占据市场主导地位。产险业开放较早、开放水平较高，随着市场竞争日益激烈，外资产险公司保费收入占比有所下降。寿险业开放水平低于产险业，近年来外资布局有所加快，外资寿险公司保费收入占比稳步提高（见图 6）。

（三）金融业开放对经济发展的促进作用

第一，促进金融业发展质量和竞争力提升。金融业扩大开放通过引入市场主体，优化了金融市场多元化竞争格局，打破部分领域市场垄断，促进我国金融资源配置效率提高。同时，扩大开放还有效推动国内金融机构学习、引进国外先进的服务理念、管理经验和技术，从而改善自身管理、提高经营效率，更好地满足我国企业和居民日益差异化、个性化的金融服务需求。再有，扩大开放能够吸引国际金融资

① 朱隽：《金融业开放和参与全球治理》，中国金融出版社 2018 年版。

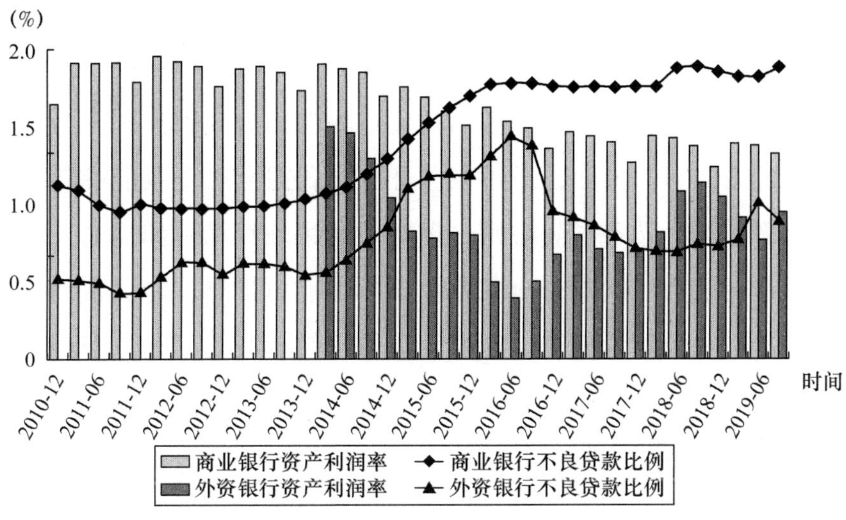

图 5　2010～2019 年我国银行业经营情况

资料来源：Wind 数据库。

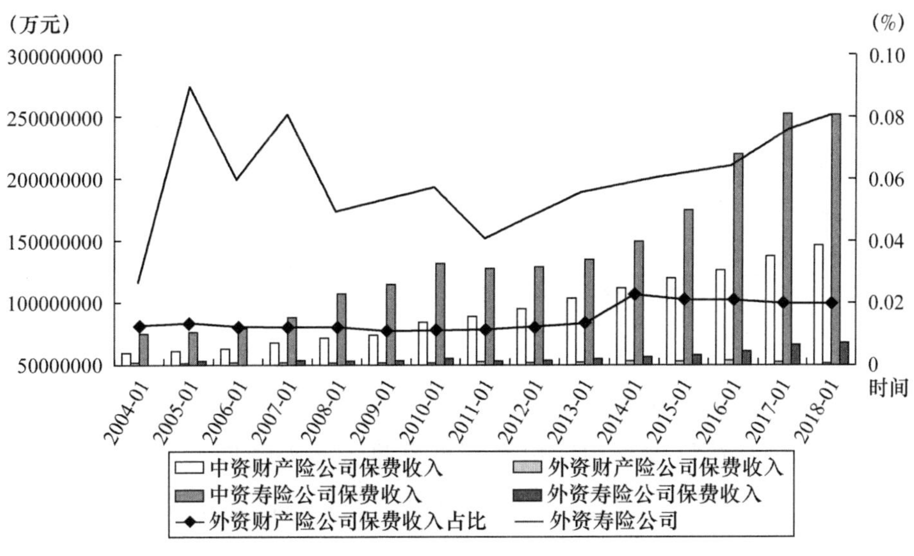

图 6　2004～2018 年我国保险业经营情况保费收入占比

资料来源：Wind 数据库。

本流入，提高我国金融业资本充足率，拓宽我国金融资源配置渠道，有利于增强我国金融市场抵御风险的能力。

第二，提升我国金融机构规范化、国际化水平。金融业扩大开放有效促进了现代金融市场制度规则建立健全和国际金融资源配置能力提升。一方面，我国主动学习借鉴成熟经济体在金融机构公司治理、金融市场建设、金融监管等方面的先进做法，有效引导国内金融企业规范化经营。另一方面，通过双向开放，我国金融企业能够较快进入国际金融市场、熟悉国际规则，拓宽了利用外资渠道和提高全球配置金融资源的能力。此外，金融企业国际化能力提升，能够帮助我国企业更好地融入全球价值链、整合全球供应链，有利于深化我国与国际市场的经贸联系。

第三，助推我国服务业开放水平全面提升。一方面，金融业开放能够有效促进我国金融业的国际化、标准化发展，有利于改善投资环境和营商环境，提高企业获得贷款、保险等金融服务的便利程度，增强对全球服务业企业吸引力。另一方面，随着金融业服务贸易日益紧密和跨境资本流动日益活跃，将帮助我国更好地掌握全球服务业创新发展动向，发掘新增长点，进而有针对性地加大相关服务业市场开放力度和制定相关政策。

二、当前我国金融业开放存在的突出问题

虽然我国金融业开放步伐不断加快，但开放水平与发达国家相比依然不高，与标杆国家相比仍有明显不足，在外资准入和竞争壁垒方面仍面临诸多限制，现有的开放举措与国际制度标准还存在一定差距。

（一）金融业开放水平依然不高

我国金融业开放水平总体不高，低于发达国家和部分发展中国家，与我国经济体量和国际影响力不匹配。OECD 对金融业开放度评价结果显示，2019 年我国银行业 STRI 评分为 0. 390，比 OECD 平均水

平高 0.186，在 46 个样本国家中排名第 42 位；保险业 STRI 评分为 0.430，比 OECD 平均水平高 0.238，在 46 个样本国家中排名第 43 位（见图 7）。

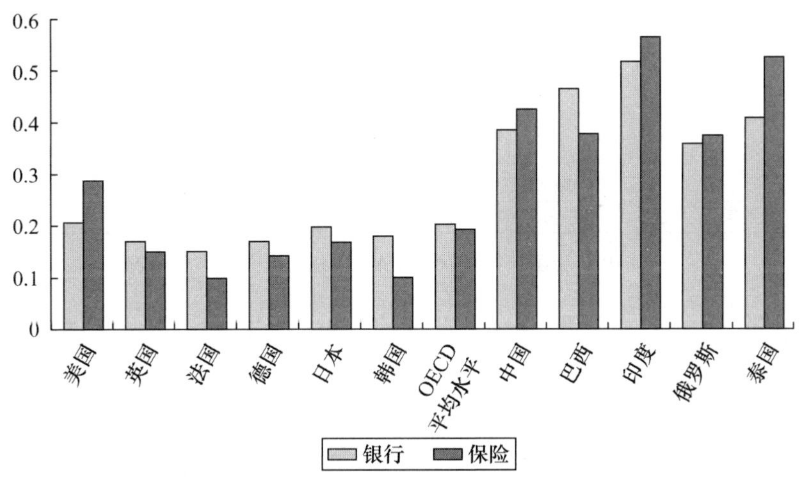

图 7　2019 年代表性国家金融业 STRI 得分情况

资料来源：课题组根据 OECD 的 STRI 数据库计算整理而成。

（二）外资准入和竞争壁垒限制最为突出

我国银行业和保险业对外开放的制度障碍主要集中在准入限制和竞争壁垒方面，在其他方面也存在不同程度的限制（见图 8）。

我国金融业市场准入门槛显著高于 OECD 国家。2019 年，我国银行业 STRI 评分中外资准入方面的限制为 0.220，比 OECD 平均水平高 0.136，在 46 个样本国家中排名第 42 位。2019 年，保险业 STRI 评分中外资准入方面的限制为 0.230，比 OECD 平均水平高 0.142，在 46 个样本国家中排名第 43 位（见图 9）。《市场准入负面清单（2019 版）》在银行和保险公司设立机构、从事特定业务、调整业务范围、结售汇业务市场准入退出、高管任职等方面仍存在诸多要求和限制，存在诸多实质性不符措施。《自由贸易试验区外商投资准入特别管理

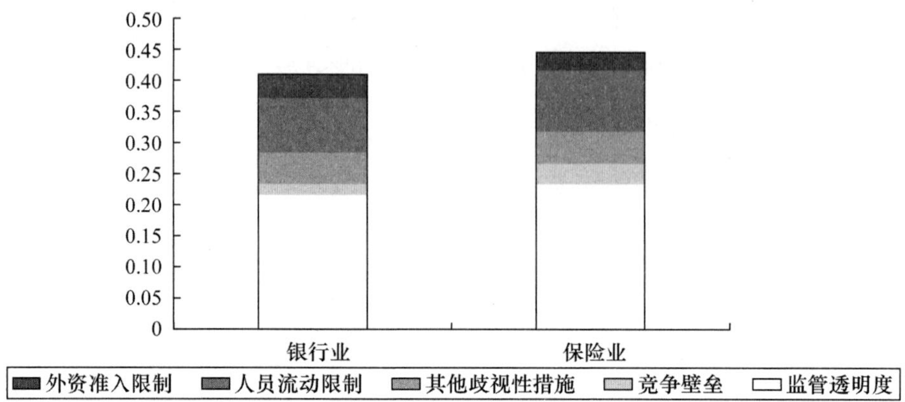

图 8　2019 年我国银行和保险业 STRI 指数各分项评分情况

资料来源：课题组根据 OECD 的 STRI 数据库计算整理而成。

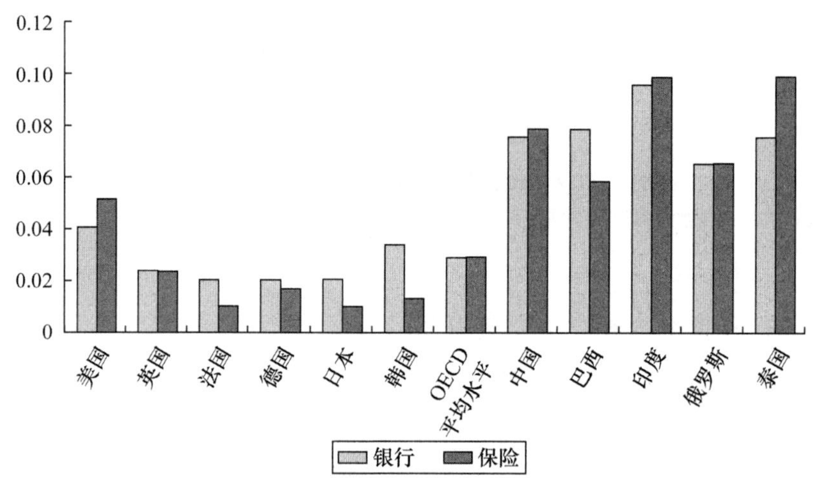

图 9　2019 年代表性国家金融业 STRI 准入限制评分情况

资料来源：课题组根据 OECD 的 STRI 数据库计算整理而成。

措施（负面清单）（2019 年版）》对寿险公司的外资股比依然规定不超过 51%（2021 年取消）。

较高的竞争壁垒是影响我国金融业开放的另一障碍。2019 年，我国银行业 STRI 评分中竞争壁垒方面的限制为 0.090，比 OECD 平均水平高 0.054，在 46 个样本国家中排名第 45 位，与竞争壁垒最低的美国（得分为 0）存在显著差距。2019 年，保险业 STRI 评分中竞争壁垒方面的限制为 0.100，比 OECD 平均水平高 0.083，在 46 个样本国家中排名最后，与竞争壁垒最低的国家（包括英国等10个国家，得分均为0）也存在明显差距（见图10）。此外，即使在自贸试验区等开放平台，国有金融机构也更易获得政策支持、项目支持以及各种激励补助，提高了外资银行和保险公司的竞争壁垒。

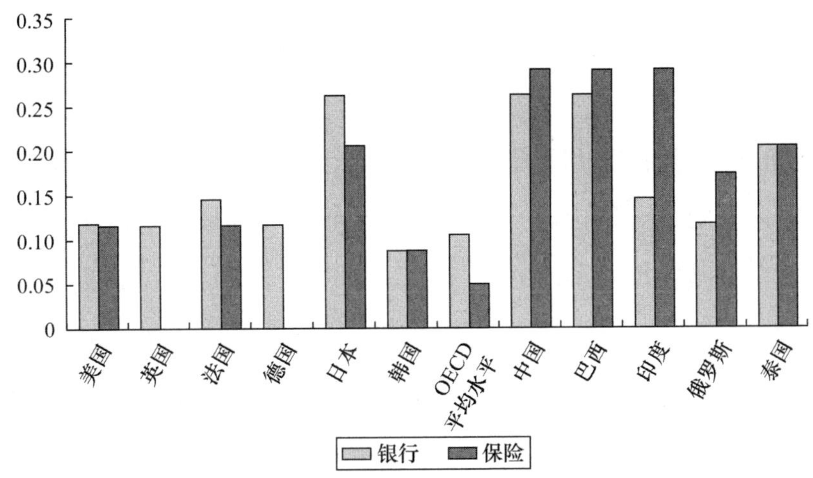

图10　2019年代表性国家金融业STRI竞争壁垒评分情况

资料来源：课题组根据OECD的STRI数据库计算整理而成。

（三）现有开放举措与国际制度标准还存在差距

我国金融业开放政策在针对性以及实施落实、宣传解读方面仍存在一些问题和不足。首先，很多改革措施未能有效转化为国际通行的制度和标准，相关的法律法规调整不及时，导致国际社会对我国金融业开放水平的直观认识存在一定滞后。例如，部分金融产品创新已经由审批制改为备案制，并且备案产品范围在逐步扩大，但是该项改革内容未能在《银行业监督管理法》中体现，导致我国该项评价仍显示为“限制”。其次，原则性、鼓励性的政策依然较多，政策的针对性和可操作性还有待加强。这主要反映在各类开放平台的金融业开放上，大部分开放举措仍在国家政策法规体系范围内推动，一些举措仍停留在指导意见层面，对改革需求最迫切、最关键领域的创新突破不足。最后，我国金融业开放和改革举措的对外宣传还不够及时有效。例如，经过2019年《外资银行管理条例》的修订，外资银行在承销金融债、政府债等业务方面已无制度限制，但该项改革政策还未能充分体现在2019年的STRI评分中。

（四）开放水平与标杆国家的差距较大

从国际上看，英国伦敦是国际金融中心，英国银行业的名义开放程度和实际开放程度在OECD国家中处于较高水平。英国是最早放弃资本管制的国家之一，WTO金融服务业开放承诺履行和资本账户自由化进程都表现出高度自由，外资进入英国银行业面临较低的制度型壁垒，外资银行最大的挑战来自本地金融机构的激烈竞争。英国拥有世界顶级银行金融机构，在银行业发挥稳定金融系统安全的作用。英国在金融创新方面也积极有为，是首创“监管沙盒”[①] 模式的国家。高水平开放的制度体系和高质量的市场竞争环境是英国持续完善金融市场制度、培养国际一流银行机构、提升监管能力水平、维护金融市场效率与稳定、维持英镑和伦敦金融中心国际影响力的基础支撑。

与英国相比，我国银行业在准入限制、歧视性措施和竞争壁垒方面存在较大差距（见图11）。在准入限制方面，我国限制外资银行设立分支机构（英国不设限制），外资审查明确考虑经济利益（英国是不排除考虑经济利益），资本投资后续转移、跨境并购以及分配许可

---

① 监管沙盒（Regulatory Sandbox）的概念由英国政府于2015年率先提出。按照英国金融行为监管局的定义，“监管沙盒”是一个“安全空间”，在这个安全空间内，金融科技企业可以测试其创新的金融产品、服务、商业模式和营销方式，而不用在相关活动碰到问题时立即受到监管规则的约束。

证条件相对严格（英国不设限），限制跨境个人客户转账（英国不设限），禁止数据流动（英国仅对个人数据限制）。在歧视性措施方面，我国政府采购明确对本地供应商偏好（英国没有禁止歧视，但也无明显歧视性规定），限制外资银行在国内融资（英国不设限）。竞争壁垒方面，对利率、产品和费率等进行严格的审批（英国除对合同利率外，其他均不设限）。

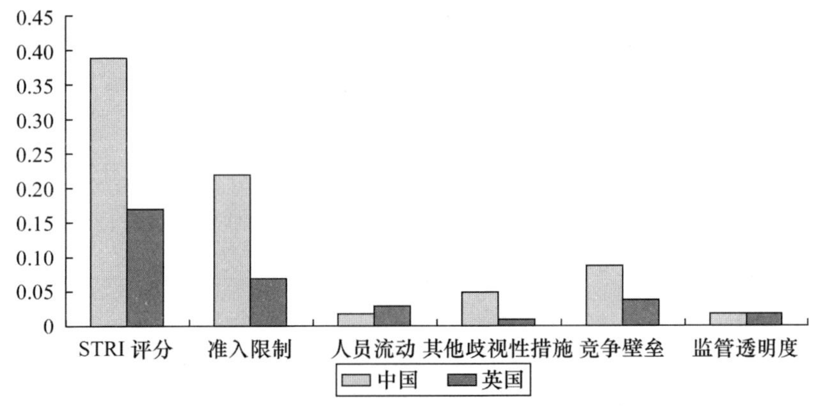

图 11　2019 年中国和英国 STRI 指数比较

资料来源：课题组根据 OECD 的 STRI 数据库整理而成。

在保险业，韩国通过坚持金融开放，实现了保险业由政府主导向市场化转型，成为保险大国，培育了开放、成熟的保险市场和一批具有国际竞争力的保险机构。经历 20 世纪 90 年代金融自由化改革和金融开放直接引发的金融危机后，韩国没有通过截断金融市场与外部联系的办法进行消极防御，而是进行了更加大刀阔斧的金融自由化改革和金融开放，并对金融监管体制进行了适应性调整，其坚定开放的态度和成功经验有借鉴意义。

与韩国相比，我国保险业在准入限制、歧视性措施和竞争壁垒方面存在较大差距（见图 12）。在准入限制方面，我国对外资股比及外资收购政府企业股权比例均存在一定限制（韩国除对外资持有寿险政府企业股权比例设限之外，其他都不设限制），我国对外资设立分支机构设有限制性条件（韩国不设限），在外资审查、跨境并购、资本后续转移、许可证分配、商业存在要求、跨境数据流动等方面的经济考量和限制措施较多（韩国仅要求数据本地储存）。歧视性措施方面，我国政府采购明确对本地供应商偏好（韩国没有禁止歧视，但也无明显歧视性规定），对外资保险公司分出比例也有限制（韩国不设限），不允许以外币起草保险合同（韩国允许）。竞争壁垒方面，我国对持有资产、保费、产品和费率等进行严格审批（韩国仅对持有资产设限）。

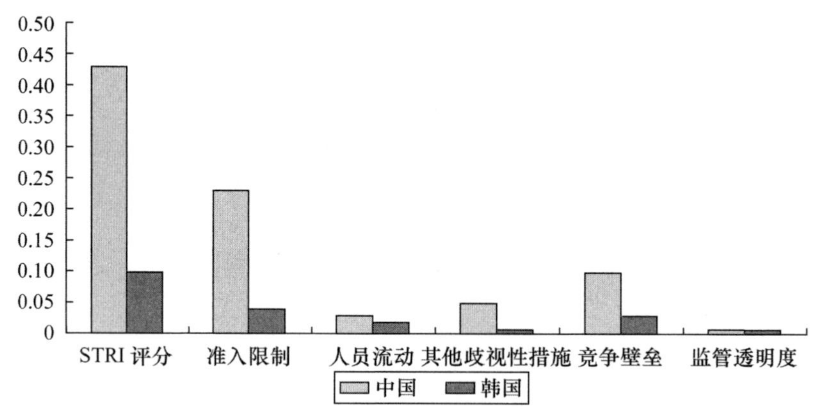

图 12　2019 年中国和韩国 STRI 指数比较

资料来源：课题组根据 OECD 的 STRI 数据库整理而成。

三、我国金融业高水平开放面临的体制机制障碍

（一）外资金融机构设立分支机构和拓展经营范围存在限制

一是外资银行和保险设立分支机构面临较高门槛。外资银行在我国设立分支机构时，要求无偿拨给拟设分行营运资金，拨给各分支机构营运资金的总和不得超过总行资本金总额的 60%。巴西、俄罗斯、

印度等发展中国家为保护本国银行体系，大多对银行设立分支机构也进行限制，但发达国家一般对银行设立分支机构不设限制（美国除外）。所有类型外资保险公司（寿险、非寿险、再保险）在我国设立分支机构时均存在最低资本金要求等限制措施。其他国家对保险机构的限制较少，一些国家仅针对部分类型的保险公司设限（通常是寿险）。在对所有类型保险公司同时设限的国家中，除我国之外，仅有丹麦等少数 OECD 国家以及巴西、印度尼西亚和俄罗斯等发展中国家。

二是银行和保险业经营范围存在限制。外资银行在我国申请业务许可证的标准更为严格，而 OECD 国家基本不设置更为严格的标准（美国和瑞士除外）。所有类型外资保险公司（寿险、非寿险和再保险）在我国申请许可证分配时需经过配额或经济需求测试，国外仅美国、墨西哥、澳大利亚、印度、印度尼西亚等少数国家存在这类限制。此外，《外汇管理条例》对个人资金在国外的转移和返还也进行了限制。大部分发达国家不设置个人跨境转账限制，OECD 国家中仅韩国和冰岛对个人跨境转账设限，非 OECD 国家中仅印度、俄罗斯和南非设限。

（二）对数据跨境流动和外商投资安全审查的限制比较严格

一是银行和保险业不允许数据跨境流动。我国一直遵循 WTO 关于金融信息数据保护和跨境流动的规定，各自贸试验区也坚持遵守所签订的关于金融信息数据保护及跨境流动的相关协定。但是，我国金融信息数据保护及跨境流动仅有一些原则性的规定，与国际经贸新规则的具体条款相比仍有较大差距。从国际比较来看，我国是唯一在数据跨境流动方面五项措施评价全部显示为“限制”的国家，是唯一在法律层面明令禁止数据跨境传输的国家，对跨境数据流动的限制在 46

个国家中最为严格。

二是银行业和人寿保险业外资国家安全审查和资本转移方面的要求比较严格。首先，《外国投资准入特别管理措施（负面清单）（2019年版）》中银行和人寿保险服务对中国国民经济发展存在“显著经济利益”，仍需获得商务部的批准。美国、英国、法国、德国、日本、韩国等发达国家均无此类限制，印度、俄罗斯、泰国等发展中国家也无相关限制。其次，收购等行为也需接受比较严格的外资国家安全审查。外商独资企业注册资本的转让均应受审批机关批准，合营企业在合营期间通常不减少注册资本，减少的任何数量均需获得主管部门的批准。最后，我国对资本和投资后续转移的条件存在限制。国际上仅墨西哥、瑞士、土耳其、巴西和印度 5 个国家存在限制，其他国家均不设限。严格的外资安全审查和资本转移限制是国际通行做法，也是在日益复杂的国际环境中保护我国金融安全和经济利益的有效手段，但我国审查和限制的手段和方式仍存在优化空间。

（三）政府对市场竞争存在较大影响和一定程度的干预

一是政府控制市场份额较大的金融机构。我国政府（包括中央政府和省政府）控制银行和保险市场中的至少一家大型公司。从国际来看，大部分国家政府均通过对大型银行进行控制，从而实现对间接融资市场的影响和维护金融稳定。但是，政府对保险市场的控制程度相对较低。而我国寿险、非寿险和再保险市场国有企业市场份额均比较高。OECD 国家中仅法国、波兰、斯洛文尼亚、哥伦比亚四国与我国相似；非 OECD 国家中，仅俄罗斯、印度、哥斯达黎加三国政府同时控制上述三类保险市场。预计随着外资保险公司持股比例限制放松及外资积极进入市场，市场格局将面临调整，市场竞争程度将有所增强。

二是金融机构新产品和服务需监管机构审批。外资银行推出新产品和服务、新费率和费用仍需向监管机构备案，外资保险公司（含寿险和非寿险）推出新产品和服务、新保费和费用，也需报主管机构审批，通过后才能发行。美国、英国、法国等金融市场发达、金融创新活跃的国家更多采取备案制，OECD 国家和非 OECD 国家在产品服务创新方面均不采取事前审批措施，仅部分非 OECD 国家对寿险公司产品创新采取事前审批。从国际比较看，我国事前审批监管方式对金融创新形成一定制约，也不利于培育和提升事中事后监管能力。

三是产业政策影响银行公平竞争。我国银行业存在定向贷款计划，《商业银行法》规定商业银行应根据国家经济和社会发展的需要，在国家产业政策指导下开展贷款业务。从国际比较看，发达国家不存在明示的产业政策内容，只有巴西、哥伦比亚、哥斯达黎加、印度 4 个国家通过制定明确的产业政策直接干预银行贷款业务。虽然产业政策在我国经济发展中发挥了重要作用，但从法国、德国等欧洲国家和日本、韩国等东亚国家的发展经验来看，当经济发展水平提升、迈入中高收入阶段后，产业政策的功能性有所提升，对竞争政策的重视程度有所加强，相对刚性的定向贷款计划可以向更加柔性、灵活的方式转变。

（四）对外资存在一些其他限制性规定

1. 政府采购、银行筹资和保险展业存在限制性规定

首先，政府采购中存在对外资金融机构的限制性规定。我国政府采购中存在对本地银行和保险供应商的明确偏好，如规定政府（除在特殊情况下）应该采购国内商品、建筑和服务。采购法规也没有明确

禁止限制外国供应商，并且在政府采购过程中形成了有利于本地竞争者的条件。OECD 国家中只有美国、加拿大、比利时、西班牙、土耳其等在政府采购三项指标方面均设限制，非 OECD 国家的限制程度与我国相似。近年来，部分发达国家政府采购逐渐适用竞争中性原则，也成为各国经贸合作谈判中的重要内容，但从实际执行来看，政府采购中的限制性规定仍是各国保护国内市场的常见手段。

其次，对外资银行筹集资金存在限制。我国虽然对外资银行吸收存款门槛由 100 万元下降到 50 万元，但外资银行依然无法吸收小额存款。另外，我国禁止外资银行通过发行国内证券来筹集资金，国外基本不对外资银行在国内筹集资金行为从制度层面进行限制。

最后，对保险公司开展业务的限制。限制外资保险公司以外币承保。《外资保险公司管理条例》要求外资保险公司在中国境内经营保险业务应当以人民币计价结算。发达国家通常允许接受外币账户作为保单结算账户。对再保险业务的限制。根据临时再保险合同，直接保险人不得将其承保风险的 20% 转让给一个或多个关联方（外国保险公司）。对于不包括航空、核能、石油和信用保险的非人寿直接保险，再保险合同或临时再保险的直接保险公司必须满足以下条件：在比例再保险下，分配给再保险人的每个风险单元的比例不得超过直接保险合同溢价的 80% 或分担的保险责任限额。此外，对于所有行业，直接保险人不得将其根据临时再保险合同承保的风险的 20% 转让给一个或多个关联方。从国际经验看，各国没有类似规定，从我国实践来看，该规定也未对实际业务发挥指导作用。

2. 偏离国际标准带来的限制

国际金融机构通常适用一套统一的会计准则（IFRS），仅墨西哥、印度、印度尼西亚等少数几个国家偏离国际标准。在我国，外资金融机构必须遵守2006年发布的《企业会计准则》，两项规则间存在一些技术性差别，外资机构遵守我国会计准则增加了经营成本，也带来了一定不便。从实践上看，国家准则已与IFRS进行了实质性融合，也在加快推进形式上融合，预计该限制在未来将降低。

此外，在执业资质互认方面，由于保险经纪和代理尚未在法律法规层面落实互认规则，对人员流动形成一定阻碍。

（五）营商环境仍有优化提升空间

根据世界银行的营商环境指标，我国完成所有强制性程序以注册公司的工作日数超过9天，注册公司的强制程序数量超过5项。这一表现与主要发达国家存在较大差距，但是远优于印度、巴西等发展中国家。此外，我国商业银行破产法律制度还有待完善、破产清算成本较高，外资银行在中国解决破产所需花费为其资产的22%，远高于国际平均水平。

四、推进我国金融业高水平开放的思路和路径

（一）总体思路

适应新形势、把握新特点，按照“宜快不宜慢、宜早不宜迟”的原则，以放宽准入、促进竞争、提高质量为目标，对接国际通行规则和国际先进规则，以放宽外资准入和减少竞争壁垒为重点，发挥关键性改革措施的牵引作用，加强改革措施的联动性，加快体制机制改革创新，以高水平开放促进金融业高质量发展。同时，加强金融业开放与资本项目开放协同推进，做好潜在风险防范。

（二）推进路径

银行和保险业限制依然较多，部分改革推进难度较大，对金融市场成熟度和监管能力等前提条件要求较高，因此金融业开放应遵循先易后难、重点突破的原则，按以下路径推进：

第一，尽快推动改革难度小、有利于国际规则衔接、对开放程度改善明显的改革措施，包括修改部分行业不合理限制以及加快会计准则等与国际标准趋同。

第二，深入推动金融业重点领域改革，包括改善市场竞争环境与加强金融创新能力建设。

第三，积极推动具有较强联动效应的改革措施，促进金融业和服务业整体开放水平提升，包括完善国家安全审查制度和有序探索跨境数据流动等。

遵循以上开放路径，利用 OECD 的政策模拟工具，预计能使银行业 STRI 评分降低 0.133 至 0.256，保险业 STRI 评分降低 0.144 至 0.282（见图 13）。

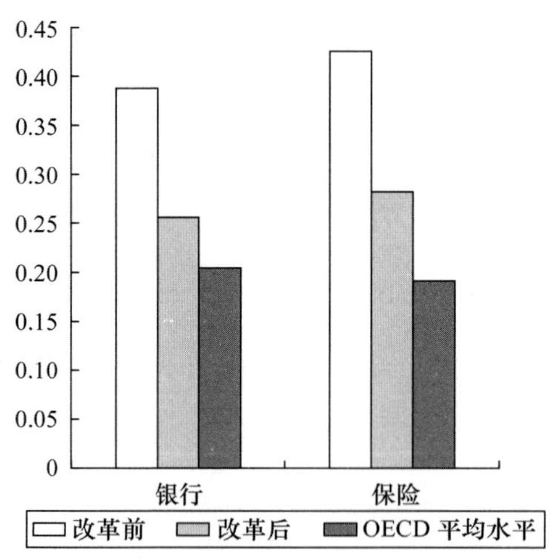

图 13　我国金融业改革措施政策模拟成效

资料来源：课题组根据 OECD 的 STRI 数据库计算整理而成。

五、推进我国金融业高水平开放的政策建议

（一）政策建议

第一，尽快清理不必要的限制性规定，加强与国际标准的衔接。修改《再保险业务管理规定》，取消实际分保业务开展中不合理或实际上已经不执行的比例限制。加快推进保险代理和中介执业资质国际互认，并在法规层面予以明确。加快推进国际会计准则（IFRS）与国内《企业会计准则》衔接工作，深入参与国际财务报告准则的制定，推动我国会计准则与国际标准衔接趋同。

第二，完善公平竞争的市场环境，推进政府职能加快转变。尽快清理现行法律法规中政府采购明确歧视外资企业的规定，探索引入“竞争中立”相关条款。加强产业政策与竞争政策协调，修改产业政策中关于定向贷款计划的刚性表述。按照内外资一致原则，统一外资企业获得许可证的标准。深化政府招投标和采购制度改革，政府在开展招投标和采购过程中，不得设置各类显性与隐性壁垒。提高招投标和公共采购信息发布的公开程度，避免部分参与者获得潜在参与者无法得到的信息的情况，杜绝招投标、政府采购标准或遴选程序中存在的歧视行为，避免在位企业依靠其积累的既有联系享有不当的先入优势。

第三，促进金融机构产品创新，提高金融市场灵活性。探索银行新产品、服务、费用等的发行由审批制改为备案制，加强事中事后监管力度，完善多元纠纷解决机制。加快推动车险、一年期以上信用险、保证保险等产品由审批改为备案，扩大创新保险产品和报价备案管理适用范围。放宽外资银行和保险公司在金融领域投融资限制。进一步完善银行业利率市场化形成和传导机制，加快推进存贷利率与金融市

场利率并轨。全面推进保险费率市场化，全面推行商业车险条款费率管理制度改革，建立以行业纯风险保费为基础、公司自主确定附加费用率和部分费率调整系数的定价机制。

第四，强化金融信息数据监管，逐步消除跨境流动壁垒。构建完善金融信息数据监控机制和共享机制，进一步加强金融监管机构间的信息共享与协作，保证金融信息数据安全地同时实现共享。支持自贸试验区探索金融信息数据跨境流动机制，在区内适度允许外资银行的金融信息实现跨境流动，采取措施逐步消除阻碍跨境流动的技术壁垒。加快推动对金融信息数据的界定、保护、共享、跨境流动等方面的立法，促进相关工作规范发展。推出数据跨境流动规则，建立可靠的数据监控机制和多层次跨境数据保护制度，协调个人信息保护与金融信息流通间的关系，在保证个人信息安全的同时，实现有序的数据跨境流动和金融信息共享。探索与数据保护制度相对完善的国家试行数据跨境流动规则互认。

第五，有序放松资本转移限制，加强事中事后监管和金融安全审查。在风险可控的前提下，有序放开后续资本和投资转移的条件限制，探索由审批制改为备案制。加强事中事后动态监测和穿透监管能力建设，丰富监管手段和工具。加强金融安全审查机制建设，将金融开放政策转化为系统性法律法规，增强制度竞争力。

第六，持续优化营商环境，进一步缩短完成注册公司所有强制性程序所需时长。逐步完善我国商业银行市场化退出机制，稳步降低商业银行破产成本。

（二）保障措施

第一，加强与国际规则惯例衔接。加快相关制度规则与国际接轨，将国内改革措施尽快落实到法律法规等制度层面。加强顶层设计，统一规则，同类金融业务规则尽可能“合并同类项”。对标国际标准，积极对外宣导我国金融市场开放举措的成效，确保改革措施成效在国际评价中及时体现。积极参与全球金融治理，推动国际金融监管改革，加强与主要经济体经济金融政策协调，推动多边监管合作和规则互认。

第二，完善宏观审慎监管框架，防范化解金融开放风险。继续完善宏观审慎政策框架，加强对金融控股公司监管，进一步完善对系统重要性金融机构监管。以加强监管和优化监管方式应对开放步伐加快可能带来的风险，丰富政策工具箱，加强金融市场的实时监测，阻断跨市场、跨区域、跨境风险传染。强化银行业资本监管、行为监管和功能监管。加强金融机构行为监管，加大金融投资者和消费者权益保护力度，强化现场检查机制，使金融机构经营行为趋于规范。建立和完善监管协调机制，明确职责划分并配置相应的监管资源。

第三，坚持对等开放。我国应通过对外开放为中资机构的海外发展赢得更大空间。对外开放不应是无条件的，我国应根据中资机构在外资银行母国面临的监管环境，确定相应的政策执行标准：对开放态度友好国家的外资银行，应适当放宽业务准入，加大支持力度；对监管较严苛国家的外资银行，可参考采取类似标准。

第四，加快金融改革开放试点推进力度。进一步缩小自贸试验区金融业负面清单。在区内稳步探索资本项目可兑换，有序推进资本账户开放。深化自贸试验区金融开放创新，支持上海建设国际金融中心，进一步深化 CEPA 框架下粤港澳大湾区的金融合作，深入推进大陆与台湾地区金融合作。在风险可控前提下，在上海自贸试验区、海南自贸港探索更加开放的离岸货币金融制度。

第五，加强与相关领域改革的协同推进。充分发挥国务院金融稳定发展委员会的统筹协调作用，把握各领域出台政策的力度和节奏，形成政策合力，避免改革“单兵突进”。继续推进人民币汇率形成机制改革，增强人民币汇率弹性。进一步联通境内外资本市场，进一步完善合格境外投资者制度，稳步推动“沪港通”“深港通”“沪伦通”扩容。金融市场开放要与金融供给侧改革、国企改革同步推进。

执笔人：王　念

参考文献

[1] OECD. STRI How to Complete the RDB. Horizontal and semi – horizontal measures

[2] 安永（Ernst & Young）. 中国进一步开放金融市场（系列研究报告 1 – 9），2018 ~ 2020

[3] 曹远征. 大国大金融——中国金融体制改革 40 年. 广州：广东经济出版社，2018

[4] 陈卫东，张兴荣，熊启跃，等. 中国银行业对外开放：发展、影响与政策. 金融监管研究，2018（10）

[5] 国务院发展研究中心市场经济研究所课题组. 竞争政策实施总体框架研究（工作报告），2018

[6]《径山报告》课题组. 中国金融开放的下半场. 北京：中信出版社，2018

[7]《径山报告》课题组. 中国金融改革路线图——构建现代金融体系. 北京：中信出版社，2019

[8] 潘英丽，黄益平. 新时代开启中的金融改革——结构重整与制度创新. 上海：上海人民出版社，2019

[9] 朱隽. 金融业开放和参与全球治理. 北京：中国金融出版社，2018

专题报告七

我国电信业开放的进展、障碍和改革措施

电信业[①]是为国民经济各行业提供网络连接的重要服务业，是全球信息互联互通和数字经济发展的关键性行业。从发达国家看，电信市场大多经历了由垄断到竞争的改革，并逐步对外资开放。近年来，全球电信业平均开放程度小幅上升，我国也在积极稳步推动电信业对外开放。但与 OECD 平均水平和标杆国家相比，我国电信业开放度仍有待提高，特别是在竞争壁垒、外资准入方面的限制较为突出。为此，我国要顺应全球电信业的发展趋势，以保护竞争、提升质量为目标，坚持保障国家安全、稳步推进开放的原则，对标国际先进规则，以破除竞争壁垒为突破口，发挥放宽外资股比限制、深化国有企业改革的牵引作用，促进我国电信业高质量发展。

---

① 在不同分类标准下，电信业涵盖的业务范围有所差异。本专题的研究对象包括国际标准产业分类（第 4 版）中的有线与无线通信活动，对应的是我国《电信业务分类目录（2015 年版）》中的基础电信业务和部分增值电信业务。

一、我国电信业开放的历程与成效

（一）电信业开放历程回顾

1. 体制机制改革为开放奠定基础

传统电信业务属于公用事业，在我国长期以来由邮电部独家垄断经营，提供普遍服务。在此阶段，我国电信业进行了体制改革，并公布一系列电信业监管文件，行业发展逐步规范。1988 年，国务院提出邮电体制改革三步走的方向；1993 年，国务院对内放开部分经营业务，批准组建第二家电信公司——中国联通；1994 年，国务院要求进一步改革邮电管理体制，中国联通、吉通公司相继成立；1995 年，国家电信总局以中国邮电电信总局名义进行企业法人登记，拉开政企分开的序幕；1998 年，组建信息产业部，正式实现政企分离。此后，中国电信、中国联通等多家企业多次拆分重组，新企业不断成立，基础电信各业务领域都有多家企业经营，竞争格局初步形成。同时，《电信条例》《电信网间互联管理暂行规定》《电信网码号资源管理办法》等一系列监管法规出台，我国电信业发展步入法制化轨道，为对外开放奠定了基础。

2. 根据“入世”承诺对外开放市场

2001 年 12 月，我国正式加入 WTO，作为服务贸易总协定（GATS）框架协议和电信附录的签字国，我国分业务、分地域先后对外资开放电信业务。2002 年，我国开始实施《外商投资电信企业管理规定》，规范了外资电信企业准入与运营规则，并于 2008 年进行修订，降低了外资电信企业经营基础电信业务的注册资本最低限额。2002 年开始实施的新版《外商投资产业指导目录》中，将电信公司由禁止类投资产业修订为限制类投资产业，允许设立中外合资企业，逐步提高允许外资比例，扩大业务开展范围，并给出各类电信业务的开放时间表：优先开放增值电信及基础电信中的寻呼服务，不迟于 2003 年 12 月 11 日允许外资比例达 50%；再开放基础电信业务，不迟于 2007 年 12 月 11 日允许外资比例达 49%。同时，我国通过商签经贸协定的方式，对特定区域外资优先开放。2003 年内地与香港签订《内地与香港关于建立更紧密经贸关系的安排》（CEPA），允许香港服务提供者在内地设立合资企业提供增值电信服务①，不设地域限制。

3. 依托试点稳步扩大开放

2013 年以来，我国依托多样化开放平台进行风险测试，在保障网络信息安全的前提下，先行在一些开放平台开放部分增值电信业务，进一步在全国层面推广，稳步推动电信业开放。

自贸试验区最先在电信业开放中展开探索。2013 年印发的《中国（上海）自由贸易试验区总体方案》明确规定，特定形式的部分增值电信业务对外资开放。此后，工信部联合上海市共同发布多份文件，新增多项开放业务，逐步放宽或取消多项业务的外资股比限制，并推广至所有自贸试验区。并且，工信部将上海自贸试验区内外商投资电信业务审批权限下放至上海市通管局，简化审批程序，缩短审批时限，提高审批效率。在 CEPA 框架下，2014 年起，允许香港服务提供者雇用的合同服务提供者以自然人移动的方式在内地提供部分增值电信服务。2016 年调整了《外商投资电信企业管理规定》，在内地对香港、澳门服务提供者暂时调整实施相关行政审批和资质要求、股比限制、

① 包括因特网数据中心业务、存储转发类业务、呼叫中心业务、因特网接入服务业务、信息服务业务 5 项增值电信服务。

经营范围限制等准入特别管理措施，允许其在内地从事《协议》[①] 规定的电信服务业务。2019 年，北京市服务业扩大开放综合试点在示范区和示范园区取消了 3 项增值电信业务外资股比限制。

在此基础上，2015 年工信部在全国范围放开了在线数据处理与交易处理业务（经营类电子商务）的外资股比限制，外资持股比例可达 100%。2019 年，国家发改委、商务部公布《外商投资准入特别管理措施（负面清单）（2019 年版）》，取消了国内多方通信、存储转发类、呼叫中心 3 项业务的外资股比限制。我国电信业依托开放平台，不断增加增值电信业务开放种类，逐步放宽外资股权比例，稳步推动了电信业扩大开放。

（二）电信业开放主要成效

1. 外商投资电信企业的数量持续增加

加入 WTO 以来，我国外商投资电信企业数量持续上升，并出现多家外商独资企业。特别是 2013 年以来，我国逐步放开部分增值电信业务的股比限制后，外资电信企业数量大幅上涨。2014 年工信部将上海自贸试验区外商投资电信企业审批权限下放至上海通管局并简化审批流程，提高了审批效率，吸引了大量外商在上海自贸试验区投资电信企业。截至 2020 年 3 月，在我国获得批准的外商投资电信企业共 232 家，比 2013 年增长近 6 倍，其中工信部颁发许可证的有 182 家，上海通信管理局批复的有 50 家（上海自贸试验区内企业）。在 232 家企业中，外商独资企业有 69 家，占比约 30%；多数企业外资股比低于 50%，如图 1、图 2 所示。

---

① 指《〈内地与香港关于建立更紧密经贸关系的安排〉服务贸易协议》和《〈内地与澳门关于建立更紧密经贸关系的安排〉服务贸易协议》。

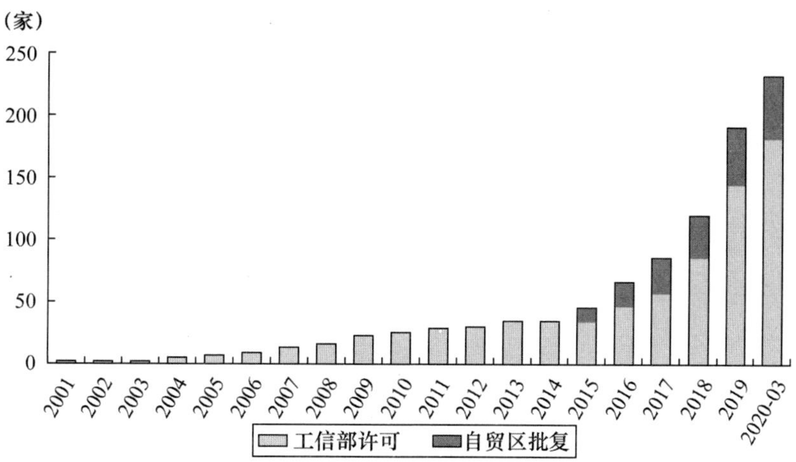

图1　外商投资电信企业数量

资料来源：中国信息通信研究院。

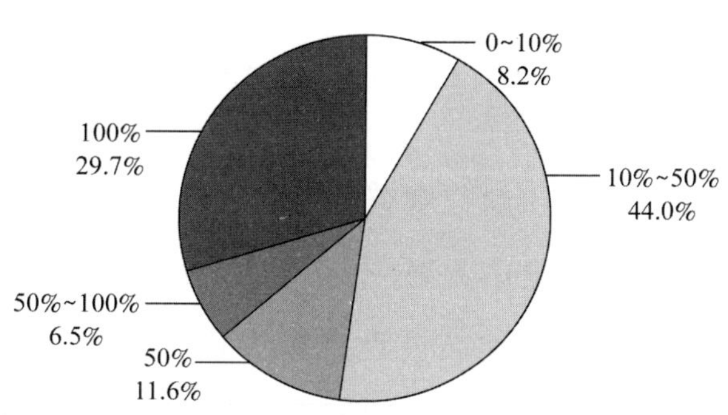

图2　外资电信企业中外资占比情况

资料来源：中国信息通信研究院。

2. 实际利用外资额增长迅速

近年来，我国信息传输、计算机服务和软件业实际利用外商直接投资额持续增长。2015 年以来，我国电信业开放步伐加快，相关开放政策落地，带动外商直接投资额逐年大幅增长，2017 年达到 209. 2 亿美元，比 2015 年增长 4. 5 倍。信息传输、计算机服务和软件业的外商直接投资额占全部外商直接投资额的比重逐年上升，趋势与总金额保持一致。该比重在 2008 年首次超过行业增加值占比，在 2008 ~ 2015 年，两者占比相当，表明信息传输行业开放程度处于平均水平；2015

年以后，外商直接投资额占比远超增加值占比，开放力度显著提升，如图3所示。

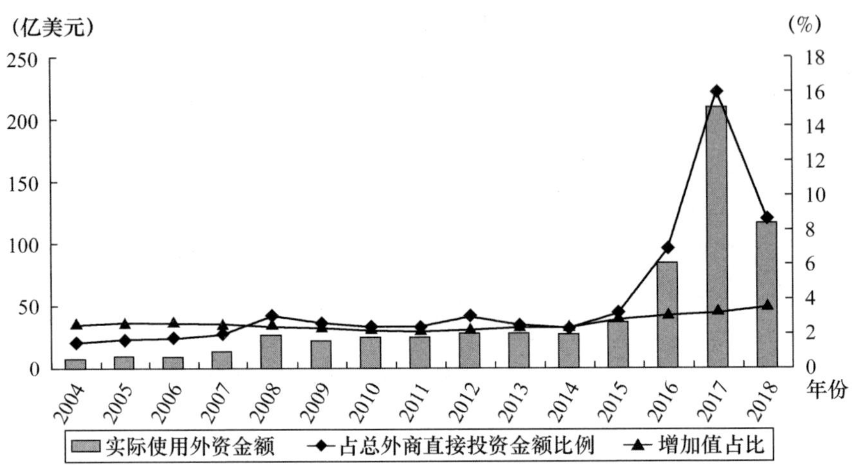

图3　信息传输、计算机服务和软件业实际使用外商直接投资情况

资料来源：Wind 数据库。

3. 与国际通行规则接轨程度有所提高

2014 年至今，我国电信业进一步扩大开放，在外资准入限制、竞争壁垒、监管透明度、其他歧视性措施方面进行了一系列改革。从 OECD 的 STRI 指数来看，2014～2019 年我国电信业开放度略有提高，主要改革举措如表1所示。

表1　2014 年以来我国电信业开放的主要举措

领　域	主要举措
外资准入限制	取消外资审查中明确考虑经济利益的限制
竞争壁垒	允许移动号码可携带，允许经营移动转售业务
监管透明度	注册公司便利程度提高（时间缩短、成本下降、程序简化）
其他歧视性措施	禁止政府采购中歧视外资企业

资料来源：课题组根据 OECD 的 STRI 数据库整理而成。

在外资准入方面，2020 年起实施的《外商投资法》中未再提及原《外资企业法》中“设立外资企业，必须有利于中国国民经济的发展”

条款，同时《外资企业法》废止。这表明外商投资审批时不再明显考虑经济效益，降低了外商投资的门槛。

在竞争壁垒方面，2015 年、2016 年分别允许移动号码可携带和移动转售业务，为推动电信业竞争壁垒下降奠定了基础。但由于电信业市场中主导企业的垄断地位及相关配套制度尚未完善，因此市场竞争程度没有实质提高。

在监管透明度方面，主要体现为注册公司便利度提高。注册公司时间由 2014 年的 31 天，缩短为 2019 年的 9 天，注册公司所需成本由人均收入的 2% 降低为 0.7%，注册公司手续数量由 11 个缩减为 4 个，注册公司便利度大幅提升（见图 4）。

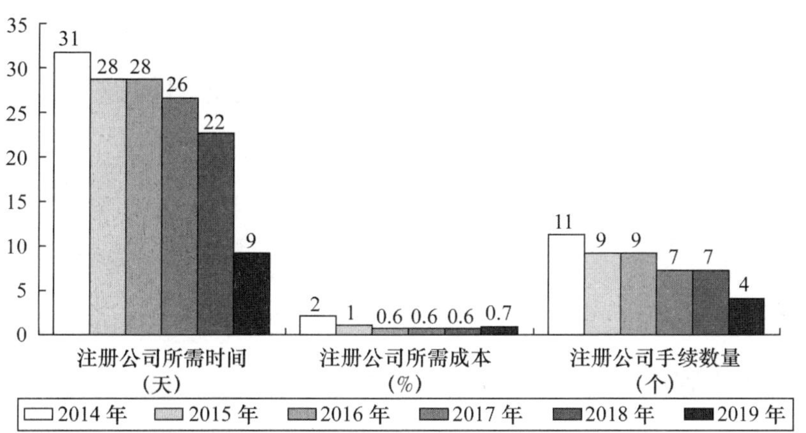

图 4　注册公司所需时间、成本及手续数量对比

注：注册公司所需成本为成本占当地人均收入的比重。

资料来源：World Bank Doing Business Indicators。

在其他歧视性措施方面，2020 年起实施的《外商投资法实施条例》规定政府采购的采购人、采购代理机构不得在政府采购信息发布、供应商条件确定和资格审查、评标标准等方面，对外商投资企业实行差别待遇或歧视待遇，不得对外商投资企业在境内生产的产品、提供的服务与内资企业区别对待，表明我国在政府采购领域将同等对待内外资企业，而《政府采购法》中相关内容的表述有待进一步明确。

4. 电信业开放对经济发展的支撑作用日益显著

电信业是支撑经济发展、推动经济转型的重要力量。电信业扩大开放，一方面，为电信业引入高质量标准，促进电信业升级发展；另一方面，提高信息传递效率，为相关行业提供更有质量的中间投入，促进国民经济各产业的发展。基于2007~2017年中国投入产出表，经测算，信息传输、计算机和软件业的感应度系数由2007年的0.49上升至2017年的0.63，对下游产业的支撑作用日益增大，对产业升级和经济高质量发展起到一定的促进作用。

二、当前我国电信业开放存在的突出问题

（一）开放程度总体偏低

与发达国家和新兴市场国家相比，我国电信业开放水平偏低，仍有较大的提升空间。根据OECD的STRI指数，我国2014~2019年电信业的限制程度在所有OECD评价的样本国家中一直最高，分项评分排名见表2。2019年，我国电信业的STRI评分为0.67，约为新兴市场和发展中国家①平均水平（0.416）的1.6倍、OECD平均水平（0.188）的3.6倍，超过德国、西班牙等国际先进水平②的5倍（见图5）。

① 包括巴西、中国、哥斯达黎加、印度、印度尼西亚、马来西亚、俄罗斯、南非和泰国。

② 综合考虑各国电信业的STRI以及国际竞争力，本专题将电信服务贸易限制程度低且竞争力强的德国作为标杆国家。

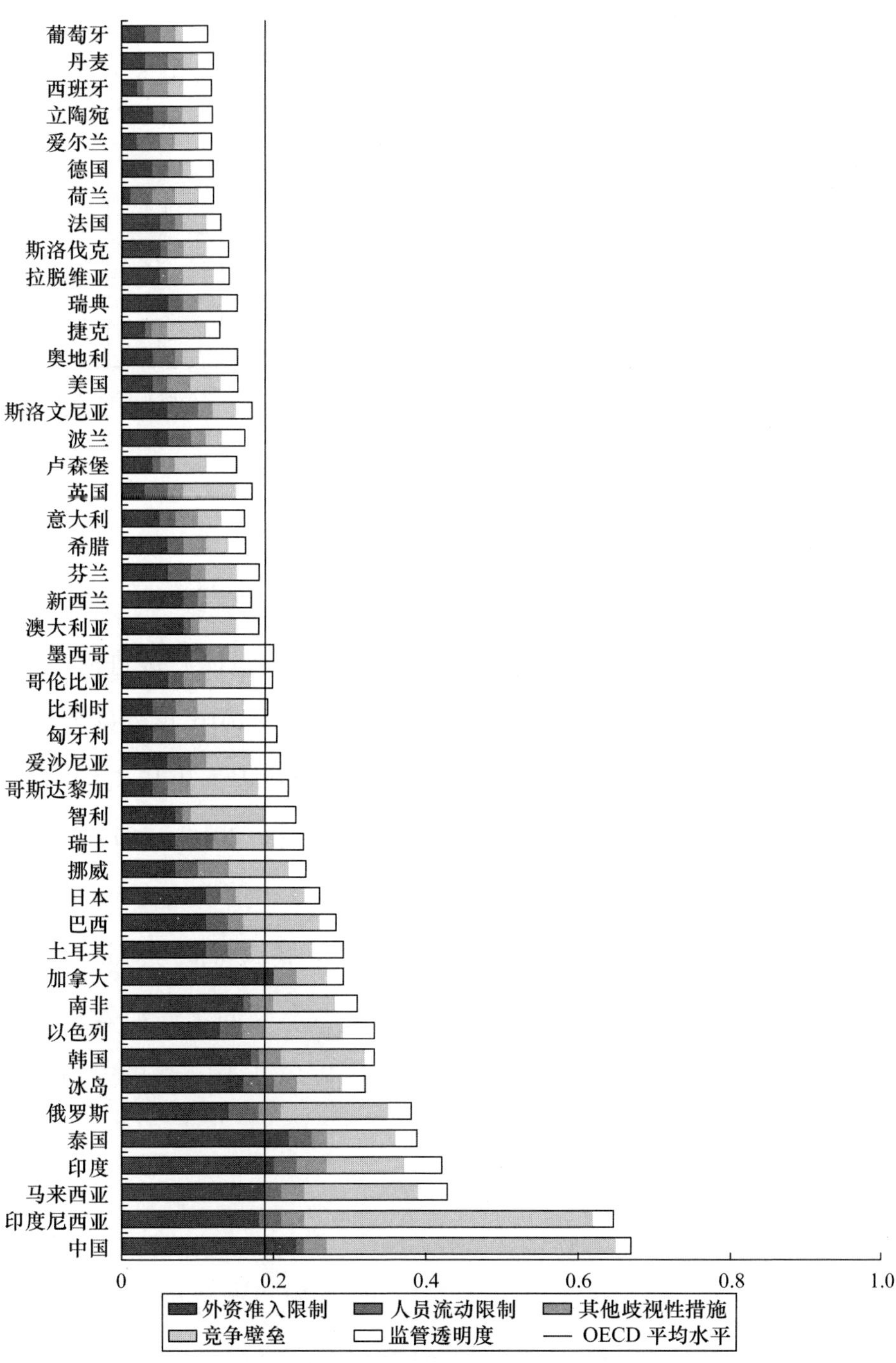

图 5　2019 年各国电信业 STRI 评分情况

资料来源：课题组根据 OECD 的 STRI 数据库计算整理而成。

表 2　　我国电信业 STRI 指数及分项评分历年排名统计

	2014 年	2015 年	2016 年	2017 年	2018 年	2019 年
STRI 指数	46	46	46	46	46	46
外资准入限制	46	46	46	46	46	46
人员流动限制	1	1	1	1	1	1
竞争壁垒	45	45	45	45	45	45
监管透明度	3	4	2	2	20	2
其他歧视性措施	25	25	24	24	24	24

注：排名越高代表开放度越高，即排名为 1 表示最开放，排名为 46 表示限制程度最高。

资料来源：课题组根据 OECD 的 STRI 数据库整理而成。

（二）近年来的开放进展不明显

2014～2019 年，我国电信业全国层面的开放措施较少，开放主要集中在特定区域增值电信业务领域的特定业务，整体开放进展较慢，限制程度处于高位。针对电信业，我国 2015 年、2016 年分别允许移动号码可携带和移动转售业务，但由于少数企业占据市场支配地位，因此并未有效提高市场竞争性，开放度没有变化。2014～2017 年，电信业 STRI 评分没有变化，2018 年由于商务签证申请费用由 75 美元上升至 105 美元，导致评分不降反升。2019 年，我国将商务签证申请费用降为 81 美元，同时简化注册公司程序，有效提高了注册公司便利度，STRI 评分相比于 2018 年下降了 0.01。总体上看，我国电信业近年来整体开放度无明显变化（见图 6）。

（三）竞争壁垒最为显著

2014～2019 年我国电信业的 STRI 中竞争壁垒分项评分一直为 0.38，占总评分的 56.7%，是制约我国电信业开放最重要的因素。我国电信业竞争壁垒限制程度在 46 个样本国家中最高，远高于标杆国家

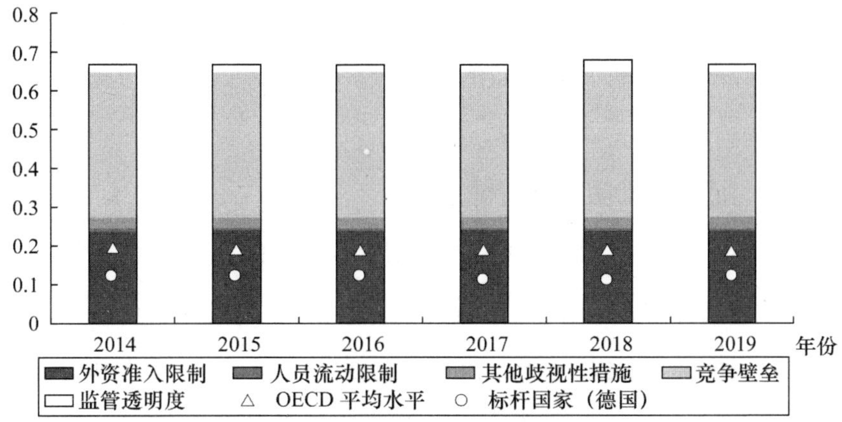

图 6　2014～2019 年我国电信业 STRI 构成

资料来源：课题组根据 OECD 的 STRI 数据库计算整理而成。

限制水平（0.01）和 OECD 平均水平（0.05）。我国电信业市场竞争性不足，特别是基础电信业务领域，细分市场主要由几家主导企业构成，新企业进入市场的门槛较高。

（四）外资准入限制较为突出

2014～2019 年我国电信业 STRI 指数中外资准入限制分项评分为 0.23，占总评分的 34.3%，是制约开放的主要障碍。与竞争壁垒相同，我国外资准入限制评分在所有样本国家中最高，显著高于标杆国家限制水平（0.04）和 OECD 平均水平（0.07）。除部分特定增值电信业务外，我国将电信业列入外资准入负面清单，对其有较为严格的限制，阻碍了我国电信业扩大开放。

（五）歧视性措施等方面存在部分限制

我国电信业的其他歧视性措施分项评分处于所有样本国家的平均水平，比标杆国家评分高 50%，比 OECD 平均水平高 27.6%，在一定程度上限制了我国电信业开放。另外，我国电信业在人员流动和监管透明度方面的限制程度虽然已低于标杆国家，位于所有国家前列，但仍存在少数限制降低了电信业的开放度。

（六）配套监管制度有待健全

从总体上看，我国电信业监管制度不够成熟，至今尚未立法，对电信业开放的监管缺乏顶层体制机制设计，监管政策也存在一定的滞后，导致当前监管能力薄弱，抗风险能力较低。电信行业部分业务涉及国家安全问题，安全保障是制约电信业开放的重要因素，尚未成熟的监管体系在一定程度上减缓了我国电信业开放的步伐。而且，推进开放过程中，存在新法律颁布后相关法律修订不够及时，导致出现法律间表述内容不一致的情况，影响开放的推进。

三、我国电信业高水平开放面临的体制机制障碍

我国电信业对外开放面临的最主要制度障碍是市场竞争程度低，其次是外资准入领域的制度障碍，在其他方面也存在少数制度障碍，导致外资企业难以进入电信业市场。

（一）电信业市场规制引入竞争的力度不足

对标 OECD 平均水平及标杆国家，可发现我国电信业在竞争壁垒方面存在较多制度障碍，主要是主导企业垄断电信业市场和行业规制对竞争保护不足。

一是基础电信业务各细分市场均存在主导企业拥有市场支配地位、阻碍市场竞争的情况。由于历史上电信业的自然垄断特性，早期电信市场多由政府或国有企业垄断经营。20 世纪 80 年代以来，英国、

美国、德国等多数发达国家先后进行了电信业改革，打破市场垄断，构建竞争性市场。目前，我国电信业市场处于由垄断向完全竞争的过渡期，尚未完成改革，在固定和移动通信的批发和零售市场上均存在主导运营商。主导运营商掌握通信网络资源，增加了新企业进入市场的壁垒。这与我国电信业发展阶段相关，在条件成熟后应着力促进完全竞争市场的形成。

二是我国电信行业规制对市场竞争的保护力度有待加强。由于电信网络的外部性，在非完全竞争市场中需要通过行业规制引入竞争，提升行业开放度。目前，我国电信业规制体系不够完善，未能充分引入竞争。一方面，我国对网络运营商间的互联互通规制不足，缺乏协议公开，容易导致在位运营商通过提高接入价格来抬高新企业进入的壁垒；另一方面，我国不允许经营固定通信业务中的号码携带及转售业务，阻碍了企业进入市场。

三是我国国有企业作为在位运营商具有市场支配地位。我国电信业大型企业多为国企，而在包括德国、美国、英国等高水平开放国家在内的主要 OECD 国家中，政府均未控股电信业的主要企业。而且我国电信业监管部门归属政府，即监管者与企业均属于政府，可能导致监管部门不能有效地规制在位运营商，以保障新进入者能够以低成本进入市场，从而保护市场竞争。

（二）外资准入存在多方面制度障碍

我国电信业在外资准入方面限制较多，特别是在持有股权比例、企业法律形态、跨境资本活动、当地存在要求和跨境数据流动方面，比标杆国家及 OECD 平均水平限制更加严格。

一是外资股权比例限制严格。在我国，外商投资基础电信业务持股比例不得超过49%，投资增值电信业务持股比例不超过50%，而在包括标杆国家在内的主要OECD国家，外商可独资投资电信业务，OECD国家平均的外资持股比例限制为95.8%，远高于我国的股比限制。同时，我国对与股比限制相关的企业法律形态也设有限制，除在特定区域经营特定增值电信业务外，应以合资企业的形式在我国经营。而在OECD国家，均无此项限制。对于不涉及国家安全的增值电信业务，有必要放松外资股比限制。

二是企业资本活动受限。我国在《关于外国投资者并购境内企业的规定》等文件中对外资企业股权并购境内公司、注册资本增加和转让等资本活动规定了详细条件，企业满足条件且经过审批方可开展资本活动。在德国、英国、美国等国家，都没有明确规定；在所有OECD国家中，仅不足10%的国家对企业资本活动设有限制。

三是企业当地存在要求。我国在《电信业务经营许可管理办法》中规定，经营电信业务，应有从事经营活动的场地。在标杆国家，对企业提供跨境电信服务没有在当地设立实体机构的要求，72%的OECD国家也未对外资企业提供跨境电信服务提出当地存在要求。该限制可在加强监管、提高风险防控能力后取消。

四是跨境数据流动受限且规则不完善。我国《网络安全法》规定，关键信息基础设施的运营者在境内运营中收集和产生的个人信息和重要数据应当在境内存储，而80%以上的OECD国家均没有此规定。而且，我国关于跨境数据流动规则有待完善。一方面，缺乏实施细则，如对特殊情况下数据跨境转移的条件未作具体规定；另一方面，尚未设立国际通行的数据跨境流动规则，如86%的OECD国家允许数据在隐私保护法类似的国家间流动、97%的OECD国家允许在保障措施到位时跨境转移个人信息。

（三）营商环境仍需改善

近年来我国营商环境虽有大幅改善，但外资电信企业进入国内市场后，仍会面临一些营商环境不完善所致的经营障碍。目前，我国注册公司时间平均为9天，相比最短时间新西兰的0.5天较长，约为美国（4天）、英国（4.5天）注册时长的2倍，与OECD国家平均的9.2天基本相当（见图7）。由于OECD在评估电信业开放度时，将注册公司需9天及以上作为限制，我国可进一步提高注册效率，提升我国电信业开放度。

四、推进我国电信业高水平开放的思路和路径

（一）总体思路

顺应全球电信业发展趋势，以保护竞争、提升质量为目标，坚持保障国家安全、稳步推进开放的原则，对标国际先进规则和国际最佳实践，结合当前发展阶段与中长期目标，加快体制机制改革。以破除竞争壁垒为突破口，强调放宽外资股比限制、深化国有企业改革的牵引作用，加强引入竞争相关规制措施间的联动，充分发挥发达地区开放平台的“试验田”作用，探索关键性制度创新，做好风险压力测试，推进全国层面电信业改革开放，促进我国电信业高质量发展和竞争力提升。

（二）推进路径

第一，优先开放改革难度小且实施效果明显的制度障碍。对标国际先进规则及国际最佳实践，结合我国实际，找出容易改革的体制机制障碍：优先降低企业注册时间，不在政府采购中优先考虑本地供应商，以提升电信业开放度。通过政策模拟，上述两项改革措施将使电信业的限制程度分别下降0.007和0.012。

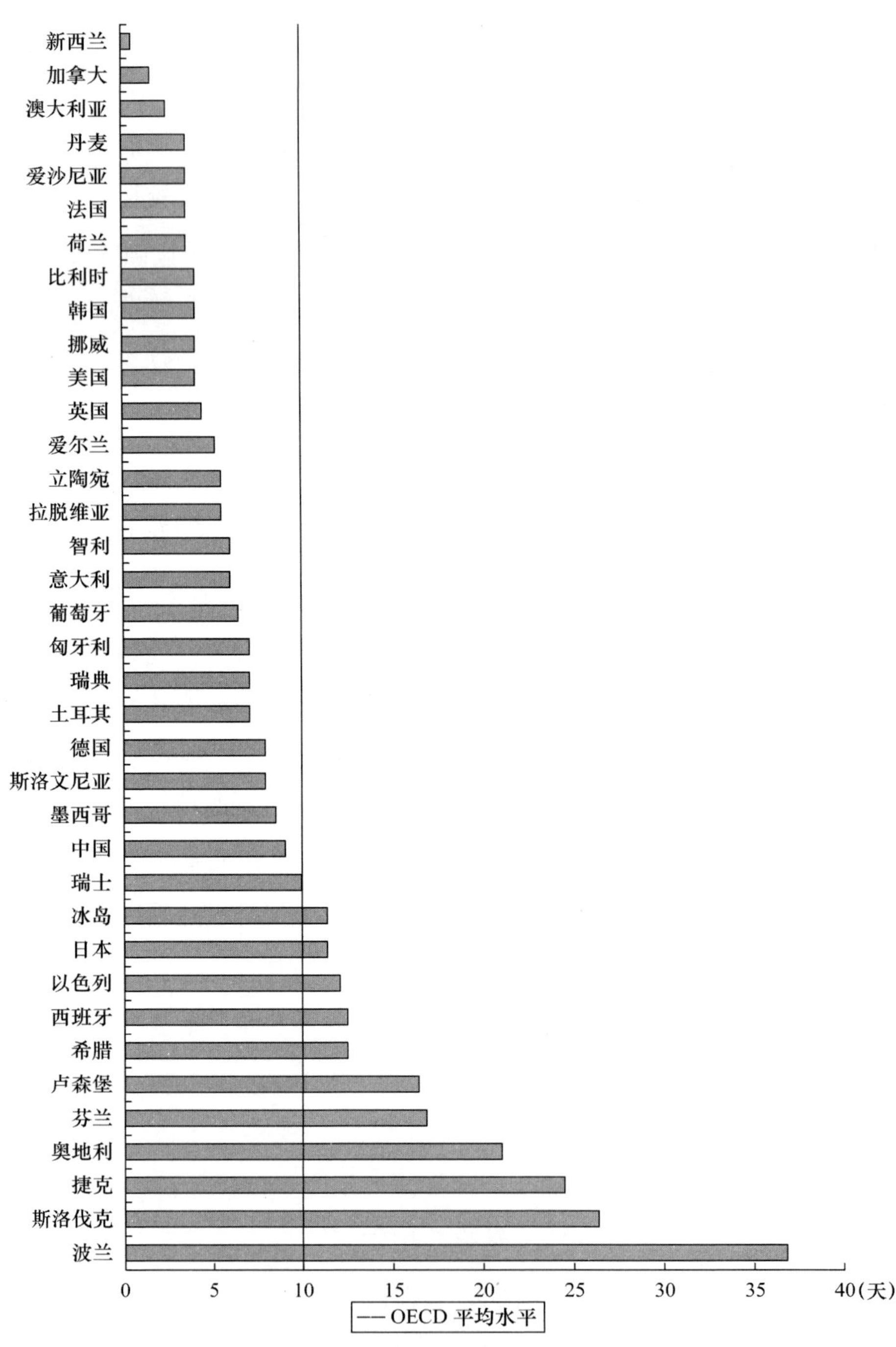

图 7　中国及 OECD 国家注册公司所需天数

资料来源：课题组根据 OECD 的 STRI 数据库计算整理而成。

第二，重点推进具有牵引作用的制度改革。根据改革措施间的逻辑关系，找出具有牵引作用的制度障碍，着力推动改革。放宽外资股比限制、放宽数据跨境流动限制、推进国有企业改革，将能够带动相关限制放开，提升行业开放度。通过政策模拟，上述三项改革措施将使电信业的限制程度分别下降0.063、0.021和0.219。

第三，结合市场成熟度分阶段引入竞争。当前，加大对在位运营商的规制以保护竞争，进一步深化国有企业改革。在此基础上，加强对主导运营商的规制，引导新企业进入市场，提高市场有效竞争程度。

第四，以开放平台为依托探索高标准的制度创新。对于存在一定改革风险的政策，可先在开放平台进行试验，做好风险压力测试后，再逐步在全国范围推动改革。在开放平台，可探索放宽外资股比限制、放宽企业法律形态限制、允许跨境资本活动、不设当地存在要求、放宽跨境数据流动限制，在风险可控的前提下再推向全国。

上述改革措施对我国电信业限制程度的影响见表3，改革推进路径见图8。

表3　　改革措施及改革效果

改革措施	STRI 下降幅度
缩短企业注册时间	0.007
政府采购中禁止优先考虑当地供应商	0.012
放宽外资股比限制至50%～100%	0.042
放宽外资股比限制至100%	0.063
取消禁止数据跨境流动限制规定	0.021
深化国有企业改革	0.219
放宽企业法律形态限制	0.021
允许跨境资本活动	0.032
不设当地存在要求	0.021

资料来源：课题组根据OECD的STRI数据库计算整理而成。

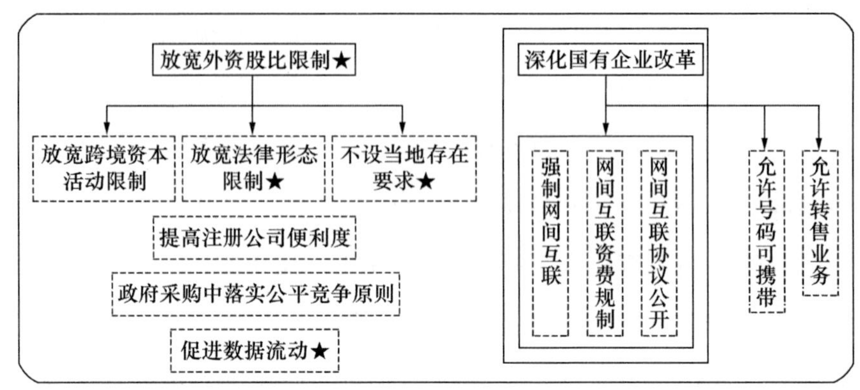

图8　我国电信业高水平开放的推进路径

注：①实线方框为具有牵引作用的改革措施，虚线方框为一般性改革措施；②同一粗线框内的改革措施表示措施间有联动作用；③标有★的方框为开放平台可以先行试点探索的改革措施。

资料来源：国务院发展研究中心市场经济研究所课题组。

五、推进我国电信业高水平开放的政策建议

（一）完善电信业负面清单管理制度

电信业部分业务涉及国家安全，推动对外开放过程中既要避免一味开放带来的风险，也要避免为规避风险放弃开放。为稳步推动电信业高水平开放，一方面，应细化外资准入负面清单，全面厘清基础电信业务和增值电信业务的各项细分业务，筛选出与国家安全不相关的业务，取消其外资股比限制；对于开放带来较低风险的业务，加强监管，在风险可控的前提下适当放宽外资股比限制；对于涉及国家安全、当前监管能力难以控制开放风险的业务，继续保持现行外资股比限制。另一方面，应完善跨境交付、境外消费和自然人移动模式下的跨境服务贸易市场准入制度，推进商业存在模式外的跨境服务贸易开放。

（二）推进电信业国有企业改革

为深化政企分离，需持续推进电信业国有企业改革。将国有企业

经营的竞争类业务与涉及国家安全的业务按业务板块分开，重组为不同企业。对于从事竞争类业务的企业，大力推动混合所有制改革，通过员工持股等方式，降低国有股份比例，减弱政府对企业的控制权，保障监管部门能够有效监管企业；对于从事涉及国家安全业务的企业，要在保障我国电信安全的基础上，积极稳妥推进企业改革。

（三）根据行业改革阶段，及时调整引入竞争的政策

加强对电信市场中主导运营商的规制，解决网络外部性问题，如强制互联互通、允许号码可携带等，使新企业能够以较低成本进入市场，提高市场竞争程度。在此基础上，逐步取消对网间互联的规制，依靠市场力量解决网络外部性，保障市场有效竞争。通过引入竞争，提高电信业资源配置效率，推动电信业高质量发展。

（四）发挥政策联动作用，提高政策有效性

基于电信业运行规律，厘清行业规制政策间的联动关系，设计规制政策时需同时考虑相关联动政策，以保证政策有效性。加强对主导运营商的规制与深化国有企业改革相结合，有效引入市场竞争。另外，在主导运营商与非主导运营商电信网间互联的规制方面，需同时要求强制网间互联、网间互联资费规制以及网间互联协议公开，才能形成对主导运营商的有效规制。

（五）加强监管制度建设，提升风险防控能力

一方面，要对标国际先进规则，学习先进监管经验，健全我国监管制度。在跨境数据流动方面，我国“一刀切”地禁止跨境数据流动对跨境贸易造成障碍，应对标国际通行规则，详细设计数据跨境流动

规则，在保障安全的前提下为跨境贸易提供必要便利。另一方面，要加强制度顶层设计，统筹考虑开放规则，避免监管制度间不一致影响开放政策的落实。进一步完善监管制度，优化监管模式，提升监管能力，增强行业抗风险能力，为更大力度的开放和更深层次的改革做好保障。

（六）赋予重点开放平台更多权限，加大制度创新探索

加大国家部委的放权力度，对上海自贸试验区、北京市服务业扩大开放综合试点等重点开放平台赋予更多改革权限，保障开放平台能够进行更大力度的改革创新。激励平台探索放宽部分业务的外资股比限制、放宽跨境数据流动条件、推动国有企业改革等具有突破性的制度创新，探索监管机制，为全国层面开放积累有益经验。

执笔人：刘　馨

参考文献

[1] Geloso Grosso, M. et al. Services Trade Restrictiveness Index (STRI): Scoring and Weighting Methodology, OECD Trade Policy Papers, No. 177, OECD Publishing, Paris, 2015 - 01 - 23

[2] Nordås, H. et al. Services Trade Restrictiveness Index (STRI): Telecommunication Services, OECD Trade Policy Papers, No. 172, OECD Publishing, Paris, 2014 - 11 - 04

[3] 中国信息通信研究院. 外商投资电信企业发展态势（2020 年 3 月），2020

专题报告八

我国主要对外开放平台服务业开放发展的比较

近年来，我国对外开放取得明显进展，形成了多样化的开放平台，特别是自贸试验区和自贸港、北京市服务业扩大开放综合试点、服务贸易创新发展试点、内地与港澳服务贸易自由化等开放平台，以探索服务业开放路径和制度创新为核心，构成了我国现阶段多层次、宽领域的服务业对外开放格局。不同开放平台各展所长，促进了各地在扩大服务业开放方面取得阶段性成效，并形成辐射效应，带动了全国服务业发展。

一、我国主要对外开放平台服务业开放的进展

（一）自贸试验区服务业开放的情况

建设自贸试验区是新时期我国构建开放型经济新体制的重要战略举措，是既有利于改革又有利于发展的对外开放新模式。2013 年，我国率先在上海挂牌建设第一个自贸试验区。此后，自贸试验区不断扩容，涵盖地区不断拓展。2015 年，天津、广东、福建获批新设自贸试

验区；2017 年，湖北、重庆、四川、陕西、河南、辽宁、浙江 7 个省市获批新设自贸试验区；2018 年，海南获批新设自贸试验区；2019 年，山东、江苏、广西、河北、云南、黑龙江 6 个省区获批新设自贸试验区。截至目前，我国已形成“1 +3 +7 +1 +6”共 18 个自贸试验区的发展格局。各自贸试验区分别对接不同的区域发展战略，成为我国扩大开放和深化改革的“试验田”，发挥了示范带头、服务全国的作用。

自贸试验区在建设过程中，为实现扩大投资领域开放、推进贸易发展方式转变等战略目标，不断探索外商投资准入前国民待遇和负面清单的管理模式。2013 年，上海自贸试验区总体方案公布，其中提出探索建立负面清单管理模式。上海市政府为此发布自贸试验区外商投资准入特别管理措施（负面清单），列明了上海自贸试验区内对外商投资项目和设立外商投资企业采取的与国民待遇等不符的准入措施。而后，根据外商投资法律法规和自贸试验区发展需要，国家多次修订自贸试验区外资准入负面清单，至今共发布 2013 年、2014 年、2015 年、2017 年、2018 年、2019 年、2020 年 7 个版本。

从总体上看，近年来针对服务业领域实施的负面清单特别管理措施呈现出以下特点。第一，负面清单措施数量不断减少。涉及服务业的特别管理措施由 2013 年版的 95 条减少到 2020 年版的 23 条（见表 1），充分展示了我国扩大服务业开放的决心和力度。第二，限制行业不断减少。租赁、企业管理服务、人力资源服务、安全保护、评级服务等行业的准入限制全面删减，表明在自贸试验区，外资可在更多服务行业领域享受与内资一致的待遇。第三，限制措施逐渐具体化、明晰化。负面清单逐步减少“模糊”的政策表述，明确外资比例、投资总额等限制的具体条件。例如，2017 年负面清单中保险业限制条件，相比于 2015 年负面清单中更为明确[①]；2014 年版中禁止投资普通高中教育机构、高等教育机构和学前教育，至 2015 年此行业投资改为限制类，并明确中方主导的限制条件[②]。可见，负面清单透明度的不断提高，对增强外商投资的预期起到积极的促进作用。

（二）北京市服务业扩大开放综合试点的情况

为推动北京市服务业现代化和提升服务贸易发展水平，构建与国际规则相衔接的服务业扩大开放基本框架，2015 年，国务院批准在北京市开展为期 3 年的服务业扩大开放综合试点，并批复北京市服务业扩大开放综合试点总体方案和开放措施。北京成为全国首个服务业扩大开放综合试点城市，以承载国家全方位主动开放的重要实践。试点要求在科学技术服务、互联网和信息服务、文化教育服务、金融服务、商务和旅游服务、健康医疗服务和深化对外投资管理体制改革方面构建服务业扩大开放格局。2017 年，结合试点以来的探索实践，为进一步深化试点，提升北京现代服务业和服务贸易发展水平，国务院为北京市服务业扩大开放综合试点进一步明确了持续放宽准入限制、不断深化对外投资管理体制改革、加快推进服务贸易便利化等多项工作任务。试点工作提升了现代服务业和服务贸易发展水平，总体达到预期效果。在试点工作成果的基础上，2019 年，国务院批准在北京市全面推进新一轮

---

① 在自贸试验区外资准入负面清单（2015 年版）中规定，申请设立外资保险公司的外国保险公司，以及投资入股保险公司的境外金融机构，须符合中国保险监管部门规定的经营年限、总资产等条件。在自贸试验区外资准入负面清单（2017 年版）中规定，申请设立外资保险公司的外国保险公司条件为：经营保险业务 30 年以上；在中国境内已经设立代表机构 2 年以上；提出设立申请前一年年末总资产不少于 50 亿美元。投资入股的条件为：提出申请前一年年末总资产不少于 20 亿美元。

② 须由中方主导（校长或主要行政负责人应当具有中国国籍，在中国境内定居；理事会、董事会或联合管理委员会的中方组成人员不得少于 1/2；教育教学活动和课程教材须遵守我国相关法律法规及有关规定）。

表 1　自贸试验区外资准入负面清单 2013 年版与 2020 年版的比较

行业	2013 年版	2020 年版
批发和零售业	1. 限制投资粮食收购，限制投资粮食、棉花的批发、配送 2. 限制投资植物油、食糖、烟草的批发、配送 3. 禁止投资盐的批发 4. 除香港、澳门服务提供者可以独资、合资、合作形式提供音像制品（含后电影产品）批发外，限制其他国家或地区投资者投资音像制品（除电影外）的批发（限于合作） 5. 限制投资原油、化肥、农药、农膜、成品油（含保税油）的批发、配送 6. 禁止投资文物拍卖 7. 限制投资棉花、原油、农药、农膜、化肥的零售、配送（设立超过 30 家分店、销售来自多个供应商的不同种类和品牌商品的连锁店由中方控股） 8. 限制投资粮食、植物油、食糖、烟草的零售、配送（设立超过 30 家分店、销售来自多个供应商的不同种类和品牌商品的连锁店由中方控股） 9. 除同一香港、澳门服务提供者投资图书、报纸、期刊连锁经营的出资比例不得超过 65% 外，其他国家或地区投资者投资图书、报纸、期刊连锁经营，连锁门店超过 30 家的，不允许控股 10. 除香港、澳门服务提供者可以独资、合资、合作形式提供音像制品（含后电影产品）零售外，限制其他国家或地区投资者投资音像制品（除电影外）的零售（限于合作） 11. 禁止投资文物商店 12. 限制投资加油站（同一外国投资者设立超过 30 家分店、销售来自多个供应商的不同种类和品牌成品油的连锁加油站，由中方控股）建设、经营 13. 限制投资直销、邮购、网上销售	禁止投资烟叶、卷烟、复烤烟叶及其他烟草制品的批发、零售

续表

行业	2013 年版	2020 年版
交通运输、仓储和邮政业	1. 限制投资铁路旅客运输公司（中方控股） 2. 限制投资铁路货物运输公司（限于合资、合作） 3. 限制投资公路旅客运输公司（限于合资），且外方投资比例不得超过 49%，主要投资者中至少一方须是中国境内从事 5 年以上道路旅客运输业务的企业 4. 限制投资出入境汽车运输公司 5. 限制投资水上运输公司（中方控股），投资定期、不定期国际海上运输业务须中方控股 6. 投资国际海运货物装卸、国际海运集装箱站和堆场业务限合资、合作 7. 限制投资船舶代理（中方控股） 8. 限制投资外轮理货（限于合资、合作） 9. 投资航空运输公司须中方控股，经营年限不超过 30 年投资公共航空运输企业的，一家外商（包括其关联企业）投资比例不得超过 25%，法定代表人须为中国籍公民 10. 投资农、林、渔业通用航空公司须合资、合作 11. 投资从事公务飞行、空中游览、为工业服务的通用航空企业须中方控股 12. 限制投资摄影、探矿、工业等通用航空公司（中方控股） 13. 通用航空企业经营年限不得超过 30 年，法定代表人须为中国籍公民 14. 除香港、澳门服务提供者外，其他国家和地区投资者投资航空运输辅助服务，须符合外方投资比例要求，经营年限不超过 30 年 15. 投资飞机维修（有承揽国际维修市场业务的义务）和航空油料项目限中方控股 16. 除香港、澳门服务提供者外，投资民航计算机订座系统限内地企业控股以外，禁止其他国家或地区投资者投资民航计算机订座系统	1. 国内水上运输公司须由中方控股。（且不得经营或租用中国籍船舶或者舱位等方式变相经营国内水路运输业务及其辅助业务；水路运输经营者不得使用外国籍船舶经营国内水路运输业务，但经中国政府批准，在国内没有能够满足所申请运输要求的中国籍船舶，并且船舶停靠的港口或者水域为对外开放的港口或者水域的情况下，水路运输经营者可以在中国政府规定的期限或者航次内，临时使用外国籍船舶经营中国港口之间的海上运输和拖航。） 2. 公共航空运输公司须由中方控股，且一家外商及其关联企业投资比例不得超过 25%，法定代表人须由中国籍公民担任。通用航空公司的法定代表人须由中国籍公民担任，其中农、林、渔业通用航空公司限于合资，其他通用航空公司限于中方控股。（只有中国公共航空运输企业才能经营国内航空服务，并作为中国指定承运人提供定期和不定期国际航空服务。） 3. 民用机场的建设、经营须由中方相对控

续表

行业	2013 年版	2020 年版
交通运输、仓储和邮政业	17. 投资民用机场的建设、经营中方相对控股 18. 除香港、澳门服务提供者可独资设立航空运输销售代理企业以外，其他国家或地区投资者投资航空运输销售代理企业须合资、合作 19. 禁止投资空中交通管制公司 20. 承担储备经营管理和军粮供应任务的粮食企业，由国有独资或国有控股 21. 禁止投资经营信件的国内快递业务和投资邮政公司	股。外方不得参与建设、运营机场塔台 4. 禁止投资邮政公司（和经营邮政服务）、信件的国内快递业务
信息传输、软件和信息技术服务业	1. 限制投资电信、广播电视和卫星传输服务 2. 禁止投资各级广播电台（站）、电视台（站）、广播电视频道（率）、广播电视传输覆盖网（发射台、转播台、广播电视卫星、卫星上行站、卫星收转站、微波站、监测台、有线广播电视传输覆盖网） 3. 除应用商店以外，投资经营其他信息服务业务的外方投资比例不得超过 50% 4. 投资经营国内互联网虚拟专用网业务的外方投资比例不得超过 50% 5. 禁止投资新闻网站、网络视听节目服务、互联网上网服务营业场所、互联网文化经营（音乐除外） 6. 禁止直接或间接从事和参与网络游戏运营服务 7. 除投资经营类电子商务的外方投资比例不得超过 55% 以外，投资经营其他在线数据处理与交易处理业务的外方投资比例不得超过 50% 8. 禁止投资经营因特网数据中心业务	1. 电信公司：限于中国“入世”承诺开放的电信业务，增值电信业务的外资股比不超过 50%（电子商务、国内多方通信、存储转发类、呼叫中心除外），基础电信业务须由中方控股（且经营者须为依法设立的专门从事基础电信业务的公司）。上海自贸试验区原有区域（28.8 平方公里）试点政策推广至所有自贸试验区执行 2. 禁止投资互联网新闻信息服务、网络出版服务、网络视听节目服务、互联网文化经营（音乐除外）、互联网公众发布信息服务（上述服务中，中国“入世”承诺中已开放的内容除外）
金融业	1. 限制投资银行、财务公司、信托公司、货币经纪公司 2. 限制投资保险公司（含集团公司，寿险公司外方投资比例不超过 50%）、保险中介机构（含保险经纪、代理、公估公司）、保险资产管理公司	

续表

行业	2013 年版	2020 年版
金融业	3. 限制投资证券公司（外方参股比例不超过 49%，初设时业务范围限于股票（包括人民币普通股、外资股）和债券（包括政府债券、公司债券）的承销与保荐、外资股的经纪、债券（包括政府债券、公司债券）的经纪和自营，持续经营 2 年以上符合相关条件的，可申请扩大业务范围）；证券投资基金管理公司（外方参股比例不超过 49%）；证券投资咨询机构（仅限港、澳证券公司，参股比例不超过 49%）；期货公司（仅限港、澳服务提供者，参股比例不超过 49%） 4. 投资小额贷款公司、融资性担保公司须符合相关规定 5. 投资融资租赁公司的外国投资者总资产不得低于 500 万美元；公司注册资本不低于 1000 万美元，高级管理人员应具有相应专业资质和不少于 3 年从业经验	
房地产业	1. 限制投资土地成片开发（限于合资、合作） 2. 限制投资高档宾馆、高档写字楼、国际会展中心，以及大型农产品批发市场的建设、经营 3. 禁止投资别墅的建设、经营 4. 限制投资房地产二级市场交易及房地产中介或经纪公司	
租赁和商务服务业	1. 除同一香港、澳门服务提供者投资图书、报纸、期刊出租连锁经营的出资比例不得超过 65% 外，其他国家或地区投资者投资图书、报纸、期刊出租连锁经营，连锁门店超过 30 家的，不允许控股 2. 除香港、澳门服务提供者可以独资、合资、合作形式提供音像制品（含后电影产品）出租外，限制其他国家或地区投资者投资音像制品（除电影外）的出租（限于合作）	1. 禁止投资中国法律事务（提供有关中国法律环境影响的信息除外），不得成为国内律师事务所合伙人。（外国律师事务所只能以代表机构的方式进入中国，且不得聘用中国执业律师，聘用的辅助人员不得为当事人提供法律服务；如在华设立代表机构、派

续表

行业	2013 年版	2020 年版
租赁和商务服务业	3. 投资设立投资性公司应符合：（1）外国投资者申请前一年，该投资者的资产总额不低于 4 亿美元，且该投资者在中国境内已设立投资企业，其实缴注册资本超过 1000 万美元，外国投资者在中国境内已设立 10 家以上投资企业，其实缴注册资本超过 3000 万美元；（2）投资性公司注册资本不低于 3000 万美元；（3）外国投资者应为一家外国的公司、企业或经济组织，若外国投资者为两个以上的，其中应至少有一名占大股权的外国投资者符合（1）的规定 4. 限制投资法律咨询 5. 外国律师事务所只能以设立代表处的形式提供法律服务 6. 投资会计师事务所须合伙 7. 限制投资市场调查（限于合资、合作） 8. 禁止投资社会调查 9. 除允许香港、澳门服务提供者设立独资人才中介机构外，其他国家或地区投资者只能设立中外合资人才中介机构，投资比例不超过 70% 10. 人才中介机构最低注册资本为 12.5 万美元，外方出资者应是从事 3 年以上人才中介服务的外国公司、企业和其他经济组织 11. 投资从事出境旅游业务的旅行社限合资（不得从事台湾地区旅游业务） 12. 投资武装守护押运服务的保安服务公司外方投资比例不得超过 49% 13. 限制投资评级服务公司	驻代表，须经中国司法行政部门许可。） 2. 市场调查限于合资，其中广播电视收听、收视调查须由中方控股 3. 禁止投资社会调查
科学研究和技术服务业	1. 禁止投资人体干细胞技术开发和应用 2. 禁止投资基因诊断与治疗技术开发和应用 3. 限制投资测绘公司（中方控股）	1. 禁止投资人体干细胞、基因诊断与治疗技术开发和应用 2. 禁止投资人文社会科学研究机构

续表

行业	2013 年版	2020 年版
科学研究和技术服务业	4. 禁止投资大地测量、海洋测绘、测绘航空摄影、行政区域界线测绘、地形图和交通地图编制、导航电子地图编制 5. 限制投资进出口商品认证公司 6. 投资认证机构的外方投资者应取得其所在国家或地区认可机构的认可，并具有 3 年以上从事认证活动的经历 7. 投资煤层气勘探，石油和天然气的风险勘探，油页岩、油砂、重油、超重油等非常规石油资源勘探，页岩气、海底天然气水合物等非常规天然气资源勘探须合资、合作 8. 限制投资贵金属（金、银、铂族）和金刚石、高铝耐火黏土、硅灰石、石墨等重要非金属矿勘查 9. 限制投资重晶石勘查（限于合资、合作） 10. 限制投资特殊和稀缺煤类勘查（中方控股） 11. 禁止投资钨、钼、锡、锑、萤石、稀土及放射性矿产勘查 12. 限制投资摄影服务（含空中摄影等特技摄影服务）（限于合资）	3. 禁止投资大地测量、海洋测绘、测绘航空摄影、地面移动测量、行政区域界线测绘，地形图、世界政区地图、全国政区地图、省级及以下政区地图、全国性教学地图、地方性教学地图、真三维地图和导航电子地图编制，区域性的地质填图、矿产地质、地球物理、地球化学、水文地质、环境地质、地质灾害、遥感地质等调查（矿业权人在其矿业权范围内开展工作不受此特别管理措施限制）
水利、环境和公共设施管理业	1. 投资综合水利枢纽的建设、经营须中方控股 2. 禁止投资自然保护区和国际重要湿地的建设、经营 3. 禁止投资国家保护的原产于我国的野生动、植物资源开发	
教育	1. 投资经营性教育培训机构、职业技能培训机构限于合作 2. 投资非经营性学前教育、中等职业教育、普通高中教育、高等教育等教育机构，以及非经营性教育培训机构、职业技能培训机构限合作，不允许设立分支机构	1. 学前、普通高中和高等教育机构限于中外合作办学，须由中方主导［校长或者主要行政负责人应当具有中国国籍（且在中国境

续表

行业	2013 年版	2020 年版
教育	3. 禁止投资义务教育，以及军事、警察、政治、宗教和党校等特殊领域教育机构；禁止投资经营性学前教育、中等职业教育、普通高中教育、高等教育等教育机构	内定居），理事会、董事会或者联合管理委员会的中方组成人员不得少于 1/2］。［外国教育机构、其他组织或者个人不得单独设立以中国公民为主要招生对象的学校及其他教育机构（不包括非学制类职业培训机构、学制类职业教育机构），但是外国教育机构可以同中国教育机构合作举办以中国公民为主要招生对象的教育机构。］ 2. 禁止投资义务教育机构、宗教教育机构
卫生和社会工作	投资医疗机构投资总额不得低于 2000 万元人民币，不允许设立分支机构，经营期限不超过 20 年	医疗机构限于合资
文化、体育和娱乐业	1. 禁止投资新闻机构 2. 禁止投资图书、报纸、期刊的出版业务 3. 禁止投资音像制品和电子出版物的出版、制作业务 4. 限制投资电影院的建设、经营（中方控股） 5. 限制投资广播电视节目、电影的制作业务（限于合作） 6. 禁止投资广播电视节目制作经营公司、电影制作公司、发行公司、院线公司 7. 投资文化艺术业须符合相关规定 8. 禁止投资高尔夫球场的建设、经营	1. 禁止投资新闻机构（包括但不限于通讯社）。（外国新闻机构在中国境内设立常驻新闻机构、向中国派遣常驻记者，须经中国政府批准。外国通讯社在中国境内提供新闻的服务业务须由中国政府审批。中外新闻机构业务合作，须中方主导，且须经中国政府批准。）

续表

行业	2013 年版	2020 年版
文化、体育和娱乐业	9. 禁止投资互联网上网服务营业场所（网吧活动） 10. 限制投资大型主题公园的建设、经营 11. 禁止投资博彩业（含赌博类跑马场） 12. 禁止投资色情业	2. 禁止投资图书、报纸、期刊、音像制品和电子出版物的编辑、出版、制作业务。（但经中国政府批准，在确保合作中方的经营主导权和内容终审权并遵守中国政府批复的其他条件下，中外出版单位可进行新闻出版中外合作出版项目。未经中国政府批准，禁止在中国境内提供金融信息服务。） 3. 禁止投资各级广播电台（站）、电视台（站）、广播电视频道（率）、广播电视传输覆盖网（发射台、转播台、广播电视卫星、卫星上行站、卫星收转站、微波站、监测台及有线广播电视传输覆盖网等），禁止从事广播电视视频点播业务和卫星电视广播地面接收设施安装服务。（对境外卫星频道落地实行审批制度。） 4. 禁止投资广播电视节目制作经营（含引进业务）公司。（引进境外影视剧和以卫星传送方式引进其他境外电视节目由国家广电总局指定的单位申报。对中外合作制作电视剧（含电视动画片）实行许可制度。） 5. 禁止投资电影制作公司、发行公司、院

续表

行业	2013 年版	2020 年版
文化、体育和娱乐业		线公司以及电影引进业务。（但经批准，允许中外企业合作摄制电影。） 6. 禁止投资文物拍卖的拍卖公司、文物商店和国有文物博物馆。（禁止不可移动文物及国家禁止出境的文物转让、抵押、出租给外国人。禁止设立与经营非物质文化遗产调查机构；境外组织或个人在中国境内进行非物质文化遗产调查和考古调查、勘探、发掘，应采取与中国合作的形式并经专门审批许可。） 7. 文艺表演团体须由中方控股

资料来源：《中国（上海）自由贸易试验区外商投资准入特别管理措施（负面清单）（2013 年）》《自由贸易试验区外商投资准入特别管理措施（负面清单）（2020 年版）》。

服务业扩大开放综合试点，以期在新的起点上全面推进北京市服务业扩大开放综合试点工作，更好地发挥综合试点的示范引领作用。

近五年来，北京市服务业扩大开放综合试点的开放创新进程在多方面不断深化。首先，试点行业领域不断扩展。各年北京市服务业扩大开放综合试点开放措施在2015年版本的基础上进行延展，2017年版本增加了广播电视电影行业及医学研究行业的开放措施，2019年版本增加了信息传输、软件和信息技术服务业的开放措施。其次，行业开放措施不断深化。在文化教育、金融服务、商务和旅游服务、健康医疗服务等行业层面开放措施持续增加，体现了持续放宽服务业重点领域市场准入限制的主要工作任务。最后，北京市服务业扩大开放综合试点促进了投资管理体制改革的推进、服务贸易便利化程度的提高。如首创外资企业设立备案与登记“单一窗口、单一表格”受理，网上填报一张表格即可完成登记和备案事项。北京市在试点过程中，持续探索有利于服务业和服务贸易发展的制度安排，优化企业发展环境，促进体制机制创新（见表2）。总体而言，北京市的服务业开放进程充分发挥了服务业的优势，有利于巩固和提升北京市的服务业主导型发展格局。更重要的是，北京市的服务业扩大开放综合试点将开放广度和开放深度相结合，并在制度创新方面进行延伸，为全国探索开放型经济新体制积累了经验。

（三）服务贸易创新发展试点的情况

优先发展服务贸易是推动经济转型升级和高质量发展的重要举措。2015年，国务院公布的《关于加快发展服务贸易的若干意见》中强调，要加快服务贸易自由化和便利化，推动扩大服务贸易规模，优化服务贸易结构，增强服务出口能力，培育“中国服务”的国际竞争

表 2　北京市服务业扩大开放综合试点措施的比较

行业	2015 年	2017 年	2019 年
交通运输、仓储和邮政业	外商投资飞机维修项目取消中方控股的限制	允许外商投资航空运输销售代理企业	
信息传输、软件和信息技术服务业			在北京市服务业扩大开放综合试点示范区和示范园区，取消存储转发类业务、国内多方通信服务业务、互联网接入服务业务（仅限为用户提供互联网接入服务）等增值电信业务外资股比限制
金融业	在符合相关法规的条件下，允许外资金融机构设立外资银行、民营资本与外资金融机构共同设立中外合资银行 允许设立外资专业健康医疗保险机构（外资持股比例不超过 50%）	研究允许新设或改制成立的外商独资银行或中外合资银行在提交开业申请时可以同时申请人民币业务	将合格境内机构投资者主体资格范围扩大至境内外机构在北京市发起设立的投资管理机构，包括境内证券公司、基金管理公司和期货公司 支持符合条件的在京机构开展合格境内有限合伙人境外投资试点，允许合格机构向合格投资者募集人民币资金，并将所募集资金投资于海外市场
租赁和商务服务业	1. 在扩大中外合资旅行社开展出境旅游业务试点中，支持在京设立并符合条件的中外合资旅行社从事除台湾地区以外的出境游业务 2. 允许符合条件的取得中国注册会计师资格的港澳专业人士担任合伙制会计	1. 在中关村进一步放宽中外合资人才中介机构外资比例限制 取消“中外投资者应当是成立 3 年以上的人才中介服务机构”的要求 允许外资直接入股既有内资人才中介机构	1. 在扩大中外合资旅行社开展出境旅游业务试点中，支持在京设立并符合条件的中外合资旅行社从事除台湾地区以外的出境游业务 允许在京设立的外商独资经营旅行社试点经营中国公民出境旅游业务（赴台

续表

行业	2015 年	2017 年	2019 年
租赁和商务服务业	师事务所合伙人 3. 在中关村设立中外合资人才中介机构，外方合资者可拥有不超过 70% 的股权，最低注册资本金由 30 万美元降低至 12.5 万美元 4. 允许设立外商投资资信调查公司（港澳服务提供者先行先试）	2. 探索密切中国律师事务所与外国及港澳台地区律师事务所业务合作的方式与机制 3. 放宽外商设立投资性公司条件，申请前一年外国投资者资产总额降为不低于两亿美元，外国投资者在中国境内已设立外商投资企业数量降低为 5 家以上	湾地区除外） 2. 进一步探索密切中国律师事务所与外国及港澳台地区律师事务所业务合作的方式与机制，在国内律师事务所聘请外籍律师担任外国法律顾问试点中，适当降低参与试点的外籍律师在中国境内从事律师职业不少于 3 年的资质要求 3. 放宽外商设立投资性公司申请条件，申请前一年外国投资者资产总额降为不低于 2 亿美元，取消对外国投资者在中国境内已设立外商投资企业的数量要求
科学研究和技术服务业	对区域内为北京市提供服务的外资工程设计（不包括工程勘察）企业，取消首次申请资质时对投资者的工程设计业绩要求	对在国外研发、具有重大意义的新药项目，经国家食品药品监督管理总局批准后，允许在京开展临床试验 1. 按照药品进口的有关规定，允许原研对照药品和在研临床试验药物的进口，允许符合药品生产质量管理规范境外研发外包企业及 cGMP 生产厂家生产的临床研究药物，用于国际多中心临床试验 2. 取消外商投资建设工程设计企业外籍技术人员的比例要求	取消外商投资企业取得认证机构资质需外方投资者取得其所在国家或者地区认可机构的认可且具有 3 年以上从事认证活动的业务经历的要求

续表

行业	2015 年	2017 年	2019 年
卫生和社会工作	逐步放宽中外合资、合作办医条件，调整审批权限，便利投资者申报		开展医疗器械注册人制度试点，允许北京市医疗器械注册人委托京津冀地区医疗器械生产企业生产医疗器械 放宽外商捐资举办非营利性养老机构的民办非企业单位准入
文化、体育和娱乐业	选择文化娱乐业聚集的特定区域，允许设立外商独资演出经纪机构，在北京市域范围内提供服务	1. 允许外商投资音像制品制作业务（限于在北京国家音乐产业基地、中国北京出版创意产业园区、北京国家数字出版基地内开展合作，中方应掌握经营主导权和内容终审权） 2. 选择文化娱乐业聚集的特定区域，允许外商投资设立演出场所经营单位，不设投资比例限制 选择文化娱乐业聚集的特定区域，允许外商投资设立娱乐场所，不设投资比例限制	1. 允许外商投资音像制品制作业务（限于在北京国家音乐产业基地、中国北京出版创意产业园区、北京国家数字出版基地内开展合作，中方应掌握经营主导权和内容终审权） 2. 选择文化娱乐业聚集的特定区域，允许外商投资设立演出场所经营单位，不设投资比例限制 选择文化娱乐业聚集的特定区域，允许外商投资设立娱乐场所，不设投资比例限制 选择文化娱乐业聚集的特定区域，允许设立外商独资演出经纪机构，并在全国范围内提供服务

资料来源：《国务院关于北京市服务业扩大开放综合试点总体方案的批复》（国函〔2015〕81 号）、《国务院关于深化改革推进北京市服务业扩大开放综合试点工作方案的批复》（国函〔2017〕86 号）、《国务院关于全面推进北京市服务业扩大开放综合试点工作方案的批复》（国函〔2019〕16 号）。

力。同年，国务院服务贸易发展部际联席会议建立，以统筹服务贸易试点工作。2016 年，国务院同意开展服务贸易创新发展试点，明确 8 大试点任务及在 15 个省市（区域）开展服务贸易创新发展试点。各试点城市与地区的专项政策围绕国务院试点方案中的 8 个主要任务和 5 项政策保障展开，有序扩大服务业开放准入，主动创新、先行先试。各试点城市逐步探索自身服务贸易新业态、新模式与新路径。经过试点第一阶段的充分尝试，2018 年国务院同意深化服务贸易创新发展试点。

从 2016 年开展试点到 2018 年深化试点，试点地区不断扩围。天津、上海、海南、深圳、杭州、武汉、广州、成都、苏州、威海和哈尔滨新区、江北新区、两江新区、贵安新区、西咸新区等在 2016 年被列为服务贸易创新发展试点，试点期为 2 年。经过 2 年的实践，2018 年，国务院决定在 15 个地区开展服务贸易创新发展试点的基础之上，新增北京、雄安新区 2 个试点地区，将哈尔滨新区拓展为哈尔滨市、江北新区拓展为南京市。在 4 年的服务贸易创新实践过程中，更多的城市列入试点，服务贸易创新发展试点在地区上不断扩围。

从开展试点到深化试点，服务贸易创新发展试点任务逐渐明晰。2016 年，试点明确了 8 大任务，包括探索完善服务贸易管理体制、扩大服务业双向开放力度、培育服务贸易市场主体、创新服务贸易发展模式、提升服务贸易便利化水平、优化服务贸易支持政策、健全服务贸易统计体系与创新事中事后监管举措。2018 年为进一步扩大对外开放，提出了服务贸易创新发展试点开放便利举措，如在现行相关规定的基础上，探索建立来华就医签证制度、推动广东全省实施 144 小时过境免签政策等。并且，在服务贸易的政策保障措施和责任单位方面做出更为明确的安排，并要求各试点地区出台深化试点工作方案，分阶段推行各领域开放便利举措及政策保障措施。

（四）内地与港澳服务贸易自由化的情况

为加强内地与港澳间的贸易投资合作，促进内地与港澳经济共同繁荣发展，内地与港澳逐步开展贸易自由化工作。其发展可回溯至2003年签署的《内地与香港关于建立更紧密经贸关系的安排》《内地与澳门关于建立更紧密经贸关系的安排》（简称CEPA）[①]。经过多轮磋商和协议制定，内地首先在广东与港澳基本实现服务贸易自由化[②]。而后，2015年《CEPA服务贸易协议》正式签署，成为首个内地全境以准入前国民待遇加负面清单方式全面开放服务贸易领域的自贸协议，标志着内地全境与港澳基本实现服务贸易自由化。《CEPA服务贸易协议》中，内地对港澳开放服务部门达到153个，涉及WTO160个服务部门的95.6%，其中62个部门完全实现国民待遇；使用负面清单的领域，限制性措施仅保留120项；跨境服务、文化、电信等使用正面清单的领域，对港澳分别新增开放措施28项和20项；对港澳累计开放个体工商户行业达到135个。

CEPA协议的实施过程同样遵循逐步推进、动态调整的原则。初期以广东与港澳基本服务贸易自由化为试点，为内地更大范围推进与港澳贸易自由化提供风险测试与推广经验。广东作为与港澳服务贸易自由化的重点地区，其服务业发展随着CEPA协议开放的深入而不断受益。在2015年与港澳基本实现服务贸易自由化后，粤港澳服务贸易水平明显提升。2015年，粤港服务贸易额达到572.6亿元，同比增长18%；粤澳服务贸易额达到26亿元，同比增长11.5%。CEPA协议有

---

① CEPA以逐步降低壁垒、减少歧视性措施、促进贸易投资便利化为主要目标。此后的2004～2013年，内地又分别与香港、澳门签署了十份补充协议。

② 2014年，商务部分别与香港特区政府、澳门特区政府签署了《关于内地在广东与香港基本实现服务贸易自由化的协议》《关于内地在广东与澳门基本实现服务贸易自由化的协议》。

效促进了现代服务要素在广东的聚集，并且加快了港澳现代服务业与广东产业链的深度合作[①]。

二、我国主要对外开放平台服务业开放发展的成效

主要对外开放平台的建设和探索，有效促进了我国服务业的开放创新发展和产业结构的转型升级。开放平台不仅对试点地区服务业发展起到了良好的促进作用，服务业和服务贸易快速增长，并且，试点地区通过制度探索，总结制度创新经验，提高了贸易便利化程度，促进了对内对外开放，改善了营商环境。更重要的是，试点地区的探索工作发挥了示范带头作用，促进了区域的协同发展，为全国扩大服务业开放探索了有益经验。

（一）促进了试点地区服务业发展，培育了增长新动能

首先，各服务业开放平台的发展有效带动了试点地区服务业增长。我国服务业开放重点地区，近年来服务业增加值占 GDP 比重逐年提升，服务贸易同样得到快速发展。2018 年，17 个服务贸易创新发展试点地区服务贸易进出口合计约 4 万亿元，占全国比重的 76.7%，充分体现出服务贸易创新发展政策的支撑作用。作为重点开放地区，2018 年上海、北京、广东的服务进出口额均过万亿元，且增长迅速。北京近五年服务贸易总额年均增长达 10%。2018 年浙江位列全国第四位，服务贸易进出口总额为 3814.7 亿元，同比增长 83.5%。

其次，各试点地区积极引入国际资源和高端服务要素，外商投资

---

① 张光南：《粤港澳服务贸易自由化“负面清单”升级版：清单方案、政策创新、示范基地》，中国社会科学出版社 2018 年版。

增长迅速。外商投资多流入我国服务业开放平台涉及省份（如江苏、北京、广东、上海等）。仅长三角地区 2018 年的外商直接投资额，占全国外商投资总额比重就高达 58.2%（长三角地区 2018 年外商直接投资金额为 785.3 亿元）。这些地区开放水平较高，是我国外商投资的主要聚集地。并且，开放举措是拉动外商投资增长的重要动力。2018 年，北京实际利用外资 167.4 亿美元，是 2014 年的 1.9 倍，2018 年服务业扩大开放重点领域实际利用外资占全市的 61.3%。

最后，开放带来的新兴业态和市场主体，为我国服务业发展以及转型升级培育了增长新动能。截至 2018 年，广东外商投资企业数达到 17 万家，上海外商投资企业数达到 8.7 万家，北京外商投资企业数达到 3.2 万家（见图 1）。广东、上海等省市外商投资企业数基数较高，且新设企业数量增长显著，体现出开放带来的增长红利。各试点地区市场活跃度得到有效提升。上海自贸试验区推出的 2 批 54 项扩大开放措施，在融资租赁、商贸、建筑设计施工、演出经纪、国际船舶管理、增值电信等方面取得明显成效，截至 2019 年累计落地服务业企业数超过 3000 家。另外，上海还涌现出全国第一家再保险经纪公司、外商独资游艇设计公司、外商独资医院、外商独资金融类投资性公司等一批首创性项目，代表着国内现代服务业发展的领先水平。北京在综合试点开展期间，对内对外的开放有效增加了多元化服务供给，全市共新设 64 万家企业，增速比试点前提高 43.3%，其中服务业企业占 95.2%。

（二）推进了相关制度创新，优化了服务业发展环境

各对外开放平台不仅推动了服务业高质量发展，而且各平台注重在体制机制方面的创新，探索出有利于服务业发展的制度安排，为服

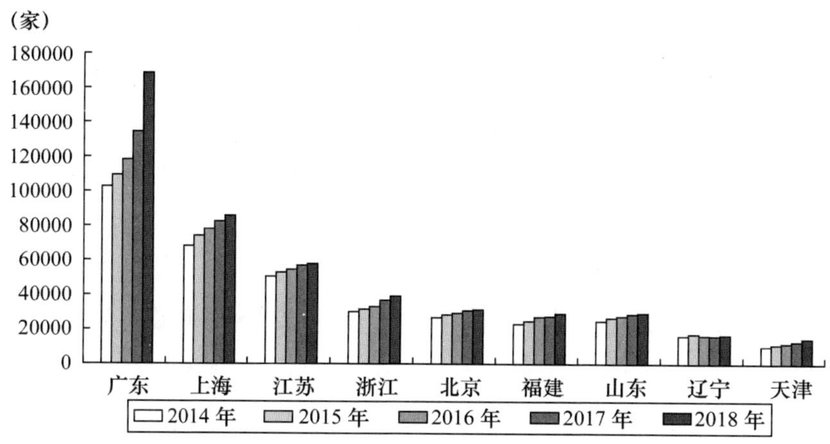

图1　2014～2018 年重要省市外商投资企业数

资料来源：国家统计局。

务业内外资发展提供了法治化、国际化、便利化的营商环境。

首先，各开放平台的先行先试，在一定程度上起到了制度创新“试验田”作用。自贸试验区负面清单管理制度的逐步建立和完善，推动了全国的扩大开放。例如，在自贸试验区中，服务业的资信调查和评级服务尝试放宽外资准入限制。而后，在2016 年的《外商投资产业指导目录》第6 次修订中将此向全国开放。并且，开放平台的试验，引领了全国范围的外资准入负面清单思维，推动了相关法规调整。从2003 年开始公布的全国《外商投资产业指导目录》，遵循“正面清单”管理理念。而后，全国外资准入逐渐转换为负面清单管理模式，建立“法无禁止即可为”的管理理念。2017 年版《外商投资产业指导目录》首次在形式上落实了在全国范围（自贸试验区除外）适用的外资准入负面清单制度，实行准入前国民待遇加负面清单的管理模式。在服务业领域，全国版负面清单条目数量逐步缩减，2019 年的全国版负面清单已与自贸试验区负面清单基本一致。

其次，各对外开放平台的开放过程中，不仅逐步放宽了外资准入限制，而且在市场化、法治化、国际化营商环境建设方面取得积极进展，为对外开放提供了良好的发展环境。上海以自贸试验区建设为突破口，聚焦开办企业、办理施工许可、获得电力、跨境贸易等评价营商便利度的关键指标，积极开展改善营商环境专项行动计划，并将2018年列为“营商环境改革年”。浙江自贸试验区于2019年发布了营商环境特色指标体系，以进一步分析并解决营商环境领域存在的难点问题。世界银行的营商环境报告中把上海、北京等城市作为评估中国营商环境的样本城市。我国2019年营商环境排名全球第31位，较2018年度（排名第46位）、2017年度（排名第78位）有了大幅跃升。

再次，在对外开放方面，推进了投资贸易便利化改革。在外商投资的市场准入、企业运营等“全周期”环节创新相应管理机制，促进投资贸易发展。上海率先探索国际贸易“单一窗口”改革，以数据串联代替企业跑腿，企业申报数据项在船舶申报环节缩减65%，在货物申报环节缩减24%，有力促进了降本增效。而后，“单一窗口”改革陆续扩展覆盖到中央和地方多个部门和单位，并形成“中国国际贸易单一窗口”全国口岸综合资讯服务平台。北京创新实施了企业登记全程电子化、外商投资企业“全周期”管理机制等举措，为外商投资运营提供了便利化监管环境。

最后，各类制度创新成果营造了市场化、国际化、法治化营商环境，进一步提升了贸易便利化水平与开放水平。完善的营商环境也为对内开放提供了良好环境，激活了民间投资，增加了多元化服务供给。并且，制度创新改革工作深度契合了“放管服”的改革目标。各服务业对外开放平台在制度环境的“软实力”上发力，对转变政府职能、最大限度激发市场活力具有重要意义。

（三）发挥了示范引领作用，增强了区域发展协同性

我国主要对外开放平台的服务业开放主要以分批分地区的形式进行自主尝试。2018 年，北京服务业增加值占 GDP 比重为 81%，上海为 69.9%，海南为 56.6%，广东为 54.2%，均属全国前列。这些试点地区具有产业优势与开放政策优势，有利于发展成为服务业扩大开放试点先导区。此类自主开放、先行尝试的开放方式，可有效隔离风险、检测风险、积累经验，具有灵活主动、风险可控的优势。更重要的是，以优势地区作为试点尝试，可充分发挥其示范引领作用，带动区域以及全国的服务业发展。

试点地区的辐射带动作用，有利于促进区域的协同发展，形成区域协同开放新格局，也有利于促进区域内部实现资源要素自由高效流动、产业高质量发展。

在京津冀经济圈中，强调发挥首都辐射带动作用，天津、河北等地承接非首都功能转移，促进了产业链各环节的协同配合和资源的高效流动。京津冀地区首创医药研产分离异地监管模式，实现了研发服务在京聚集、生产环节向津冀分布的产业链协同发展。

粤港澳大湾区内经济互补性强、集群优势明显，且具有良好的合作基础。各城市发挥比较优势做优做强服务业，增强了对周边区域发展的辐射带动作用。分城市而言，推动香港服务业持续向高端高附加值方向发展；增强广州国际商贸中心功能；发挥深圳国家级创新城市的引领作用，并促进湾区内要素的有序自由流动、资源的高效配置、市场的深度融合。广东自贸试验区、服务贸易创新发展试点等服务业开放平台以粤港澳大湾区建设、粤港澳合作、泛珠三角区域合作等为重点，促进了粤港澳规则、制度、机制的联通，推动了粤港澳大湾区的贸易自由化和经济合作。

（四）积累了成熟经验，探索了全国服务业开放新路径

各开放平台在试点过程中，积累了不少成熟经验。此类经验可为各开放平台的下一步发展奠定了有利条件。如在北京市服务业扩大开放综合试点探索过程中，对首轮试点工作进行了充分的经验总结，形成服务业扩大开放、服务贸易便利化、优化开放型营商环境等方面68项全国首创或效果最优的开放创新举措。在北京市服务业开放的新一轮试点方案中，这些创新经验均有良好体现。服务贸易创新发展试点在新一轮试点工作开展前，同样进行了充分的试点经验总结工作。在开展试点的15个地区成立服务贸易跨部门联席会议制度或服务贸易工作领导小组。由商务部主持召开座谈会，听取部分试点地区情况汇报，督导加快试点工作进度，并推进《服务贸易创新发展试点工作综合评价指标体系》的制定工作，利用试点经验对下一步试点工作进行充分研究评估。并且，为解决制度协调问题，各创新平台均组建联席会议机制进行组织协调工作。服务贸易创新发展试点的服务贸易发展部际联席会议制度、自贸试验区的部际联席会议，以及自贸试验片区创新联盟、北京市与商务部形成的部市协调机制，均为开放平台的政策施行提供了沟通平台和协调机制，有利于各试点地区加强深度交流和经验共享。

各对外开放平台形成的制度创新成果不仅惠及开放地区，更以制度经验的形式推广至全国。各开放平台各展所长，形成了多个制度创新推广途径，其中包括国务院推广、商务部推广与地区自发组织三种形式。

一是自贸试验区的改革试点经验经由国务院发布在全国或特定地区进行复制推广。截至目前，已形成自贸试验区6批改革试点经验。将自贸试验区在服务业开放、投资管理、贸易便利化、事中事后监管、金融等领域的可复制经验进行全国范围推广，全力推进制度创新实践（见表3）。

表 3　　国务院发布的自贸试验区改革试点经验复制推广的范围和内容

年份		2014 年	2016 年	2017 年	2018 年	2019 年	2020 年
批次		第一批	第二批	第三批	第四批	第五批	第六批
措施数量		34 项	19 项	5 项	30 项	18 项	37 项
推广范围		全国 28 项 海关特殊监管区 6 项	全国 12 项 海关特殊监管区 7 项	全国 5 项	全国 27 项 海关特殊监管区 2 项 海关特殊监管区域及保税物流中心（B 型）1 项	全国 17 项 自贸试验区 1 项	全国 31 项 特定区域 6 项
措施内容	投资管理	全国： 1. 外商投资广告企业项目备案制 2. 涉税事项网上审批备案 3. 税务登记号码网上自动赋码 4. 网上自主办税 5. 纳税信用管理的网上信用评级 6. 组织机构代码实时赋码	全国： 1. 负面清单以外领域外商投资企业设立及变更审批改革 2. 税控发票领用网上申请 3. 企业简易注销	全国： 市场主体名称登记便利化改革	全国： 1. 船舶证书“三合一”并联办理 2. 国际船舶登记制度创新 3. 对外贸易经营者备案和原产地企业备案“两证合一” 4. 低风险生物医药特殊物品行政许可审批改革	全国： 1. 公证“最多跑一次” 2. 自然人“一人式”税收档案 3. 网上办理跨区域涉税事项 4. 优化涉税事项办理程序，压缩办理时限 5. 企业名称自主申报制度	全国： 1. 出版物发行业务许可与网络发行备案联办制度 2. 绿色船舶修理企业规范管理 3. 电力工程审批绿色通道 4. 以三维地籍为核心的土地立体化管理模式 5. 不动产登记业务便民模式

续表

措施内容	投资管理	7. 企业标准备案管理制度创新 8. 取消生产许可证委托加工备案 9. 企业设立实行“单一窗口”			5. 一般纳税人登记网上办理 6. 工业产品生产许可证“一企一证”改革	自贸试验区： 推进合作制公证机构试点	6. 增值税小规模纳税人智能辅助申报服务 7. 证照“一口受理、并联办理”审批服务模式 8. 企业“套餐式”注销服务模式 9. 医疗器械注册人委托生产模式 自贸试验区： 1. 建设项目水、电、气、暖现场一次联办模式 2. 股权转让登记远程确认服务 3. 野生动植物进出口行政许可审批事项改革 二手车出口业务试点地区： 二手车出口业务新模式

续表

措施内容	贸易便利化	全国： 1. 全球维修产业检验检疫监管 2. 中转货物产地来源证管理 3. 检验检疫通关无纸化 4. 第三方检验结果采信 5. 出入境生物材料制品风险管理 海关特殊监管区： 1. 期货保税交割海关监管制度 2. 境内外维修海关监管制度 3. 融资租赁海关监管制度 4. 进口货物预检验 5. 分线监督管理制度	全国： 1. 依托电子口岸公共平台建设国际贸易单一窗口，推进单一窗口免费申报机制 2. 国际海关经认证的经营者（AEO）互认制度 3. 出境加工监管 4. 企业协调员制度 5. 原产地签证管理改革创新 6. 国际航行船舶检疫监管新模式 7. 免除低风险动植物检疫证书清单制度 海关特殊监管区： 1. 入境维修产品监管新模式	全国： 1. 会展检验检疫监管新模式 2. 进口研发样品便利化监管制度 3. 海事集约登轮检查制度	全国： 1. 跨部门一次性联合检查 2. 保税燃料油供应服务船舶准入管理新模式 3. 先放行、后改单作业模式 4. 铁路运输方式舱单归并新模式 5. 海运进境集装箱空箱检验检疫便利化措施 6. 入境大宗工业品联动检验检疫新模式 7. 国际航行船舶供水“开放式申报 + 验证式监管” 8. 进境保税金属矿产品检验监管制度	全国： 1. 海运危险货物查验信息化，船舶载运危险货物及污染危害性货物合并申报 2. 国际航行船舶进出境通关全流程“一单多报” 3. 保税燃料油跨港区供应模式 4. 海关业务预约平台 5. 生产型出口企业出口退税服务前置 6. 中欧班列集拼集运模式	全国： 1. “融资租赁 + 汽车出口”业务创新 2. 飞机行业内加工贸易保税货物便捷调拨监管模式 3. 跨境电商零售进口退货中心仓模式 4. 进出口商品智慧申报导航服务 5. 冰鲜水产品两段准入监管模式 6. 货物贸易“一保多用”管理模式 7. 边检行政许可网上办理 保税监管场所： 保税航煤出口质量流量计计量新模式

续表

措施内容	贸易便利化	6. 动植物及其产品检疫审批负面清单管理	2. 一次备案，多次使用 3. 委内加工监管 4. 仓储货物按状态分类监管 5. 大宗商品现货保税交易 6. 保税展示交易货物分线监管、预检验和登记核销管理模式 7. 海关特殊监管区域间保税货物流转监管模式		9. 外锚地保税燃料油受油船舶“申报无疫放行”制度 海关特殊监管区： 1. “四自一简”监管创新 2. “保税混矿”监管创新 海关特殊监管区域及保税物流中心（B型）： 先出区、后报关		成都铁路局局管范围： 空铁联运一单制货物运输模式
	金融	全国： 1. 个人其他经常项下人民币结算业务 2. 外商投资企业外汇资本金意愿结汇		全国： 融资租赁公司收取外币租金			全国： 1. 保理公司接入央行企业征信系统 2. 分布式共享模式实现“银政互通” 3. 绿色债务融资工具创新

续表

措施内容	金融	3. 银行办理大宗商品衍生品柜台交易涉及的结售汇业务 4. 直接投资项下外汇登记及变更登记下放银行办理				4. 知识产权证券化
	服务业开放	全国： 1. 允许融资租赁公司兼营与主营业务有关的商业保理业务 2. 允许设立外商投资资信调查公司 3. 允许设立股份制外资投资性公司 4. 融资租赁公司设立子公司不设最低注册资本限制 5. 允许内外资企业从事游戏游艺设备生产和销售		全国： 1. 扩大内地与港澳合伙型联营律师事务所设立范围 2. 国际船舶运输领域扩大开放 3. 国际船舶管理领域扩大开放 4. 国际船舶代理领域扩大开放 5. 国际海运货物装卸、国际海运集装箱场站和堆场业务扩大开放		全国： 1. 领事业务“一网通办” 2. 直接采认台湾地区部分技能人员职业资格 3. 航空维修产业职称评审 4. 船员远程计算机终端考试 5. 出入境人员综合服务“一站式”平台

续表

措施内容	事中事后监管	全国： 1. 社会信用体系 2. 信息共享和综合执法制度 3. 企业年度报告公示和经营异常名录制度 4. 社会力量参与市场监督制度 5. 各部门专业监管制度	全国： 1. 引入中介机构开展保税核查、核销和企业稽查 2. 海关企业进出口信用信息公示制度		全国： 1. 企业送达信息共享机制 2. 边检服务掌上直通车 3. 简化外锚地保税燃料油加注船舶入出境手续 4. 国内航行内河船舶进出港管理新模式 5. 外锚地保税燃料油受油船舶便利化海事监管模式 6. 保税燃料油供油企业信用监管新模式 7. 海关企业注册及电子口岸入网全程无纸化	全国： 1. 审批告知承诺制、市场主体自我信用承诺及第三方信用评价三项信用信息公示 2. 公共信用信息“三清单”（数据清单、行为清单、应用清单）编制 3. 实施船舶安全检查智能选船机制 4. 进境粮食检疫全流程监管 5. 优化进口粮食江海联运检疫监管措施 6. 优化进境保税油检验监管制度	全国： 1. “委托公证 + 政府询价 + 异地处置”财产执行云处置模式 2. 多领域实施包容免罚清单模式 3. 海关公证电子送达系统 4. 商事主体信用修复制度 5. 融资租赁公司风险防控大数据平台 6. 大型机场运行协调新机制

注：第三批改革试点经验复制推广工作是以商务部等部委联合发函的形式予以公布的。

资料来源：《国务院关于推广中国（上海）自由贸易试验区可复制改革试点经验的通知》（国发〔2014〕65 号）、《国务院关于做好自由贸易试验区新一批改革试点经验复制推广工作的通知》（国发〔2016〕63 号）、《商务部、交通运输部、工商总局、质检总局、外汇局关于做好自由贸易试验区第三批改革试点经验复制推广工作的函》（2017 年）、《国务院关于做好自由贸易试验区第四批改革试点经验复制推广工作的通知》（国发〔2018〕12 号）、《国务院关于做好自由贸易试验区第五批改革试点经验复制推广工作的通知》（国函〔2019〕38 号）、《国务院关于做好自由贸易试验区第六批改革试点经验复制推广工作的通知》（国函〔2020〕96 号）。

二是将各类开放平台在探索中形成的最佳实践案例向全国进行推广。近年来，国务院自贸试验区工作部际联席会议办公室在综合考虑创新性、可操作性、有效性、风险可控性的基础上，选取制度创新性强、市场主体反映好、系统集成特点突出的自贸试验区试点经验，共总结印发3批“最佳实践案例”供各地在深化改革、扩大开放过程中借鉴（见表4）。北京市服务业扩大开放试点与商务部共同建立了部市协调机制，成立了部市合作领导小组。2018年、2020年，商务部先后3次将北京市服务业扩大开放综合试点形成的制度创新性强、市场主体反映积极、实用性好的做法，进行全国复制推广。服务贸易创新发展试点最佳实践案例同样经商务部进行总结推广。2016年，商务部会同有关部门公布了《服务出口重点领域指导目录》，为深化试点地区及全国服务贸易政策制定提供重要依据，也为各部门进一步加强对服务出口重点领域的支持引导提供重要参考（见表5、表6）。

表4　　自贸试验区最佳实践案例的内容

批次	第一批	第二批	第三批
时间	2015年11月	2017年7月	2019年7月
数量	8项	4项	31项
具体内容	1. 国际贸易“单一窗口”（上海） 2. 国际贸易“单一窗口”（福建） 3. 京津冀区域检验检疫一体化新模式（天津） 4. 跨境电商监管新模式（广东） 5. 投资管理体制改革“四个一”（福建）	1. “证照分离”改革试点（上海） 2. “企业专属网页”政务服务新模式（广东） 3. 集成化行政执法监督体系（天津） 4. 关检“一站式”查验平台+监管互认（福建）	1. 药品上市许可持有人制度试点（上海） 2. 以信用为核心的跨部门协同监管平台（广东） 3. 智能化地方金融风险监测防控平台（广东） 4. 供电服务新模式（广东） 5. 平行进口汽车政府监管服务新模式（天津） 6. 租赁资产证券化业务创新（天津） 7. 工程建设项目审批制度改革（福建）

续表

具体内容	6. 以信用风险分类为依托的市场监管制度（天津） 7. 政府智能化监管服务模式（广东） 8. 推进信用信息应用 加强社会诚信管理（上海）		8. 创新不动产登记工作模式（福建） 9. 优化用电环境（福建） 10. 集装箱码头股权整合新路径（辽宁） 11. 基于全要素价值分享模式的国有企业"内创业"模式（辽宁） 12. "冰山模式"开创东北老工业基地国有企业混合所有制改革新路径（辽宁） 13. "海上枫桥"海上综合治理与服务创新试点（浙江） 14. 海洋综合行政执法体制改革（浙江） 15. "竣工测验合一"改革试点（浙江） 16. 工程建设项目审批制度改革试点（浙江） 17. 跨境电商零售进口正面监管模式（河南） 18. 一码集成服务（河南） 19. 推行"全通版"食品药品许可证（湖北） 20. 推行不动产抵押权变更登记（湖北） 21. 涉税执法容缺容错机制（湖北） 22. 试行"两无一免"简化退税流程（湖北） 23. 铁路提单信用证融资结算（重庆） 24. 知识价值信用融资新模式（重庆） 25. 市场综合监管大数据平台（重庆） 26. 知识产权类型化案件快审机制（四川）

续表

具体内容			27. “铁银通”铁路运单金融化创新（四川） 28. “自贸通”综合金融服务（四川） 29. “通丝路”——跨境电商人民币业务服务平台（陕西） 30. 以标准化助推现代农业发展新模式（陕西） 31. 微信办照（陕西）

资料来源：《国务院自由贸易试验区工作部际联席会议办公室关于印发自由贸易试验区“最佳实践案例”的函》（商资函〔2015〕945 号）、《关于印发自由贸易试验区新一批“最佳实践案例”的函》（商资函〔2017〕465 号）、《关于印发自由贸易试验区第三批“最佳实践案例”的函》（商资函〔2019〕347 号）。

表 5　　北京市服务业扩大开放综合试点最佳实践案例的内容

批次	第一批	第二批	第三批
时间	2018 年 3 月	2018 年 11 月	2020 年 6 月
数量	4 项	5 项	7 项
具体内容	1. 外商投资企业“全周期”管理机制 2. “直通车”国际引才引智模式 3. 协同互认的离境退税模式 4. “1 + X”服务业监管服务平台模式	1. 投贷联动试点助推科技金融创新发展 2. 文化艺术品“区内存储 + 区外展拍”保税交易模式 3. 全程通办、全城通办的工商登记服务体系 4. 建立营商环境评价机制 5. 建立生活性服务业地方标准规范体系	1. “一带一路”法律与商事综合服务 2. 北京广播电视网络试听节目“走出去”服务体系 3. “一带一路”快速铁路跨境电商运输线 4. 专利申请优先审查“绿色通道” 5. 专利质押融资助力知识产权变“资本” 6. 新建楼宇项目住所证明新方式 7. 老工业街区转型发展“首发 + 首店”品牌经营

资料来源：北京市商务局。

表 6　　深化服务贸易创新发展试点最佳实践案例的内容

时间	2020 年 3 月
数量	20 项
具体内容	1. 创新“网展贸”服务新模式（杭州） 2. 打造中小服务贸易企业统保平台（南京） 3. 建设全链条、全生态的知识产权运营服务体系（苏州） 4. 创新服务企业信用评定与融资“粤信融”模式（广州） 5. 创新开展服务贸易中小微企业融资试点“信易贷”（重庆两江新区） 6. 中韩“四港联动”海空港联动多式联运（威海） 7. “全球云端”零工创客共享服务平台（陕西西咸新区） 8. 创新第三方医学检验检测实验室共享模式（陕西西咸新区） 9. 建立“保税货物 + 租赁贸易”新模式（天津） 10. 集聚大数据探索服务贸易新业态新模式（贵州贵安新区） 11. 推进生物医药研发外包实验用生物材料通关便利（上海） 12. 搭建生物医药集中监管和公共服务平台（南京） 13. 实行进口研发（测试）用未注册医疗器械分级管理（苏州） 14. 推行跨境电商进口 B2C 包裹退货新模式（杭州） 15. 创新知识产权质押融资模式（北京、上海、武汉） 16. 云税贷“以税获贷”助力小微企业发展（武汉） 17. 设立“国际生物医药保险超市”（成都） 18. 建设跨境金融区块链服务平台（天津、重庆两江新区） 19. 开展技术进出口“不见面”备案（苏州） 20. 将服务贸易管理事项纳入国际贸易“单一窗口”（上海、天津、海南）

资料来源：《国务院服务贸易发展部际联席会议办公室关于印送服务贸易创新发展试点“最佳实践案例”的函》（商服贸函〔2020〕96 号）。

三是一些自贸试验片区自主成立了创新联盟，推动了各地的制度创新共享。全国自贸试验片区创新联盟于 2019 年成立。片区创新联盟为自贸试验片区提供了沟通交流的有效渠道与创新成果的共享平台，便于积累前沿开放经验，在更高层次上推进自贸试验区建设。

总体而言，“先试点、再推开”的思路在服务业开放过程中发挥了重要作用，各试点区域在探索实践中先行先试，形成了多个制度经验复制推广模式和沟通协调机制，为全国扩大服务业开放探索了新路径，为构建开放型经济新体制积累了新经验。未来还需在现有的基础上，进一步在开放平台内集成创新，形成制度创新共享格局，服务于全国进一步扩大服务业开放的发展进程。

三、我国主要对外开放平台推进服务业开放的差异

各主要对外开放平台承载着不同的开放目标与国家战略，因此，在服务业开放的重点领域、开放措施、推进模式等方面存在差异。通过对比与总结各开放平台的差异，可为各平台未来发展及我国服务业进一步开放提供经验借鉴。

（一）开放重点领域的差异

各试点地区在开放实践的过程中，结合了城市发展重点、产业优势及区位优势，因地制宜地制定服务业开放策略。

以 18 个自贸试验区为例，各自贸试验区的开放重点领域各有侧重。表 7 总结了各自贸试验区建设发展的定位、发展目标与重点领域。

与自贸试验区相比，北京市服务业扩大开放综合试点立足“四个中心”的城市战略定位，着重完善创新创业生态，提高文化软实力和国际影响力，打造国际一流的和谐宜居之都。因此，北京市的服务业扩大开放综合试点也更为聚焦于科技、互联网信息、金融、教育、文化旅游、医疗养老、专业服务等行业领域。

与自贸试验区、北京市服务业扩大开放综合试点不同的是，服务贸易创新发展式点涉及的行业开放重点领域更加丰富和多元。近年来，各试点地区不仅在完善管理体制、扩大对外开放、培育市场主体、创新发展模式、提升便利化水平、完善政策体系、健全统计体系和创

表 7　各自贸试验区的发展定位和服务业开放的重点领域

地区	定位	发展目标	重点领域	获批时间
上海	建设开放和创新融为一体的综合改革试验区、开放型经济体系的风险压力测试区、提升政府治理能力的先行区	率先建立同国际投资和贸易通行规则相衔接的制度体系，把自贸试验区建设成为投资贸易自由、规则开放透明、监管公平高效、营商环境便利的国际高标准自由贸易园区，健全各类市场主体平等准入和有序竞争的投资管理体系、促进贸易转型升级和通关便利的贸易监管服务体系、深化金融开放创新和有效防控风险的金融服务体系、符合市场经济规则和治理能力现代化要求的政府管理体系，率先形成法治化、国际化、便利化的营商环境和公平、统一、高效的市场环境	外高桥保税区、外高桥保税物流园区、洋山保税港区、浦东机场综合保税区：金融服务、航运服务、商贸服务、专业服务、文化服务、社会服务 临港片区：电信、保险、证券、科研和技术服务、教育、卫生等	2013 年 9 月
天津	构筑开放型经济新体制、增创国际竞争新优势、建设京津冀协同发展示范区	率先建立同国际投资和贸易通行规则相衔接的制度体系，形成法治化、国际化、便利化营商环境，努力构筑开放型经济新体制，增创国际竞争新优势，建设京津冀协同发展示范区	天津港片区：航运物流、国际贸易、融资租赁等现代服务业 机场片区：航空航天、装备制造、新一代信息技术等高端制造业和研发设计、航空物流等生产性服务业 滨海新区中心商务片区：金融创新	2015 年 4 月

续表

地区	定　位	发展目标	重点领域	获批时间
福建	进一步提升政府治理水平、深化两岸经济合作、加快建设21世纪海上丝绸之路核心区	率先建立同国际投资和贸易通行规则相衔接的制度体系，形成法治化、国际化、便利化营商环境，打造开放和创新融为一体的综合改革试验区、深化两岸经济合作示范区和面向21世纪海上丝绸之路沿线国家和地区开放合作新高地	平潭片区：国际旅游岛 厦门片区：新兴产业和现代服务业、东南国际航运 福州片区：先进制造业、21世纪海上丝绸之路交流平台、两岸服务贸易与金融创新合作示范区	2015年4月
广东	打造开放型经济新体制先行区、高水平对外开放门户枢纽和粤港澳大湾区合作示范区	率先对标国际投资和贸易通行规则，建立与国际航运枢纽、国际贸易中心和金融业对外开放试验示范窗口相适应的制度体系，打造开放型经济新体制先行区、高水平对外开放门户枢纽和粤港澳大湾区合作示范区	广州南沙新区：航运物流、特色金融、国际商贸、高端制造等 深圳前海蛇口片区：金融、现代物流、信息服务、科技服务等战略性新兴服务业 珠海横琴新区片区：旅游休闲健康、商务金融服务、文化科教和高新技术等	2015年4月
湖北	努力成为中部有序承接产业转移示范区、战略性新兴产业和高技术产业集聚区、全面改革开放试验田和内陆对外开放新高地	经过三至五年改革探索，对接国际高标准投资贸易规则体系，力争建成高端产业集聚、创新创业活跃、金融服务完善、监管高效便捷、辐射带动作用突出的高水平高标准自由贸易园区，在实施中部崛起战略和推进长江经济带发展中发挥示范作用	武汉片区：新一代信息技术、生命健康、智能制造等战略性新兴产业和国际商贸、金融服务、现代物流、检验检测、研发设计、信息服务、专业服务等现代服务业 襄阳片区：高端装备制造、新能源汽车、大数据、云计算、商贸物流、检验检	2017年3月

续表

地区	定　位	发展目标	重点领域	获批时间
湖北			测等产业 宜昌片区：先进制造、生物医药、电子信息、新材料等高新产业及研发设计、总部经济、电子商务等现代服务业	
重庆	以制度创新为核心，以可复制可推广为基本要求，全面落实党中央、国务院关于发挥重庆战略支点和连接点重要作用、加大西部地区门户城市开放力度的要求，努力将自贸试验区建设成为“一带一路”和长江经济带互联互通重要枢纽、西部大开发战略重要支点	努力建成投资贸易便利、高端产业集聚、监管高效便捷、金融服务完善、法治环境规范、辐射带动作用突出的高水平高标准自由贸易园区，努力建成服务于“一带一路”建设和长江经济带发展的国际物流枢纽和口岸高地，推动构建西部地区门户城市全方位开放新格局，带动西部大开发战略深入实施	两江片区：高端装备、电子核心部件、云计算、生物医药等新兴产业及总部贸易、服务贸易、电子商务、展示交易、仓储分拨、专业服务、融资租赁、研发设计等现代服务业 西永片区：电子信息、智能装备等制造业及保税物流中转分拨等生产性服务业 果园港片区：国际中转、集拼分拨等服务业	2017 年 3 月
四川	以制度创新为核心，以可复制可推广为基本要求，立足内陆、承东启西，服务全国、面向世界，将自贸试验区建设成为西部门户城市开发开放引领区、内陆开放战略支撑带先导区、国际开放通道枢纽区、内陆开放型经济新高地、内陆与沿海沿边沿江协同开放示范区	力争建成法治环境规范、投资贸易便利、创新要素集聚、监管高效便捷、协同开放效果显著的高水平高标准自由贸易园区，在打造内陆开放型经济高地、深入推进西部大开发和长江经济带发展中发挥示范作用	成都天府新区片区：现代服务业、高端制造业、高新技术、临空经济、口岸服务等产业 成都青白江铁路港片区：国际商品集散转运、分拨展示、保税物流仓储、国际货代、整车进口、特色金融等口岸服务业和信息服务、科技服务、会展服务等现代服务业	2017 年 3 月

续表

地区	定　位	发展目标	重点领域	获批时间
四川			川南临港片区：航运物流、港口贸易、教育医疗等现代服务业，以及装备制造、现代医药、食品饮料等先进制造产业	
陕西	以制度创新为核心，以可复制可推广为基本要求，全面落实党中央、国务院关于更好发挥“一带一路”建设对西部大开发带动作用、加大西部地区门户城市开放力度的要求，努力将自贸试验区建设成为全面改革开放试验田、内陆型改革开放新高地、“一带一路”经济合作和人文交流重要支点	形成与国际投资贸易通行规则相衔接的制度创新体系，营造法治化、国际化、便利化的营商环境，努力建成投资贸易便利、高端产业聚集、金融服务完善、人文交流深入、监管高效便捷、法治环境规范的高水平高标准自由贸易园区，推动“一带一路”建设和西部大开发战略的深入实施	自贸试验区中心片区：战略性新兴产业和高新技术产业，着力发展高端制造、航空物流、贸易金融等产业 西安国际港务区片区：国际贸易、现代物流、金融服务、旅游会展、电子商务等产业 杨凌示范区片区：农业科技创新	2017 年 3 月
河南	以制度创新为核心，以可复制可推广为基本要求，加快建设贯通南北、连接东西的现代立体交通体系和现代物流体系，将自贸试验区建设成为服务于“一带一路”建设的现代综合交通枢纽、全面改革开放试验田和内陆开放型经济示范区	形成与国际投资贸易通行规则相衔接的制度创新体系，营造法治化、国际化、便利化的营商环境，努力将自贸试验区建设成为投资贸易便利、高端产业集聚、交通物流通达、监管高效便捷、辐射带动作用突出的高水平高标准自由贸易园区，引领内陆经济转型发展，推动构建全方位对外开放新格局	郑州片区：智能终端、高端装备及汽车制造、生物医药等先进制造业以及现代物流、国际商贸、跨境电商、现代金融服务、服务外包、创意设计、商务会展、动漫游戏等现代服务业 开封片区：服务外包、医疗旅游、创意设计、文化传媒、文化金融、艺术品交易、现代物流等服务业	2017 年 3 月

续表

地区	定位	发展目标	重点领域	获批时间
河南			洛阳片区：装备制造、机器人、新材料等高端制造业以及研发设计、电子商务、服务外包、国际文化旅游、文化创意、文化贸易、文化展示等现代服务业	
辽宁	以制度创新为核心，以可复制可推广为基本要求，加快市场取向体制机制改革、积极推动结构调整，努力将自贸试验区建设成为提升东北老工业基地发展整体竞争力和对外开放水平的新引擎	形成与国际投资贸易通行规则相衔接的制度创新体系，营造法治化、国际化、便利化的营商环境，巩固提升对人才、资本等要素的吸引力，努力建成高端产业集聚、投资贸易便利、金融服务完善、监管高效便捷、法治环境规范的高水平高标准自由贸易园区，引领东北地区转变经济发展方式、提高经济发展质量和水平	大连片区：港航物流、金融商贸、先进装备制造、高新技术、循环经济、航运服务等 沈阳片区：装备制造、汽车及零部件、航空装备等先进制造业和金融、科技、物流等现代服务业 营口片区：商贸物流、跨境电商、金融等现代服务业和新一代信息技术、高端装备制造等战略性新兴产业	2017 年 3 月
浙江	以制度创新为核心，以可复制可推广为基本要求，将自贸试验区建设成为东部地区重要海上开放门户示范区、国际大宗商品贸易自由化先导区和具有国际影响力的资源配置基地	基本实现投资贸易便利、高端产业集聚、法治环境规范、金融服务完善、监管高效便捷、辐射带动作用突出，以油品为核心的大宗商品全球配置能力显著提升，对接国际标准初步建成自由贸易港区先行区	舟山离岛片区：绿色石化、大宗商品储存、中转、贸易产业，保税燃料油供应 舟山岛北部片区：大宗商品贸易、保税燃料油供应、石油石化产业配套装备保税物流、仓储、制造等产业 舟山岛南部片区：水产品贸易、海洋旅游、海水利用、现代商贸、金融服务、航运、信息咨询、高新技术等产业	2017 年 3 月

续表

地区	定　位	发展目标	重点领域	获批时间
海南	发挥海南岛全岛试点的整体优势，紧紧围绕建设全面深化改革开放试验区、国家生态文明试验区、国际旅游消费中心和国家重大战略服务保障区，实行更加积极主动的开放战略，加快构建开放型经济新体制，推动形成全面开放新格局，把海南打造成为我国面向太平洋和印度洋的重要对外开放门户	对标国际先进规则，持续深化改革探索，以高水平开放推动高质量发展，加快建立开放型生态型服务型产业体系。到2020年，自贸试验区建设取得重要进展，国际开放度显著提高，努力建成投资贸易便利、法治环境规范、金融服务完善、监管安全高效、生态环境质量一流、辐射带动作用突出的高标准高质量自贸试验区，为逐步探索、稳步推进海南自由贸易港建设，分步骤、分阶段建立自由贸易港政策体系打好坚实基础	以发展旅游业、现代服务业、高新技术产业为主导 海关特殊监管区域：国际投资贸易、保税物流、保税维修等业务 在三亚选址增设海关监管隔离区域：动植物种质资源引进和中转等业务	2018年9月
山东	以制度创新为核心，以可复制可推广为基本要求，全面落实中央关于增强经济社会发展创新力、转变经济发展方式、建设海洋强国的要求，加快推进新旧发展动能接续转换、发展海洋经济，形成对外开放新高地	对标国际先进规则，形成更多有国际竞争力的制度创新成果，推动经济发展质量变革、效率变革、动力变革，努力建成贸易投资便利、金融服务完善、监管安全高效、辐射带动作用突出的高标准高质量自由贸易园区	济南片区：人工智能、产业金融、医疗康养、文化产业、信息技术等产业 青岛片区：现代海洋、国际贸易、航运物流、现代金融、先进制造等产业 烟台片区：高端装备制造、新材料、新一代信息技术、节能环保、生物医药和生产性服务业	2019年8月

续表

地区	定　位	发展目标	重点领域	获批时间
江苏	以制度创新为核心，以可复制可推广为基本要求，全面落实中央关于深化产业结构调整、深入实施创新驱动发展战略的要求，推动全方位高水平对外开放，加快“一带一路”交汇点建设，着力打造开放型经济发展先行区、实体经济创新发展和产业转型升级示范区	对标国际先进规则，形成更多有国际竞争力的制度创新成果，推动经济发展质量变革、效率变革、动力变革，努力建成贸易投资便利、高端产业集聚、金融服务完善、监管安全高效、辐射带动作用突出的高标准高质量自由贸易园区	南京片区：建设具有国际影响力的自主创新先导区、现代产业示范区和对外开放合作重要平台 苏州片区：建设世界一流高科技产业园区，打造全方位开放高地、国际化创新高地、高端化产业高地、现代化治理高地 连云港片区：建设亚欧重要国际交通枢纽、集聚优质要素的开放门户、“一带一路”沿线国家（地区）交流合作平台	2019 年 8 月
广西	以制度创新为核心，以可复制可推广为基本要求，全面落实中央关于打造西南中南地区开放发展新的战略支点的要求，发挥广西与东盟国家陆海相邻的独特优势，着力建设西南中南西北出海口、面向东盟的国际陆海贸易新通道，形成 21 世纪海上丝绸之路和丝绸之路经济带有机衔接的重要门户	对标国际先进规则，形成更多有国际竞争力的制度创新成果，推动经济发展质量变革、效率变革、动力变革，努力建成贸易投资便利、金融服务完善、监管安全高效、辐射带动作用突出、引领中国—东盟开放合作的高标准高质量自由贸易园区	南宁片区：现代金融、智慧物流、数字经济、文化传媒等现代服务业 钦州港片区：港航物流、国际贸易、绿色化工、新能源汽车关键零部件、电子信息、生物医药等产业 崇左片区：跨境贸易、跨境物流、跨境金融、跨境旅游和跨境劳务合作	2019 年 8 月

续表

地区	定　位	发展目标	重点领域	获批时间
河北	以制度创新为核心，以可复制可推广为基本要求，全面落实中央关于京津冀协同发展战略和高标准高质量建设雄安新区要求，积极承接北京非首都功能疏解和京津科技成果转化，着力建设国际商贸物流重要枢纽、新型工业化基地、全球创新高地和开放发展先行区	对标国际先进规则，形成更多有国际竞争力的制度创新成果，推动经济发展质量变革、效率变革、动力变革，努力建成贸易投资自由便利、高端高新产业集聚、金融服务开放创新、政府治理包容审慎、区域发展高度协同的高标准高质量自由贸易园区	雄安片区：信息技术、现代生命科学和生物技术、高端现代服务业等产业 正定片区：临空产业、生物医药、国际物流、高端装备制造等产业 曹妃甸片区：国际大宗商品贸易、港航服务、能源储配、高端装备制造等产业 大兴机场片区：航空物流、航空科技、融资租赁等产业	2019 年 8 月
云南	以制度创新为核心，以可复制可推广为基本要求，全面落实中央关于加快沿边开放的要求，着力打造“一带一路”和长江经济带互联互通的重要通道，建设连接南亚东南亚大通道的重要节点，推动形成我国面向南亚东南亚辐射中心、开放前沿	对标国际先进规则，形成更多有国际竞争力的制度创新成果，推动经济发展质量变革、效率变革、动力变革，努力建成贸易投资便利、交通物流通达、要素流动自由、金融服务创新完善、监管安全高效、生态环境质量一流、辐射带动作用突出的高标准高质量自由贸易园区	昆明片区：高端制造、航空物流、数字经济、总部经济等产业 红河片区：加工及贸易、大健康服务、跨境旅游、跨境电商等产业 德宏片区：跨境电商、跨境产能合作、跨境金融等产业	2019 年 8 月
黑龙江	以制度创新为核心，以可复制可推广为基本要求，全面落实中央关于推动东北全面振兴全方位振兴、	对标国际先进规则，形成更多有国际竞争力的制度创新成果，推动经济发展质量变革、效率变革、动力变革，	哈尔滨片区：信息技术、新材料、高端装备、生物医药等战略性新兴产业 黑河片区：跨境能源资源综合加工利	2019 年 8 月

续表

地区	定　位	发展目标	重点领域	获批时间
黑龙江	建成向北开放重要窗口的要求，着力深化产业结构调整，打造对俄罗斯及东北亚区域合作的中心枢纽	努力建成营商环境优良、贸易投资便利、高端产业集聚、服务体系完善、监管安全高效的高标准高质量自由贸易园区	用、绿色食品、商贸物流、旅游、健康、沿边金融等产业 绥芬河片区：木材、粮食、清洁能源等进口加工业和商贸金融、现代物流等服务业	

资料来源：课题组根据国务院公布的有关省区市自贸试验区总体方案整理而成。

新监管模式方面深化试点工作，更依托地方产业发展基础，做优做大特色服务贸易行业，积极培育壮大服务贸易新业态新模式（见表8）。

表8　　服务贸易创新发展试点地区的重点发展领域

试点地区	试点时间	重点发展领域
天津	2016年	支柱领域：运输服务、旅游服务、其他商业服务 重点领域：金融服务、技术服务、文化服务、健康服务等
上海	2016年	做强一批运输、旅游等传统领域的龙头企业；做大一批文化、中医药等特色领域的中小企业；做新一批技术贸易、服务外包等优势领域的出口型企业；做活一批人力资源、咨询服务、会计法律等潜力领域的高附加值企业
海南	2016年	旅行、运输服务、文化服务、保险服务、服务外包、中医药服务
深圳	2016年	高端服务业如文化、金融、商贸与专业服务等；生产性服务业如信息服务、科技服务、现代物流等及总部经济业态
杭州	2016年	信息服务、文化服务、旅游服务、跨境电商服务、教育服务和金融保险服务等
武汉	2016年	推动先进制造业与现代服务业融合发展，优先发展技术服务、金融、专业管理和咨询服务等生产性服务贸易；强化新技术应用与商业模式创新，加快发展服务外包、计算机和信息服务等新兴服务贸易；发挥科教资源集聚优势，突出武汉地方特色，推进发展文化、体育、教育、中医药服务等特色服务贸易；巩固现有发展基础和优势，努力提升建筑、运输、旅行等传统服务贸易发展水平
广州	2016年	在运输、商业服务、旅游、建筑、知识产权、体育、文化、中医药、金融和保险等领域开展服务贸易示范企业和重点培育企业认定
成都	2016年	重点发展计算机信息服务、建筑服务、其他商业服务、旅游4大核心行业。做优增量，着眼于制造业与服务业融合，优先发展服务外包、技术贸易、研发设计、金融、保险、会展、广告、咨询等生产性服务贸易；着眼于传统领域与新兴领域融合，发挥“川戏、川灯、川景”等传统特色优势，创新发展演艺、教育、出版、中医药、体育、餐饮等特殊服务贸易。着眼于新技术应用与商业模式创新，加快发展跨境电商、动漫游戏、文化创意、移动互联、云服务、大数据应用等新兴服务贸易

续表

试点地区	试点时间	重点发展领域
苏州	2016 年	维修维护、知识产权、服务外包、旅游
威海	2016 年	服务外包和信息技术服务、海洋和运输服务、健康医疗和中医药服务、文化服务 稳步提升领域：技术贸易和技术服务、旅行、金融、建筑和境外务工
重庆 两江新区	2016 年	金融、国际物流、服务外包、专业服务、会展及文创旅游
贵州 贵安新区	2016 年	服务外包、文化与教育服务、健康医疗及中医药服务、物流、旅游服务
陕西 西咸新区	2016 年	优先推进领域：运输物流、金融、旅游、维护和维修服务、计算机与信息、研发设计和技术服务 重点发展领域：文化娱乐、教育、分销、健康医疗 积极培育领域：环境服务、其他商务服务
哈尔滨	2016 年哈尔滨新区，2018 年扩展至哈尔滨市	运输服务、旅行服务、文化服务、服务外包、技术贸易、金融服务、中医药服务、会展服务、跨境电商服务等
南京	2016 年江北新区，2018 年扩展至南京市	以技术服务为核心的信息技术、研发设计、检测检验等领域；以智力密集型生产性服务业为核心的现代物流、金融保险、商业服务等领域；以生活性服务业为核心的文化旅游、生命健康等领域
北京	2018 年	金融领域、科技领域、信息领域、文化创意领域、商务服务领域、其他特色服务领域
河北 雄安新区	2018 年	金融科技、高端研发、质量服务、国际商务、国际文化交流、人力资源服务等

资料来源：课题组根据有关地区公布的试点实施方案整理而成。

（二）开放措施的差异

在外资准入方面，存在正面清单及负面清单两种开放模式，不同模式各自优劣势对比鲜明。自贸试验区采取的是负面清单的方式，相对而言更为透明。北京市服务业扩大开放综合试点、服务贸易创新发展试点在遵循全国版负面清单的基础上主要以正面清单方式推进，相对而言更为明确清晰、风险可控。CEPA 针对港澳投资者，其开放措施则更为细致灵活，主要以正面清单方式列明跨境服务开放措施，并以负面清单方式针对商业存在提供模式列出开放举措。

负面清单措施体现着“法无禁止皆可为”的开放思路。各开放平台同样在开放的过程中灵活借鉴负面清单思路，在服务业领域进行开放探索。北京市服务业扩大开放综合试点也探索多领域的负面清单管理模式，建设“北京版”服务业负面清单管理模式。上海作为自贸试验区和服务贸易创新发展试点的叠加试点地区，针对服务贸易，推出了《中国（上海）自由贸易试验区跨境服务贸易特别管理措施（负面清单）（2018 年）》。该负面清单是全国第一个确定以负面清单模式对跨境服务贸易进行管理的地方性文件，包括 159 项特别管理措施，涉及 13 个门类、31 个行业大类。

（三）开放推进模式的差异

在开放推进模式方面，开放平台可划分为两种基本的开放模式，即以上海自贸试验区为代表的地域开放模式和以北京市服务业扩大开放综合试点为代表的产业开放模式。

地域开放模式面向特定区域进行试点开放，便于风险的管控工作，然而开放措施的受益区域存在地域限制。产业开放模式以产业为主导思路，针对不同产业设计制度改革与开放政策，可为具体产业开放提供更具针对性的政策环境。从北京市服务业扩大开放综合试点的情况看，该试点主要以产业开放为推进模式，从产业链条中解决开放问题，不断扩大产业的开放程度。并且，在市行政辖区范围内，实行无差别的产业开放政策。这将有利于形成相对一致的市场环境，促进服务业的高质量发展。另外，北京市在产业开放模式的基础上，向“产业开放 + 园区开放”相结合的模式进行延伸。2016 年北京设立了朝阳、顺义两个试点示范区，2018 年增加海淀、通州两个示范区。利用不同示范区重点突破不同产业难题，推动特定区域和特定产业的并行突破。

四、我国利用主要对外开放平台推进服务业高水平开放的思考

（一）开放需依托本地服务业发展基础和优势

主要对外开放平台依托了本地的产业发展基础与优势。服务业开放领域和开放措施可以有很多共性，同样也要允许试点地区进行差异化探索。自贸试验区和服务贸易创新发展试点，各自均涵盖了多个中西部省市。对比不同试点城市开放领域可以发现，不同地区在开放重点行业方面存在差异。各地区需根据经济社会发展水平、东中西部差异等因素，承担差异化试点任务。差异化的开放探索也有利于充分发挥不同地区的产业优势，从而形成多样化、多层次的开放发展格局。

（二）加强跨部门协调与矩阵式推进

在服务业开放进程中，开放措施和制度改革在推进时仍存在协调问题。例如，外资多遇到“大门开、小门没开”的阻碍，准入已放开而管理措施未放开的“准入不准营”问题，现行法律法规及政策间不相衔接的情况仍较多存在。因此，开放平台需加强部门间的统筹协调，强化横向协作、纵向联动，合力保障和支持试点地区的开放创新工作。

（三）强化不同开放平台的对比与互补试验

在我国服务业开放过程中，各开放平台尝试了在产业发展、招商

引资方面的经验互鉴，但还需更大力度地加强制度创新经验方面的取长补短，真正形成对比与互补试验。不同服务业开放平台间的经验互鉴，有利于加强关键性制度创新方面的探索力度，形成协同放大效应。通过不同地区开放的对比和互补试验，便于将地方创新实践总结上升到国家层面，使之得到更大范围的复制推广。

（四）对标国际先进规则加大服务业开放力度

从我国自身情况看，近年来服务业扩大开放确实取得了明显进展。但从国际横向比较来看，我国服务业开放仍有较大提升空间。2019 年，我国除部分运输行业外的主要服务行业的服务贸易限制指数（STRI 指数）与 OECD 国家存在较大差距。未来还需要真正对标国际通行规则特别是先进规则，以更大的决心和力度，构建与国际规则相衔接的服务业扩大开放基本框架，推进服务业制度型开放，促进我国服务业高质量发展。

（五）积极稳妥地以试点方式推进服务业扩大开放

服务业开放的目的在于通过开放提升服务业竞争力和整个经济发展水平，而非简单地为开放而开放。在当前全球服务贸易快速发展的背景下，我国还需要充分发挥多样化开放平台的优势，加强突破性、变革性的制度创新力度，增强集聚全球高端服务要素能力，使开放平台成为代表国家参与国际服务贸易竞争合作的重要载体。同时，也要防范服务业扩大开放可能带来的风险。加强开放平台针对高水平贸易规则的风险压力测试，为国家层面探索完善服务业开放风险预警机制。

执笔人：刘　涛　琚聪怡

参考文献

[1] 北京市商务局．北京市服务业扩大开放综合试点调研材料，2019 年 7 月 29 日

[2] 上海市商务委．关于上海深化服务贸易创新发展试点和新一轮服务业扩大开放相关情况的汇报，2019 年 9 月 18 日

[3] 深圳市前海管理局．中国（广东）自由贸易试验区深圳前海蛇口片区暨前海深港现代服务业合作区调研材料，2019 年 8 月 23 日

[4] 深圳市前海管理局．面向港澳全面推进服务贸易自由化的建议，2019 年 8 月 23 日

[5]《中国自由贸易试验区年鉴》编辑委员会．中国自由贸易试验区年鉴（2018），北京：中国商务出版社，2019

[6] 中国服务贸易协会．中国服务贸易创新发展研究报告．北京：对外经济贸易大学出版社，2019

[7] 季剑军．经济新常态下中国服务业对外开放研究．北京：知识产权出版社，2016

[8] 张光南．粤港澳服务贸易自由化“负面清单”升级版：清单方案、政策创新、示范基地．北京：中国社会科学出版社，2018

[9] 王中美．“负面清单”转型经验的国际比较及对中国的借鉴意义．国际经贸探索，2014（9）

专题报告九

北京市服务业扩大开放综合试点中电信业开放度的评价

电信业是我国新一轮服务业更高水平开放的主要领域，也是北京市全面推进服务业扩大开放综合试点的重点行业。课题组通过细致研究已实施的开放措施，运用 OECD 的 STRI 政策模拟工具，客观测度了北京市电信业的开放程度[①]。结果显示，2019 年北京市电信业开放度为 0.393，高于全国水平，相对于中国在 OECD 评价的 46 个样本经济体中的排名上升 1 位。北京市电信业开放度相比于国际先进水平仍有较大差距，未来还要进一步提高开放措施精准度和有效性，降低电信市场竞争壁垒，加强电信业监管能力建设，加大制度创新力度，为我国推进电信业高水平开放和高质量发展积累经验。

一、近年来北京市扩大电信业开放的主要措施

自 2015 年国务院批准北京市开展服务业扩大开放综合试点以来，

---

① 北京市电信业的开放度是对北京市服务业扩大开放综合试点中有关政策措施评价的结果。另外，电信业定义与专题报告七的定义相同。

北京市针对电信业开放制定出台了一系列政策措施。

一方面，针对外资准入出台相关政策，取消多项增值电信业务的外资股比限制，促进了电信业开放程度的提高。

另一方面，在改善服务业营商环境、优化人才发展环境方面出台较多政策措施，也对提高电信业开放水平起到促进作用。一是全面优化改进政务服务。深化商事制度改革，推行企业注册全程电子化申请方式，全面推广应用电子营业执照，大幅提升开办企业的效率。二是优化人才发展环境。为外籍专业化人才提供多项便利措施，加快区域国际人才社区建设，打造一站式综合服务平台，实行相关个人事项一窗受理、一并发证的办理新模式。三是营造公平透明的法治环境。强化竞争政策实施，加强公平竞争审查，清理废除妨碍统一市场和公平竞争的各种规定和做法。建立健全外商投资企业投诉工作机制，保护外商投资合法权益。四是提升跨境贸易便利化水平。将中国（北京）国际贸易“单一窗口”功能拓展至服务贸易等领域。出台支持以高端离岸服务外包为代表的新兴服务出口、重点服务进口等服务贸易政策。五是建立海外新兴信息技术企业专业引资落地服务平台，通过资本驱动模式，为引资项目提供政策、资质、商务、运营、市场等落地服务。

二、基于 OECD 的 STRI 指数对北京市电信业开放度的测度

利用 OECD 的 STRI 政策模拟工具，课题组对北京市电信业开放度[①]进行了评估。

---

① 测度北京市电信业开放度采用与 OECD 的 STRI 指数测度电信业贸易限制程度相同的评价指标与权重，但赋分规则不同。如特定的评价指标存在政策限制，STRI 中的得分为 1，而在开放度评价中得分为 0，反之则相反。开放度总指数与限制程度总指数的取值范围均为 0 ~ 1，对同一评价指标，两者之和为 1，即开放度 = 1 – 限制程度。限制程度指数越小，开放度指数越大。

本研究采用比较研究的方法，对比全国层面的电信业开放水平，通过逐一分析北京市服务业扩大开放的相关政策措施，找出相对于全国层面能够有效提高北京市电信业开放度的政策，计算北京市电信业开放度，结果为0.393，各政策领域开放度见表1。其中，人员流动和监管透明度领域开放度很高，均超过0.9，外资准入和歧视性措施领域开放度偏低，竞争壁垒领域未开放。

表1　2019年北京市电信业各政策领域开放度及权重

政策领域	开放度	权重
外资准入	0.538	0.412
人员流动	0.929	0.069
竞争壁垒	0.000	0.376
监管透明度	0.917	0.092
其他歧视性措施	0.439	0.051
综合	0.393	1

注：表中各政策领域开放度取值范围为0～1，数值越大表示开放度越高。综合开放度为各领域开放度的加权平均值。

资料来源：根据课题组测算结果整理而成。

现将有效提高北京市电信业开放度的政策总结如下。

（1）在北京市服务业扩大开放综合试点示范区和示范园区，取消互联网接入服务业务（仅限为用户提供互联网接入服务）等增值电信业务的外资股比限制。国务院2019年发布《关于同意在北京市暂时调整实施有关行政法规和经国务院批准的部门规章规定的批复》（国函〔2019〕111号），同意在北京市暂时调整实施《外商投资电信企业管理规定》，表明该项措施已落地。

根据OECD的STRI指数对电信业的定义，互联网接入服务业务中部分业务属于固定通信业务，部分属于移动通信业务。《外商投资电信企业管理规定》第六条规定，经营基础电信业务（无线寻呼业务除外）的外商投资电信企业的外方投资者在企业中的出资比例，最终不得超过49%；经营增值电信业务（包括基础电信业务中的无线寻呼业务）的外商投资电信企业的外方投资者在企业中的出资比例，最终不得超过50%。北京市取消互联网接入服务的股比限制，导致北京市电信业各经营业务的外资股比限制不统一。依据各业务营业额/利润赋予其权重，计算固定/移动电信业务的加权平均外资股比限制，估计为50%~100%。

全国其他地区对固定/移动电信业务的外资股比限制为49%，北京市外资股比限制提升至50%~100%，限制放松。同时，“外资股比限制低于50%”带来的对董事会成员居民身份的联动限制消除。上述限制的取消，使得北京市在外资准入方面的开放度相较于全国高0.042。

（2）在人员流动方面，北京市对外籍人才提出了多项便利措施：如“符合条件的服务业企业聘用的‘高精尖缺’外国人才，经外国人才主管部门认定后可按照外国人才（A类）享受工作许可、人才签证等证件办理及社会保障等便利措施和‘绿色通道’服务”“将服务业扩大开放综合试点示范区外籍人才出入境管理改革措施拓展至北京全市范围”“探索多种形式吸引国际化专业化人才到北京城市副中心工作”等；于2017年、2018年、2019年分别出台《北京市实施外籍人才出入境改革“新十条”》《关于深化中关村人才管理改革构建具有国际竞争力的引才用才机制的若干措施》《北京市服务业扩大开放综合试点“急需紧缺”外国人才认定办法》等文件。

目前，根据现行的《外国人在中国就业管理规定》第六条，用人单位聘用外国人从事的岗位应是有特殊需要、国内暂缺适当人选且不违反国家有关规定的岗位。北京市科委出台的《北京市服务业扩大开放综合试点“急需紧缺”外国人才认定办法》中，给出互联网信息领域高端人才的认定办法，并为其提供便利措施，使得电信业的公司内部受让人及独立服务提供商可免于劳动力市场测试进入北京市场，使得北京市电信业在人员流动方面的开放度相较于全国高 0.010。

（3）在改善营商环境方面，北京市近年来着力完善外商投资企业管理服务机制，优化外商投资企业设立备案登记事项，在企业注册方面，创新“e 注册”申请模式，推行全程电子化申请方式，全面推广应用电子营业执照，大幅提升了开办企业的效率。

目前，根据世界银行公布的营商环境指数，在全国层面完成注册公司所有必要程序所需时间为 9 天，北京为 8 天。因此，北京市电信业在监管透明度领域的开放度相较于全国高 0.008。

三、北京市电信业开放度的对标比较

（一）开放度比全国电信业有一定改善

以 OECD 的 STRI 指数为评价基准，2019 年我国电信业开放度为 0.333，北京市电信业开放度为 0.393，比全国平均水平高 18%。其中，外资准入方面改善幅度最大，开放度提高 24%；人员流动改善程度次之，提高 18.5%；监管透明度方面提高 9.1%。在其他歧视性措施和竞争壁垒领域，北京市无明显改善（见表 2、图 1）。

表 2　2019 年北京市电信业开放度与全国平均水平对比表

开放度评价指标	北京	全国平均水平
外资准入	0.222	0.179
人员流动	0.064	0.054
竞争壁垒	0	0

续表

开放度评价指标	北京	全国平均水平
监管透明度	0.084	0.077
其他歧视性措施	0.023	0.023
合计	0.393	0.333

注：表中各指标的开放度由表1中各政策领域开放度乘以其权重得到。

资料来源：根据课题组测算结果整理而成。

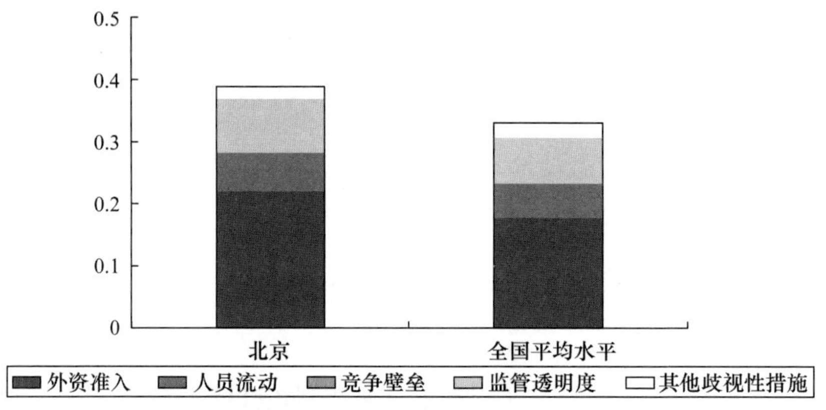

图1 2019年北京市电信业开放度与全国平均水平对比

注：由于"竞争壁垒"项数值为0，故未在图中显示。

资料来源：根据课题组测算结果整理而成。

（二）相比于中国在OECD评价的样本经济体中排名有所提高

OECD对全球46个经济体的服务贸易限制程度进行了评估，本研究将限制程度转化为开放度，计算了北京市电信业开放度相比于全国的国际排名变化情况。北京市电信业开放度虽有明显改善，但排名相比于全国仅上升1位，未来仍有较大进步空间。

由于电信业的自然垄断特性，全国电信业市场特别是基础电信业务市场竞争程度较低，国有企业占据行业主导地位。北京市场作为全国市场的一部分，且限于现有基础设施等因素，市场结构难以发生大的改变，导致竞争壁垒领域开放度没有提升。而竞争壁垒是影响电信业开放度最主要的因素，其无明显改善是导致北京市电信业开放度进步较小的重要因素。

（三）与国际先进水平相比仍有差距

目前来看，北京市电信业开放度与国际先进水平差距仍然较大。德国作为全球电信业高水平开放标杆经济体，根据 OECD 的 STRI 指数，北京市电信业开放度不足标杆水平的一半，也明显低于 OECD 平均水平。

从分类评价指标看，北京市电信业在竞争壁垒方面限制较高，基础电信各业务的细分市场中均存在主导企业拥有市场支配地位，对市场竞争保护力度不足，是导致开放度有大幅提升空间的最主要因素。另外，在外资准入方面的开放度也较低，约为国际先进开放水平的60%，在外资股权比例、企业法律形态、跨境数据流动等方面限制较多。在人员流动、其他歧视性措施和监管透明度方面，北京市的开放水平高于部分发达经济体（见图2）。

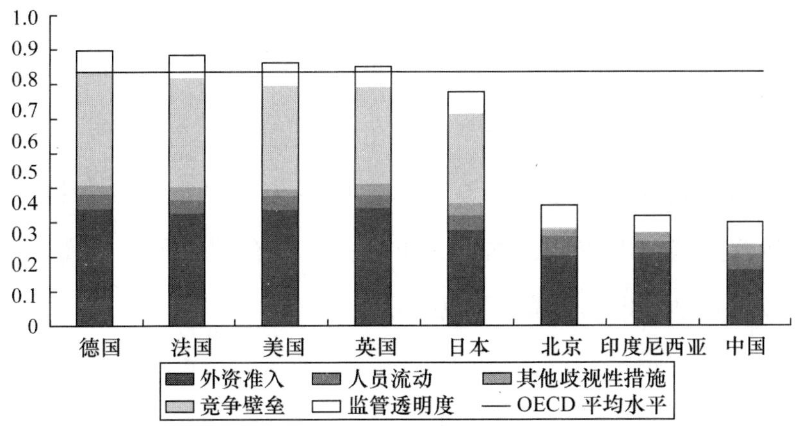

图2　2019 年北京市电信业开放度与代表性经济体对比

资料来源：根据课题组测算结果整理而成。

四、促进北京市电信业开放的政策建议

（一）提高开放措施精准度和有效性

目前，针对北京市电信业开放仅出台“取消部分增值电信业务外资股比限制”一项专门性政策，其他都是适用于科技行业或所有服务行业的开放措施，因此对提高北京市电信业开放度的直接效应有限。未来应聚焦行业特点和发展需求，对标国际先进水平，梳理经营业务全周期环节及其运营特点，考虑政策间联动效应，精准设计政策，如进一步取消更多业务的外资股比限制，取消部分业务的当地存在要求等，提高政策的有效性，增强外资企业获得感，树立更加开放的国际形象。

（二）降低电信市场竞争壁垒

竞争壁垒是限制北京市以及全国电信业开放最重要的因素。目前，我国电信业市场特别是基础电信业务市场，竞争度相对较低。在不完全竞争的市场结构下，推动电信业高水平开放，可以北京为试点深化国有企业改革，并尽可能完善对在位运营商的规制。例如，对与主导运营商互联互通成本进行规制、对呼叫方价格设置参考报价等，促进新运营商能够以较低成本进入市场，形成有效竞争，提高电信资源配置效率，推动电信业高质量发展。

（三）加强电信业监管能力建设

只有管得好、管到位，才能放得更开。电信业部分业务涉及国家安全等问题，其开放不仅与业务主管部门相关，还涉及多个安全审查

部门，不完善的安全保障是制约电信业开放的重要因素。未来还需要对标国际先进规则，学习先进监管经验，完善监管制度，优化监管模式。在跨境数据流动方面，探索设计数据跨境流动细则，通过健全的制度保障数据安全，提高抗风险能力。

（四）支持北京加大制度创新探索力度

由于电信业的自然垄断特性，因此推动电信业高水平开放的政策权限多为国家事权，难以通过地方层面的努力完全解决。为充分发挥北京市服务业扩大开放综合试点的平台作用，未来还应给予地方更大的改革自主权，依托北京市服务业扩大开放综合试点“行业开放 + 园区开放”优势，探索更大力度的制度创新，如放宽跨境资本活动限制、放宽企业法律形态限制，并充分做好风险压力测试，为我国推进电信业高水平开放和高质量发展积累经验。

执笔人：刘　馨

参考文献

[1] 国务院关于北京市服务业扩大开放综合试点总体方案的批复，国函〔2015〕81 号

[2] 国务院关于深化改革推进北京市服务业扩大开放综合试点工作方案的批复，国函〔2017〕86 号

[3] 国务院关于全面推进北京市服务业扩大开放综合试点工作方案的批复，国函〔2019〕16 号

[4] 北京市商务局．全面推进北京市服务业扩大开放综合试点工作任务分工，2019

附表

北京市电信业开放度评价结果

序号	政策评分项	选项	答案	具体答案	依据
1	外资股权限制：外方投资者在企业中的最大出资比例（固定通信业务）	A. 0 B. 0～33% C. 33%～50% D. 50%～100% E. 100%	D	50%～100%	《外商投资电信企业管理规定》第六条　经营基础电信业务（无线寻呼业务除外）的外商投资电信企业的外方投资者在企业中的出资比例，最终不得超过49%。经营增值电信业务（包括基础电信业务中的无线寻呼业务）的外商投资电信企业的外方投资者在企业中的出资比例，最终不得超过50% 《外商投资准入特别管理措施（负面清单）（2019年版）》电信公司：限于中国入世承诺开放的电信业务，增值电信业务的外资股比不超过50%（电子商务、国内多方通信、存储转发类、呼叫中心除外），基础电信业务须由中方控股 《国务院关于同意在北京市暂时调整实施有关行政法规和经国务院批准的部门规章规定的批复》（国函〔2019〕111号）国务院已于2019年11月12日同意在北京市暂时调整实施《外商投资电信业务管理规定》，工信部表示已可受理北京市外资企业的业务申请。在北京市服务业扩大开放综合试点示范区和示范园区，取消存储转发类业务、国内多方通信服务业务、互联网接入服务业务（仅限为用户提供互联网接入服务）等增值电信业务外资股比限制。考虑加权外资股比限制，将大于50%小于100%
2	外资股权限制：外方投资者在企业中的最大出资比例（移动通信业务）	A. 0 B. 0～33% C. 33%～50% D. 50%～100% E. 100%	D	50%～100%	《外商投资电信企业管理规定》第六条　经营基础电信业务（无线寻呼业务除外）的外商投资电信企业的外方投资者在企业中的出资比例，最终不得超过49%。经营增值电信业务（包括基础电信业务中的无线寻呼业务）的外商投资电信企业的外方投资者在企业中的出资比例，最终不得超过50%

续表

序号	政策评分项	选项	答案	具体答案	依据
2					《外商投资准入特别管理措施（负面清单）（2019 年版）》电信公司：限于中国入世承诺开放的电信业务，增值电信业务的外资股比不超过 50%（电子商务、国内多方通信、存储转发类、呼叫中心除外），基础电信业务须由中方控股 《国务院关于同意在北京市暂时调整实施有关行政法规和经国务院批准的部门规章规定的批复》（国函〔2019〕111 号）国务院已于 2019 年 11 月 12 日同意在北京市暂时调整实施《外商投资电信业务管理规定》，工信部表示已可受理北京市外资企业的业务申请。在北京市服务业扩大开放综合试点示范区和示范园区，取消存储转发类业务、国内多方通信服务业务、互联网接入服务业务（仅限为用户提供互联网接入服务）等增值电信业务外资股比限制。考虑加权外资股比限制，将大于 50% 小于 100%
3	外方投资者购买政府企业的股权比例存在限制	A. 否 B. 是	A	否	《中华人民共和国企业国有资产法》第五十七条　国有资产向境外投资者转让的，应当遵守国家有关规定，不得危害国家安全和社会公共利益。未规定比例限制
4	法律形态：只允许以合资公司形态经营（固定通信业务）	A. 否 B. 是	B	是	《电信业务经营许可管理办法》第五条　申请经营基础电信业务的，应当符合下列条件：（一）经营者为依法设立的专门从事基础电信业务的公司，并且公司的国有股权或者股份不少于 51% 《外商投资电信企业管理规定》第二条　外商投资电信企业，是指外国投资者同中国投资者在中华人民共和国境内依法以中外合资经营形式，共同投资设立的经营电信业务的企业

续表

序号	政策评分项	选项	答案	具体答案	依据
5	法律形态：只允许以合资公司形态经营（移动通信业务）	A. 否 B. 是	B	是	《电信业务经营许可管理办法》第五条　申请经营基础电信业务的，应当符合下列条件：（一）经营者为依法设立的专门从事基础电信业务的公司，并且公司的国有股权或者股份不少于51% 《外商投资电信企业管理规定》第二条　外商投资电信企业，是指外国投资者同中国投资者在中华人民共和国境内依法以中外合资经营形式，共同投资设立的经营电信业务的企业
6	法律形态：其他限制	A. 否 B. 是	A	否	无相关限制
7	董事会成员：多数必须是国民	A. 否 B. 是	A	否	《外商投资准入特别管理措施（负面清单）》统一列出股权要求、高管要求等外商投资准入方面的特别管理措施。《外商投资准入负面清单》之外的领域，按照内外资一致原则实施管理。其中，未对电信业列出董事会成员要求
8	董事会成员：多数必须是居民	A. 否 B. 是	A	否	《外商投资准入特别管理措施（负面清单）》统一列出股权要求、高管要求等外商投资准入方面的特别管理措施。《外商投资准入负面清单》之外的领域，按照内外资一致原则实施管理。其中，未对电信业列出董事会成员要求
9	董事会成员：至少一位必须是国民	A. 否 B. 是	A	否	《外商投资准入特别管理措施（负面清单）》统一列出股权要求、高管要求等外商投资准入方面的特别管理措施。《外商投资准入负面清单》之外的领域，按照内外资一致原则实施管理。其中，未对电信业列出董事会成员要求

续表

序号	政策评分项	选项	答案	具体答案	依据
10	董事会成员：至少一位必须是居民	A. 否 B. 是	A	否	《外商投资准入特别管理措施（负面清单）》统一列出股权要求、高管要求等外商投资准入方面的特别管理措施。《外商投资准入负面清单》之外的领域，按照内外资一致原则实施管理。其中，未对电信业列出董事会成员要求
11	经理必须是国民	A. 否 B. 是	A	否	《外商投资准入特别管理措施（负面清单）》统一列出股权要求、高管要求等外商投资准入方面的特别管理措施。《外商投资准入负面清单》之外的领域，按照内外资一致原则实施管理。其中，未对电信业列出高管要求
12	经理必须是居民	A. 否 B. 是	A	否	《外商投资准入特别管理措施（负面清单）》统一列出股权要求、高管要求等外商投资准入方面的特别管理措施。《外商投资准入负面清单》之外的领域，按照内外资一致原则实施管理。其中，未对电信业列出高管要求
13	外资审查明确考虑经济效益（固定通信业务）	A. 否 B. 是	B	是	《国家发展改革委　商务部公告 2016 年第 22 号》2016 年 9 月 3 日，第十二届全国人民代表大会常务委员会第二十二次会议审议通过《关于修改〈中华人民共和国外资企业法〉等四部法律的决定》，将不涉及国家规定实施准入特别管理措施的外商投资企业设立及变更，由审批改为备案管理。经国务院批准，外商投资准入特别管理措施范围按《外商投资产业指导目录（2015 年修订）》中限制类和禁止类，以及鼓励类中有股权要求、高管要求的有关规定执行。电信业在《外商投资准入特别管理措施（负面清单）》（2019 年版）中为限制类行业，因此外商

续表

序号	政策评分项	选项	答案	具体答案	依据
13					投资电信企业需由国务院对外经济贸易主管部门或者国务院授权的机关审查批准。依据《中华人民共和国外资企业法》第三条，设立外资企业，必须有利于中国国民经济的发展
14	外资审查明确考虑经济效益（移动通信业务）	A. 否 B. 是	B	是	《国家发展改革委　商务部公告2016年第22号》2016年9月3日，第十二届全国人民代表大会常务委员会第二十二次会议审议通过《关于修改〈中华人民共和国外资企业法〉等四部法律的决定》，将不涉及国家规定实施准入特别管理措施的外商投资企业设立及变更，由审批改为备案管理。经国务院批准，外商投资准入特别管理措施范围按《外商投资产业指导目录（2015年修订）》中限制类和禁止类，以及鼓励类中有股权要求、高管要求的有关规定执行。电信业在《外商投资准入特别管理措施（负面清单）》（2019年版）中为限制类行业，因此外商投资电信企业需由国务院对外经济贸易主管部门或者国务院授权的机关审查批准。依据《中华人民共和国外资企业法》第三条，设立外资企业，必须有利于中国国民经济的发展
15	外资审查不排除考虑经济效益（固定通信业务）	A. 否 B. 是	B	是	《中华人民共和国外资企业法》第三条　设立外资企业，必须有利于中国国民经济的发展 《中华人民共和国外资企业法实施细则》第五条　申请设立外资企业，有下列情况之一的，不予批准：（四）不符合中国国民经济发展要求的

续表

序号	政策评分项	选项	答案	具体答案	依据
16	外资审查不排除考虑经济效益（移动通信业务）	A. 否 B. 是	B	是	《中华人民共和国外资企业法》第三条　设立外资企业，必须有利于中国国民经济的发展 《中华人民共和国外资企业法实施细则》第五条　申请设立外资企业，有下列情况之一的，不予批准：（四）不符合中国国民经济发展要求的
17	备注：外资审查项目上限（固定通信业务）	A. 否 B. 是	A	否	《中华人民共和国外资企业法》第六条　设立外资企业的申请，由国务院对外经济贸易主管部门或者国务院授权的机关审查批准。审查批准机关应当在接到申请之日起九十天内决定批准或者不批准 《国务院关于鼓励外商投资的规定》国发〔1986〕第95号　第十七条　各级人民政府和有关主管部门，应当加强协调工作，提高办事效率，及时审批外商投资企业申报的需要批复和解决的事宜。由国务院主管部门审批的外商投资企业的协议、合同、章程，审批机关必须在收到全部文件之日起三个月以内决定批准或者不批准。未设数量限制
18	备注：外资审查项目上限（移动通信业务）	A. 否 B. 是	A	否	《中华人民共和国外资企业法》第六条　设立外资企业的申请，由国务院对外经济贸易主管部门或者国务院授权的机关审查批准。审查批准机关应当在接到申请之日起九十天内决定批准或者不批准 《国务院关于鼓励外商投资的规定》国发〔1986〕第96号　第十七条　各级人民政府和有关主管部门，应当加强协调工作，提高办事效率，及时审批外商投资企业申报的需要批复和解决的事宜。由国务院主管部门审批的外商投资企业的协议、合同、章程，审批机关必须在收到全部文件之日起三个月以内决定批准或者不批准。未设数量限制

续表

序号	政策评分项	选项	答案	具体答案	依据
19	外商申请使用土地和房产存在限制	A. 否 B. 是	A	否	《中华人民共和国土地管理法》第二条　土地使用权可以依法转让 《中华人民共和国外资企业法实施细则》第三十八条　外资企业的土地使用年限，与经批准的该外资企业的经营期限相同
20	外国投资者持有股权或债券类型存在限制	A. 否 B. 是	A	否	《中华人民共和国公司法》《中华人民共和国中外合资经营企业法》中未设相关限制
21	设有资本和投资转让条件	A. 否 B. 是	B	是	《中华人民共和国外资企业法实施细则》第二十二条　外资企业注册资本的增加、转让，须经审批机关批准，并向工商行政管理机关办理变更登记手续 《中华人民共和国中外合资经营企业法实施条例》第十九条　合营企业在合营期内不得减少其注册资本。因投资总额和生产经营规模等发生变化，确需减少的，须经审批机构批准。第二十条　合营一方向第三者转让其全部或者部分股权的，须经合营他方同意，并报审批机构批准，向登记管理机构办理变更登记手续。合营一方转让其全部或者部分股权时，合营他方有优先购买权。合营一方向第三者转让股权的条件，不得比向合营他方转让的条件优惠。违反上述规定的，其转让无效。第二十一条　合营企业注册资本的增加、减少，应当由董事会会议通过，并报审批机构批准，向登记管理机构办理变更登记手续
22	跨境并购限制（固定通信业务）	A. 否 B. 是	B	是	《关于外国投资者并购境内企业的规定》第十九条　外国投资者股权并购的，除国家另有规定外，对并购后所设外商投资企业应按照以下比例确定投资总额的上限

续表

序号	政策评分项	选项	答案	具体答案	依据
22					《商务部实施外国投资者并购境内企业安全审查制度的规定》第三条　外国投资者并购境内企业，国务院有关部门、全国性行业协会、同业企业及上下游企业认为需要进行并购安全审查的，可向商务部提出进行并购安全审查的建议，并提交有关情况的说明（包括并购交易基本情况、对国家安全的具体影响等），商务部可要求利益相关方提交有关说明。属于并购安全审查范围的，商务部应在5个工作日内将建议提交联席会议。联席会议认为确有必要进行并购安全审查的，商务部根据联席会议决定，要求外国投资者按本规定提交并购安全审查申请。第四条　在向商务部提出并购安全审查正式申请前，申请人可就其并购境内企业的程序性问题向商务部提出商谈申请，提前沟通有关情况。该预约商谈不是提交正式申请的必经程序，商谈情况不具有约束力和法律效力，不作为提交正式申请的依据。外国投资者通过股权合并境内公司时，参与合并的境内外公司的股权应当满足下列条件：（一）股权由股东合法持有，可以依法转让；（二）股权不受所有权，质押或任何其他财产产权方面的争议；（三）境外公司的股权应当在境外公开、合法的证券交易所市场（不包括场外柜台交易所）上市交易；（四）海外公司股权的交易价格最近一年保持稳定
23	跨境并购限制（移动通信业务）	A. 否 B. 是	B	是	《关于外国投资者并购境内企业的规定》第十九条　外国投资者股权并购的，除国家另有规定外，对并购后所设外商投资企业应按照以下比例确定投资总额的上限 《商务部实施外国投资者并购境内企业安全审查制度的规定》第三条

续表

序号	政策评分项	选项	答案	具体答案	依据
23					外国投资者并购境内企业，国务院有关部门、全国性行业协会、同业企业及上下游企业认为需要进行并购安全审查的，可向商务部提出进行并购安全审查的建议，并提交有关情况的说明（包括并购交易基本情况、对国家安全的具体影响等），商务部可要求利益相关方提交有关说明。属于并购安全审查范围的，商务部应在 5 个工作日内将建议提交联席会议。联席会议认为确有必要进行并购安全审查的，商务部根据联席会议决定，要求外国投资者按本规定提交并购安全审查申请。第四条　在向商务部提出并购安全审查正式申请前，申请人可就其并购境内企业的程序性问题向商务部提出商谈申请，提前沟通有关情况。该预约商谈不是提交正式申请的必经程序，商谈情况不具有约束力和法律效力，不作为提交正式申请的依据。外国投资者通过股权合并境内公司时，参与合并的境内外公司的股权应当满足下列条件：（一）股权由股东合法持有，可以依法转让；（二）股权不受所有权，质押或任何其他财产产权方面的争议；（三）境外公司的股权应当在境外公开，合法的证券交易所市场（不包括场外柜台交易所）上市交易；（四）海外公司股权的交易价格最近一年保持稳定
24	业绩要求（固定通信业务）	A. 否 B. 是	A	否	《外商投资电信企业管理规定》《外商投资准入特别管理措施（负面清单）（2019 年版）》中均未有相关要求
25	业绩要求（移动通信业务）	A. 否 B. 是	A	否	《外商投资电信企业管理规定》《外商投资准入特别管理措施（负面清单）（2019 年版）》中均未有相关要求

续表

序号	政策评分项	选项	答案	具体答案	依据
26	服务贸易仅能通过商业存在模式提供（固定通信业务）	A. 否 B. 是	B	是	《电信业务经营许可管理办法》第五条　经营基础电信业务，应当具备下列条件：（四）有从事经营活动的场地、设施及相应的资源。第六条　经营增值电信业务，应当具备下列条件：（五）有必要的场地、设施及技术方案
27	服务贸易仅能通过商业存在模式提供（移动通信业务）	A. 否 B. 是	B	是	《电信业务经营许可管理办法》第五条　经营基础电信业务，应当具备下列条件：（四）有从事经营活动的场地、设施及相应的资源。第六条　经营增值电信业务，应当具备下列条件：（五）有必要的场地、设施及技术方案
28	跨境服务提供要以当地存在为条件（固定通信业务）	A. 否 B. 是	A	否	《外国企业常驻代表机构登记管理条例》中无相关规定
29	跨境服务提供要以当地存在为条件（移动通信业务）	A. 否 B. 是	A	否	《外国企业常驻代表机构登记管理条例》中无相关规定
30	备注：个人信息跨境自由传输或适用问责原则	A. 否 B. 是	A	否	《中华人民共和国网络安全法》第三十七条　关键信息基础设施的运营者在中华人民共和国境内运营中收集和产生的个人信息和重要数据应当在境内存储。因业务需要，确需向境外提供的，应当按照国家网信部门会同国务院有关部门制定的办法进行安全评估；法律、行政法规另有规定的，依照其规定 《信息安全技术公共及商用服务信息系统个人信息保护指南》 《全国人民代表大会常务委员会关于加强网络信息保护的决定》

续表

序号	政策评分项	选项	答案	具体答案	依据
31	某些私营部门保障措施到位时，可以跨境转移个人信息	A. 否 B. 是	A	否	《中华人民共和国网络安全法》第三十七条　关键信息基础设施的运营者在中华人民共和国境内运营中收集和产生的个人信息和重要数据应当在境内存储。因业务需要，确需向境外提供的，应当按照国家网信部门会同国务院有关部门制定的办法进行安全评估；法律、行政法规另有规定的，依照其规定 《信息安全技术公共及商用服务信息系统个人信息保护指南》 《全国人民代表大会常务委员会关于加强网络信息保护的决定》
32	跨境数据流动：个人信息可在隐私保护法基本相似的国家间跨境转移	A. 否 B. 是	A	否	《中华人民共和国网络安全法》第三十七条　关键信息基础设施的运营者在中华人民共和国境内运营中收集和产生的个人信息和重要数据应当在境内存储。因业务需要，确需向境外提供的，应当按照国家网信部门会同国务院有关部门制定的办法进行安全评估；法律、行政法规另有规定的，依照其规定 《信息安全技术公共及商用服务信息系统个人信息保护指南》 《全国人民代表大会常务委员会关于加强网络信息保护的决定》
33	跨境数据流动：跨境数据传输须视具体情况而定	A. 否 B. 是	B	是	《中华人民共和国网络安全法》第三十七条　关键信息基础设施的运营者在中华人民共和国境内运营中收集和产生的个人信息和重要数据应当在境内存储。因业务需要，确需向境外提供的，应当按照国家网信部门会同国务院有关部门制定的办法进行安全评估；法律、行政法规另有规定的，依照其规定 《个人信息和重要数据出境安全评估办法》第三条　个人信息出境前，网络运营者应当向所在地省级网信部门申报个人信息出境安全评估。

续表

序号	政策评分项	选项	答案	具体答案	依据
33					向不同的接收者提供个人信息应当分别申报安全评估，向同一接收者多次或连续提供个人信息无需多次评估。每2年或者个人信息出境目的、类型和境外保存时间发生变化时应当重新评估 《信息安全技术公共及商用服务信息系统个人信息保护指南》
34	跨境数据流动：某些数据必须存储在本国	A. 否 B. 是	B	是	《中华人民共和国网络安全法》第三十七条　关键信息基础设施的运营者在中华人民共和国境内运营中收集和产生的个人信息和重要数据应当在境内存储。因业务需要，确需向境外提供的，应当按照国家网信部门会同国务院有关部门制定的办法进行安全评估；法律、行政法规另有规定的，依照其规定 《信息安全技术公共及商用服务信息系统个人信息保护指南》 《全国人民代表大会常务委员会关于加强网络信息保护的决定》
35	跨境数据流动：禁止数据传输	A. 否 B. 是	B	是	《中华人民共和国网络安全法》第三十七条　关键信息基础设施的运营者在中华人民共和国境内运营中收集和产生的个人信息和重要数据应当在境内存储。因业务需要，确需向境外提供的，应当按照国家网信部门会同国务院有关部门制定的办法进行安全评估；法律、行政法规另有规定的，依照其规定 《信息安全技术公共及商用服务信息系统个人信息保护指南》 《全国人民代表大会常务委员会关于加强网络信息保护的决定》
36	其他外资准入限制	A. 否 B. 是	A	否	

续表

序号	政策评分项	选项	答案	具体答案	依据
37	公司内部受让人数量限制	A. 否 B. 是	A	否	《中华人民共和国劳动合同法》 《外国人在中国就业管理规定》第七条　外国人在中国就业须具备下列条件：（一）年满 18 周岁，身体健康；（二）具有从事其工作所必须的专业技能和相应的工作经历；（三）无犯罪记录；（四）有确定的聘用单位；（五）持有有效护照或能代替护照的其他国际旅行证件（简称代替护照的证件）。第八条　在中国就业的外国人应持 Z 字签证入境（有互免签证协议的，按协议办理），入境后取得《外国人就业证》（简称就业证）和外国人居留证件，方可在中国境内就业 未对数量进行规定
38	合同服务提供者数量限制	A. 否 B. 是	A	否	《中华人民共和国劳动合同法》 《外国人在中国就业管理规定》第七条　外国人在中国就业须具备下列条件：（一）年满 18 周岁，身体健康；（二）具有从事其工作所必须的专业技能和相应的工作经历；（三）无犯罪记录；（四）有确定的聘用单位；（五）持有有效护照或能代替护照的其他国际旅行证件（简称代替护照的证件）。第八条　在中国就业的外国人应持 Z 字签证入境（有互免签证协议的，按协议办理），入境后取得《外国人就业证》（简称就业证）和外国人居留证件，方可在中国境内就业 未对数量进行规定
39	独立服务供应商数量限制	A. 否 B. 是	A	否	《中华人民共和国劳动合同法》 《外国人在中国就业管理规定》第七条　外国人在中国就业须具备下列条件：（一）年满 18 周岁，身体健康；（二）具有从事其工作所必

续表

序号	政策评分项	选项	答案	具体答案	依据
39					须的专业技能和相应的工作经历；（三）无犯罪记录；（四）有确定的聘用单位；（五）持有有效护照或能代替护照的其他国际旅行证件（简称代替护照的证件）。第八条　在中国就业的外国人应持 Z 字签证入境（有互免签证协议的，按协议办理），入境后取得《外国人就业证》（简称就业证）和外国人居留证件，方可在中国境内就业 未对数量进行规定
40	公司内部受让人需进行劳动力市场测验	A. 否 B. 是	A	否	《外国人在中国就业管理规定》第六条　用人单位聘用外国人从事的岗位应是有特殊需要，国内暂缺适当人选，且不违反国家有关规定的岗位。北京市提出“符合条件的服务业企业聘用的‘高精尖缺’外国人才，经外国人才主管部门认定后可按照外国人才（A 类）享受工作许可、人才签证等证件办理及社会保障等便利措施和‘绿色通道’服务”，北京市科委出台的《北京市服务业扩大开放综合试点“急需紧缺”外国人才认定办法》中给出互联网信息领域高端人才的认定办法，并为其提供便利措施，使得公司内部受让人可免于劳动力市场测试进入北京市场
41	合同服务供应商需进行劳动力市场测验	A. 否 B. 是	B	是	《外国人在中国就业管理规定》第六条　用人单位聘用外国人从事的岗位应是有特殊需要，国内暂缺适当人选，且不违反国家有关规定的岗位
42	独立服务供应商需进行劳动力市场测验	A. 否 B. 是	A	否	《外国人在中国就业管理规定》第六条　用人单位聘用外国人从事的岗位应是有特殊需要，国内暂缺适当人选，且不违反国家有关规定的岗位。北京市提出“符合条件的服务业企业聘用的‘高精尖缺’外国

续表

序号	政策评分项	选项	答案	具体答案	依据
42					人才，经外国人才主管部门认定后可按照外国人才（A类）享受工作许可、人才签证等证件办理及社会保障等便利措施和‘绿色通道’服务”，北京市科委出台的《北京市服务业扩大开放综合试点“急需紧缺”外国人才认定办法》中给出互联网信息领域高端人才的认定办法，并为其提供便利措施，使得独立服务提供商可免于劳动力市场测试进入北京市场
43	公司内部受让人连续滞留时间限制	A. 少于12个月 B. 12~36个月 C. 大于36个月	C	60个月	《中华人民共和国出境入境管理法》第三十条　外国人工作类居留证件的有效期最短为九十日，最长为五年
44	合同服务供应商连续滞留时间限制	A. 少于12个月 B. 12~36个月 C. 大于36个月	C	60个月	《中华人民共和国出境入境管理法》第三十条　外国人工作类居留证件的有效期最短为九十日，最长为五年
45	独立服务供应商连续滞留时间限制	A. 少于12个月 B. 12~36个月 C. 大于36个月	C	60个月	《中华人民共和国出境入境管理法》第三十条　外国人工作类居留证件的有效期最短为九十日，最长为五年
46	有法律法规规定了认可在国外获得的资质的程序	A. 否 B. 是	B	是	
47	备注：执业需要许可或授权	A. 否 B. 是	B	是	

续表

序号	政策评分项	选项	答案	具体答案	依据
48	其他限制人员流动的措施	A. 否 B. 是	A	否	
49	外国供应商在税收和补贴方面待遇较差	A. 否 B. 是	A	否	《中华人民共和国企业所得税法》第二、三、四条规定了对所有企业适用相同税率
50	政府采购：明显偏好本国供应商	A. 否 B. 是	B	是	《中华人民共和国政府采购法》第十条　政府采购应当采购本国货物、工程和服务。但有下列情形之一的除外：（一）需要采购的货物、工程或者服务在中国境内无法获取或者无法以合理的商业条件获取的；（二）为在中国境外使用而进行采购的；（三）其他法律、行政法规另有规定的
51	政府采购：采购规定明确禁止歧视外国供应商	A. 否 B. 是	A	否	《中华人民共和国政府采购法》第十条　政府采购应当采购本国货物、工程和服务。但有下列情形之一的除外：（一）需要采购的货物、工程或者服务在中国境内无法获取或者无法以合理的商业条件获取的；（二）为在中国境外使用而进行采购的；（三）其他法律、行政法规另有规定的
52	政府采购：采购过程影响有利于本国公司竞争的条件	A. 否 B. 是	A	否	《中华人民共和国政府采购法》中无相关条款
53	备注：超过一定限额必须投标	A. 否 B. 是	A	否	《中华人民共和国招标投标法》第三条　在中华人民共和国境内进行下列工程建设项目包括项目的勘察、设计、施工、监理以及与工程建

续表

序号	政策评分项	选项	答案	具体答案	依据
53					设有关的重要设备、材料等的采购，必须进行招标：（一）大型基础设施、公用事业等关系社会公共利益、公众安全的项目；（二）全部或者部分使用国有资金投资或者国家融资的项目；（三）使用国际组织或者外国政府贷款、援助资金的项目。不包括电信行业
54	备注：低于限额的采购过程形成有利于本国公司竞争的条件	A. 否 B. 是	A	否	《中华人民共和国政府采购法》中无相关条款
55	寻求电信网络互联的外国运营商可依据非歧视性原则享受受监管的结算费率（固定通信业务）	A. 否 B. 是	B	是	《中华人民共和国电信条例》第二十二条　网间互联的费用结算与分摊应当执行国家有关规定，不得在规定标准之外加收费用。网间互联的技术标准、费用结算办法和具体管理规定，由国务院信息产业主管部门制定 《公用电信网间互联管理规定》未提出对外国运营商的歧视规定
56	寻求电信网络互联的外国运营商可依据非歧视性原则享受受监管的结算费率（移动通信业务）	A. 否 B. 是	B	是	《中华人民共和国电信条例》第二十二条　网间互联的费用结算与分摊应当执行国家有关规定，不得在规定标准之外加收费用。网间互联的技术标准、费用结算办法和具体管理规定，由国务院信息产业主管部门制定 《公用电信网间互联管理规定》未提出对外国运营商的歧视规定

续表

序号	政策评分项	选项	答案	具体答案	依据
57	外国供应商可无差别的享受国际漫游批发服务的管制费率和条件（移动通信业务）	A. 否 B. 是	A	否	《中华人民共和国电信条例》无明确规定
58	外国供应商可无差别的享受国际漫游零售服务的管制费率和条件（移动通信业务）	A. 否 B. 是	A	否	《中华人民共和国电信条例》无明确规定
59	其他歧视性措施	A. 否 B. 是	A	否	
60	可上诉监管机构的决定	A. 否 B. 是	B	是	《中华人民共和国民事诉讼法》第五条　外国人、无国籍人、外国企业和组织在人民法院起诉、应诉，同中华人民共和国公民、法人和其他组织有同等的诉讼权利义务 《中华人民共和国行政复议法》第二条　公民、法人或者其他组织认为具体行政行为侵犯其合法权益，向行政机关提出行政复议申请，行政机关受理行政复议申请、作出行政复议决定，适用本法。第五条　公民、法人或者其他组织对行政复议决定不服的，可以依照行政诉讼法的规定向人民法院提起行政诉讼，但是法律规定行政复议决定为最终裁决

续表

序号	政策评分项	选项	答案	具体答案	依据
60					的除外。第四十一条　外国人、无国籍人、外国组织在中华人民共和国境内申请行政复议，适用本法
61	当商业行为限制特定市场竞争时，企业可获得赔偿	A. 否 B. 是	B	是	《中华人民共和国反不正当竞争法》第十七条　经营者违反本法规定，给他人造成损害的，应当依法承担民事责任。经营者的合法权益受到不正当竞争行为损害的，可以向人民法院提起诉讼。因不正当竞争行为受到损害的经营者的赔偿数额，按照其因被侵权所受到的实际损失确定；实际损失难以计算的，按照侵权人因侵权所获得的利益确定。经营者恶意实施侵犯商业秘密行为，情节严重的，可以在按照上述方法确定数额的一倍以上五倍以下确定赔偿数额。赔偿数额还应当包括经营者为制止侵权行为所支付的合理开支。经营者违反本法第六条、第九条规定，权利人因被侵权所受到的实际损失、侵权人因侵权所获得的利益难以确定的，由人民法院根据侵权行为的情节判决给予权利人五百万元以下的赔偿
62	国家或省级政府控股该行业中至少一家大型企业	A. 否 B. 是	B	是	国务院国有资产监督管理委员会：央企名录中包括中国电信
63	国家或省级政府在该行业任一公司拥有特殊投票权（如黄金股）	A. 否 B. 是	A	否	《中华人民共和国电信条例》第十、十三条　经营基础/增值电信业务的条件中，未提及特别表决权，如黄金股

续表

序号	政策评分项	选项	答案	具体答案	依据
64	政府企业免于适用一般竞争法	A. 否 B. 是	A	否	《中华人民共和国反垄断法》第二条　中华人民共和国境内经济活动中的垄断行为，适用本法 《中华人民共和国反不正当竞争法》中未提及。第二条　本法所称的经营者，是指从事商品生产、经营或者提供服务（以下所称商品包括服务）的自然人、法人和非法人组织
65	最低资本要求	A. 否 B. 是	A	否	《中华人民共和国公司法》第二十六条　有限责任公司的注册资本为在公司登记机关登记的全体股东认缴的出资额。法律、行政法规以及国务院决定对有限责任公司注册资本实缴、注册资本最低限额另有规定的，从其规定
66	广告限制	A. 否 B. 是	A	否	《中华人民共和国电信条例》无明确规定
67	政府可以否决监管者的决定	A. 否 B. 是	B	是	《中华人民共和国电信条例》第三条　国务院信息产业主管部门依照本条例的规定对全国电信业实施监督管理。省、自治区、直辖市电信管理机构在国务院信息产业主管部门的领导下，依照本条例的规定对本行政区域内的电信业实施监督管理
68	电信普遍服务义务合同基于竞争原则签订（固定通信业务）	A. 否 B. 是	B	是	《中华人民共和国电信条例》第四十三条　电信业务经营者必须按照国家有关规定履行相应的电信普遍服务义务。国务院信息产业主管部门可以采取指定的或者招标的方式确定电信业务经营者具体承担电信普遍服务的义务

续表

序号	政策评分项	选项	答案	具体答案	依据
69	电信普遍服务义务合同基于竞争原则签订（移动通信业务）	A. 否 B. 是	B	是	《中华人民共和国电信条例》第四十三条　电信业务经营者必须按照国家有关规定履行相应的电信普遍服务义务。国务院信息产业主管部门可以采取指定的或者招标的方式确定电信业务经营者具体承担电信普遍服务的义务
70	号码可携带性要求（固定通信业务）	A. 否 B. 是	A	否	《中华人民共和国电信条例》无明确规定
71	携带时间和条件受规制（固定通信业务）	A. 否 B. 是	A	否	《中华人民共和国电信条例》无明确规定
72	号码可携带性要求（移动通信业务）	A. 否 B. 是	B	是	《移动电话用户号码携带试验管理办法》
73	携带时间和条件受规制（移动通信业务）	A. 否 B. 是	B	是	《移动电话用户号码携带试验管理办法》第六条规定了条件
74	允许转售公共电信服务（固定通信业务）	A. 否 B. 是	A	否	《中华人民共和国电信条例》第二十八条　电信资源的分配，应当考虑电信资源规划、用途和预期服务能力。取得电信资源使用权的，应当在规定的时限内启用所分配的资源，并达到规定的最低使用规模。未经国务院信息产业主管部门或者省、自治区、直辖市电信管理机构批准，不得擅自使用、转让、出租电信资源或者改变电信资源的用途。第六十八条　违反本条例的规定，伪造、冒用、转让电信业务经营许可证、

续表

序号	政策评分项	选项	答案	具体答案	依据
74					电信设备进网许可证或者编造在电信设备上标注的进网许可证编号的，由国务院信息产业主管部门或者省、自治区、直辖市电信管理机构依据职权没收违法所得，处违法所得3倍以上5倍以下罚款；没有违法所得或者违法所得不足1万元的，处1万元以上10万元以下罚款
75	允许转售公共电信服务（移动通信业务）	A. 否 B. 是	B	是	《中华人民共和国电信条例》电信业务分类目录　一、基础电信业务（九）转售的基础电信业务 《工业和信息化部关于移动通信转售业务正式商用的通告》
76	对频谱采用“使用或放弃”原则（移动通信业务）	A. 否 B. 是	B	是	《中华人民共和国电信条例》第二十八条　电信资源的分配，应当考虑电信资源规划、用途和预期服务能力。取得电信资源使用权的，应当在规定的时限内启用所分配的资源，并达到规定的最低使用规模
77	允许二级频谱交易（移动通信业务）	A. 否 B. 是	A	否	《中华人民共和国电信条例》第二十八条　未经国务院信息产业主管部门或者省、自治区、直辖市电信管理机构批准，不得擅自使用、转让、出租电信资源或者改变电信资源的用途
78	强制互联互通（固定通信业务）	A. 否 B. 是	B	是	《中华人民共和国电信条例》第十七条　电信网之间应当按照技术可行、经济合理、公平公正、相互配合的原则，实现互联互通。主导的电信业务经营者不得拒绝其他电信业务经营者和专用网运营单位提出的互联互通要求 《公用电信网间互联管理规定》第三条　电信网之间应当按照技术可行、经济合理、公平公正、相互配合的原则实现互联

续表

序号	政策评分项	选项	答案	具体答案	依据
79	强制互联互通（移动通信业务）	A. 否 B. 是	B	是	《中华人民共和国电信条例》第十七条　电信网之间应当按照技术可行、经济合理、公平公正、相互配合的原则，实现互联互通。主导的电信业务经营者不得拒绝其他电信业务经营者和专用网运营单位提出的互联互通要求 《公用电信网间互联管理规定》第三条　电信网之间应当按照技术可行、经济合理、公平公正、相互配合的原则实现互联
80	强制要求与非主导电信批发业务经营者互联（固定通信业务）	A. 否 B. 是	B	是	《公用电信网间互联管理规定》第九条　主导的电信业务经营者有义务向非主导的电信业务经营者提供与互联有关的网络功能（含网络组织、信令方式、计费方式、同步方式等）、设备配置（光端机、交换机等）的信息，以及与互联有关的管道（孔）、杆路、线缆引入口及槽道、光缆（纤）、带宽、电路等通信设施的使用信息。非主导的电信业务经营者有义务向主导的电信业务经营者提供与互联有关的网络功能、设备配置的计划和规划信息。双方应当对对方提供的信息保密，并不得利用该信息从事与互联无关的活动。第十条　非主导的电信业务经营者的电信网与主导的电信业务经营者的电信网网间互联，互联传输线路必须经由主导的电信业务经营者的管道（孔）、杆路、线缆引入口及槽道等通信设施的，主导的电信业务经营者应当予以配合提供使用，并不得附加任何不合理的条件。两个非主导的电信业务经营者的电信网网间直接相联，互联传输线路必须经由主导的电信业务经营者的楼层院落、管道（孔）、杆路、线缆引入口及槽道等通信设施的，主导的电信业务经营者应当予以配合提供使用，并不得附加任何不合理的条件。前款主导

续表

序号	政策评分项	选项	答案	具体答案	依据
80					的电信业务经营者的通信设施经省、自治区、直辖市通信管理局确认无法提供使用的，非主导的电信业务经营者可以通过架空、直埋等其他方式解决互联传输线路问题
81	接入主导电信批发业务价格受到管制（固定通信业务）	A. 否 B. 是	A	否	《公用电信网间互联管理规定》第九条、第十条未提出价格相关的规制
82	接入非主导电信批发业务要求有参考报价（固定通信业务）	A. 否 B. 是	A	否	《公用电信网间互联管理规定》第三章　互联点的设置及互联费用的分摊与结算未规定参考报价，费用由双方协商
83	强制要求与主导电信批发业务经营者互联（固定通信业务）	A. 否 B. 是	B	是	《中华人民共和国电信条例》第十七条　电信网之间应当按照技术可行、经济合理、公平公正、相互配合的原则，实现互联互通。主导的电信业务经营者不得拒绝其他电信业务经营者和专用网运营单位提出的互联互通要求 《公用电信网间互联管理规定》第七条　主导的电信业务经营者应当根据本规定制定包括网间互联的程序、时限、互联点的数量、用于网间互联的交换机局址、非捆绑网络元素提供或出租的目录及费用等内容的互联规程。互联规程报工业和信息化部批准后执行。互联规程对主导的电信业务经营者的互联互通活动具有约束力 根据《中华人民共和国电信条例》第八条的定义，基础电信业务，是指提供公共网络基础设施、公共数据传送和基本话音通信服务的业务

续表

序号	政策评分项	选项	答案	具体答案	依据
83					根据《公用电信网间互联管理规定》第五条的定义，互联包括两个电信网网间直接相联实现业务互通的方式，以及两个电信网通过第三方的网络转接实现业务互通的方式 《电信条例》第二十一条规定主导的电信业务经营者向其他电信业务经营者提供网间互联，服务质量不得低于本网内的同类业务及向其子公司或者分支机构提供的同类业务质量
84	接入主导电信批发业务价格受到管制（固定通信业务）	A. 否 B. 是	B	是	《中华人民共和国电信条例》第二十三条　电信资费实行市场调节价。电信业务经营者应当统筹考虑生产经营成本、电信市场供求状况等因素，合理确定电信业务资费标准
85	接入主导电信批发业务要求有参考报价（固定通信业务）	A. 否 B. 是	A	否	《中华人民共和国电信条例》第二十三条　电信资费实行市场调节价。电信业务经营者应当统筹考虑生产经营成本、电信市场供求状况等因素，合理确定电信业务资费标准 无参考报价
86	强制要求接入批发租用线路（固定通信业务）	A. 否 B. 是	B	是	《中华人民共和国电信条例》第二十六条　国家对电信资源统一规划、集中管理、合理分配，实行有偿使用制度。前款所称电信资源，是指无线电频率、卫星轨道位置、电信网码号等用于实现电信功能且有限的资源。第二十七条　电信业务经营者占有、使用电信资源，应当缴纳电信资源费。具体收费办法由国务院信息产业主管部门会同国务院财政部门、价格主管部门制定，报国务院批准后公布施行。第二十八条　电信资源的分配，应当考虑电信资源规划、用途和预期服务能力。分配电

续表

序号	政策评分项	选项	答案	具体答案	依据
86					信资源，可以采取指配的方式，也可以采用拍卖的方式。取得电信资源使用权的，应当在规定的时限内启用所分配的资源，并达到规定的最低使用规模。未经国务院信息产业主管部门或者省、自治区、直辖市电信管理机构批准，不得擅自使用、转让、出租电信资源或者改变电信资源的用途
87	租用线路的批发接入价格受到规制（固定通信业务）	A. 否 B. 是	B	是	《中华人民共和国电信条例》第二十三条　电信资费实行市场调节价。电信业务经营者应当统筹考虑生产经营成本、电信市场供求状况等因素，合理确定电信业务资费标准
88	接入批发租用线路要求有参考报价（固定通信业务）	A. 否 B. 是	A	否	《中华人民共和国电信条例》第二十二条　网间互联的费用结算与分摊应当执行国家有关规定，不得在规定标准之外加收费用。网间互联的技术标准、费用结算办法和具体管理规定，由国务院信息产业主管部门制定 无参考报价
89	固定业务结算费规制（固定通信业务）	A. 否 B. 是	B	是	《中华人民共和国电信条例》第二十三条　电信资费实行市场调节价。电信业务经营者应当统筹考虑生产经营成本、电信市场供求状况等因素，合理确定电信业务资费标准 《公用电信网间互联管理规定》第七条　主导的电信业务经营者应当根据本规定制定包括网间互联的程序、时限、互联点的数量、用于网间互联的交换机局址、非捆绑网络元素提供或出租的目录及费用等内容的互联规程。互联规程报工业和信息化部批准后执行。互联规程对主导

续表

序号	政策评分项	选项	答案	具体答案	依据
89					的电信业务经营者的互联互通活动具有约束力 原信息产业部规定了技术标准，收费标准和具体管理规定。通过《公用电信网间互联结算及中继费用分摊办法》发布了各种互联的详细结算费用表
90	终端和互联要求有参考报价（固定通信业务）	A. 否 B. 是	B	是	《中华人民共和国电信条例》第十八条　主导的电信业务经营者应当按照非歧视和透明化的原则，制定包括网间互联的程序、时限、非捆绑网络元素目录等内容的互联规程。互联规程应当报国务院信息产业主管部门审查同意。该互联规程对主导的电信业务经营者的互联互通活动具有约束力 《公用电信网间互联管理规定》第七条　主导的电信业务经营者应当根据本规定制定包括网间互联的程序、时限、互联点的数量、用于网间互联的交换机局址、非捆绑网络元素提供或出租的目录及费用等内容的互联规程。互联规程报工业和信息化部批准后执行。互联规程对主导的电信业务经营者的互联互通活动具有约束力。第三十一条　互联双方应当在业务开通后30日内，将互联启动日期、业务开通日期及业务开通后3日内的网间通信质量情况，以书面形式向电信主管部门报告。电信主管部门根据具体情况以适当方式予以公布。第四十四条　决定应当在协调结束之日起45日内作出。省、自治区、直辖市通信管理局作出的决定应当向工业和信息化部备案。电信主管部门对作出的决定以适当方式向社会公布

续表

序号	政策评分项	选项	答案	具体答案	依据
91	移动业务结算费规制	A. 否 B. 是	B	是	《中华人民共和国电信条例》第二十三条　电信资费实行市场调节价。电信业务经营者应当统筹考虑生产经营成本、电信市场供求状况等因素，合理确定电信业务资费标准 《公用电信网间互联管理规定》第七条　主导的电信业务经营者应当根据本规定制定包括网间互联的程序、时限、互联点的数量、用于网间互联的交换机局址、非捆绑网络元素提供或出租的目录及费用等内容的互联规程。互联规程报工业和信息化部批准后执行。互联规程对主导的电信业务经营者的互联互通活动具有约束力 原信息产业部规定了技术标准，收费标准和具体管理规定。通过《公用电信网间互联结算及中继费用分摊办法》发布了各种互联的详细结算费用表
92	终端和互联互通要求有参考报价（移动通信业务）	A. 否 B. 是	B	是	《中华人民共和国电信条例》第十八条　主导的电信业务经营者应当按照非歧视和透明化的原则，制定包括网间互联的程序、时限、非捆绑网络元素目录等内容的互联规程。互联规程应当报国务院信息产业主管部门审查同意。该互联规程对主导的电信业务经营者的互联互通活动具有约束力 《公用电信网间互联管理规定》第七条　主导的电信业务经营者应当根据本规定制定包括网间互联的程序、时限、互联点的数量、用于网间互联的交换机局址、非捆绑网络元素提供或出租的目录及费用等内容的互联规程。互联规程报工业和信息化部批准后执行。互联规程对主导的电信业务经营者的互联互通活动具有约束力。第三十一条　互联双方

续表

序号	政策评分项	选项	答案	具体答案	依据
92					应当在业务开通后30日内，将互联启动日期、业务开通日期及业务开通后3日内的网间通信质量情况，以书面形式向电信主管部门报告。电信主管部门根据具体情况以适当方式予以公布。第四十四条　决定应当在协调结束之日起45日内作出。省、自治区、直辖市通信管理局作出的决定应当向工业和信息化部备案。电信主管部门对作出的决定以适当方式向社会公布
93	固定通话发起费率规制（固定通信业务）	A. 否 B. 是	B	是	《中华人民共和国电信条例》第二十三条　电信资费实行市场调节价。电信业务经营者应当统筹考虑生产经营成本、电信市场供求状况等因素，合理确定电信业务资费标准 《公用电信网间互联管理规定》第七条　主导的电信业务经营者应当根据本规定制定包括网间互联的程序、时限、互联点的数量、用于网间互联的交换机局址、非捆绑网络元素提供或出租的目录及费用等内容的互联规程。互联规程报工业和信息化部批准后执行。互联规程对主导的电信业务经营者的互联互通活动具有约束力 原信息产业部规定了技术标准，收费标准和具体管理规定。通过《公用电信网间互联结算及中继费用分摊办法》发布了各种互联的详细结算费用表
94	固定通话发起费率强制参考报价（固定通信业务）	A. 否 B. 是	A	否	无相关规定

续表

序号	政策评分项	选项	答案	具体答案	依据
95	强制接入移动网络（移动通信业务）	A. 否 B. 是	B	是	《中华人民共和国电信条例》第八条　电信业务分为基础电信业务和增值电信业务。基础电信业务，是指提供公共网络基础设施、公共数据传送和基本话音通信服务的业务。第十八条　主导的电信业务经营者应当按照非歧视和透明化的原则，制定包括网间互联的程序、时限、非捆绑网络元素目录等内容的互联规程。互联规程应当报国务院信息产业主管部门审查同意。该互联规程对主导的电信业务经营者的互联互通活动具有约束力。第二十一条　网间互联双方必须在协议约定或者决定规定的时限内实现互联互通 《公用电信网间互联管理规定》第三条　电信网之间应当按照技术可行、经济合理、公平公正、相互配合的原则实现互联。第五条　本规定下列用语的含义是：（一）互联，是指建立电信网间的有效通信连接，以使一个电信业务经营者的用户能够与另一个电信业务经营者的用户相互通信或者能够使用另一个电信业务经营者的各种电信业务。互联包括两个电信网网间直接相联实现业务互通的方式，以及两个电信网通过第三方的网络转接实现业务互通的方式。第七条　主导的电信业务经营者应当根据本规定制定包括网间互联的程序、时限、互联点的数量、用于网间互联的交换机局址、非捆绑网络元素提供或出租的目录及费用等内容的互联规程。互联规程报工业和信息化部批准后执行。互联规程对主导的电信业务经营者的互联互通活动具有约束力

续表

序号	政策评分项	选项	答案	具体答案	依据
96	移动通话发起费率规制（移动通信业务）	A. 否 B. 是	B	是	《中华人民共和国电信条例》第二十三条　电信资费实行市场调节价。电信业务经营者应当统筹考虑生产经营成本、电信市场供求状况等因素，合理确定电信业务资费标准 《公用电信网间互联管理规定》第七条　主导的电信业务经营者应当根据本规定制定包括网间互联的程序、时限、互联点的数量、用于网间互联的交换机局址、非捆绑网络元素提供或出租的目录及费用等内容的互联规程。互联规程报工业和信息化部批准后执行。互联规程对主导的电信业务经营者的互联互通活动具有约束力 原信息产业部规定了技术标准，收费标准和具体管理规定。通过《公用电信网间互联结算及中继费用分摊办法》发布了各种互联的详细结算费用表
97	移动通话发起费率要求有参考报价（移动通信业务）	A. 否 B. 是	A	否	无相关规定
98	固定通信业务零售价格规制	A. 否 B. 是	B	是	《中华人民共和国电信条例》第二十三条　电信资费实行市场调节价。电信业务经营者应当统筹考虑生产经营成本、电信市场供求状况等因素，合理确定电信业务资费标准 《公用电信网间互联管理规定》第七条　主导的电信业务经营者应当根据本规定制定包括网间互联的程序、时限、互联点的数量、用于网间互联的交换机局址、非捆绑网络元素提供或出租的目录及费用等内容的互联规程。互联规程报工业和信息化部批准后执行。互联规程对主导

续表

序号	政策评分项	选项	答案	具体答案	依据
98					的电信业务经营者的互联互通活动具有约束力 原信息产业部规定了技术标准，收费标准和具体管理规定。通过《公用电信网间互联结算及中继费用分摊办法》发布了各种互联的详细结算费用表
99	移动通信业务零售价格规制	A. 否 B. 是	B	是	《中华人民共和国电信条例》第二十三条　电信资费实行市场调节价。电信业务经营者应当统筹考虑生产经营成本、电信市场供求状况等因素，合理确定电信业务资费标准 《公用电信网间互联管理规定》第七条　主导的电信业务经营者应当根据本规定制定包括网间互联的程序、时限、互联点的数量、用于网间互联的交换机局址、非捆绑网络元素提供或出租的目录及费用等内容的互联规程。互联规程报工业和信息化部批准后执行。互联规程对主导的电信业务经营者的互联互通活动具有约束力 原信息产业部规定了技术标准，收费标准和具体管理规定。通过《公用电信网间互联结算及中继费用分摊办法》发布了各种互联的详细结算费用表
100	纵向分离要求（固定通信业务）	A. 否 B. 是	A	否	《中华人民共和国电信条例》未作出规定
101	纵向分离要求（移动通信业务）	A. 否 B. 是	A	否	《中华人民共和国电信条例》未作出规定

续表

序号	政策评分项	选项	答案	具体答案	依据
102	备注：固定铜线接入业务批发市场中，至少一家主导企业（固定通信业务）	A. 否 B. 是	B	是	中国电信
103	备注：固定光纤接入业务批发市场中，至少一家主导企业（固定通信业务）	A. 否 B. 是	B	是	中国电信
104	备注：固定电话终端批发市场中，至少一家主导企业（固定通信业务）	A. 否 B. 是	B	是	中国电信
105	备注：固定电话发起端批发市场中，至少一家主导企业（固定通信业务）	A. 否 B. 是	B	是	中国电信
106	备注：在固定通信业务零售市场中至少一家主导企业（固定通信业务）	A. 否 B. 是	B	是	中国电信

续表

序号	政策评分项	选项	答案	具体答案	依据
107	备注：在移动通信业务终端市场中至少一家主导企业（移动通信业务）	A. 否 B. 是	B	是	中国移动
108	备注：在移动通信业务发起端市场中至少一家主导企业（移动通信业务）	A. 否 B. 是	B	是	中国移动
109	备注：在移动通信业务零售市场中至少一家主导企业（移动通信业务）	A. 否 B. 是	B	是	中国移动
110	其他竞争壁垒方面的限制	A. 否 B. 是	A	否	
111	许可协议公开	A. 否 B. 是	B	是	《工业和信息化部关于做好发放3G牌照后续工作的通知》（工信部电管函〔2009〕8号）明确了三家运营商的业务经营范围
112	频谱信息（规定、频谱管理表、频谱费等）公开	A. 否 B. 是	B	是	《中华人民共和国无线电频率划分规定》。频谱的识别和分配受《无线电管理条例》管辖，并由工信部下属的无线电行政局监管。文件公开

续表

序号	政策评分项	选项	答案	具体答案	依据
113	法律上有义务在条例生效前的合理时间内向公众公布	A. 否 B. 是	A	否	《中华人民共和国立法法》第二十五条　全国人民代表大会通过的法律由国家主席签署主席令予以公布。第四十四条　常务委员会通过的法律由国家主席签署主席令予以公布。第五十八条　签署公布法律的主席令载明该法律的制定机关、通过和施行日期。从法律公布到生效没有强制性的最短时间间隔
114	对包括外国供应商在内的相关人士充分开放公众意见征询	A. 否 B. 是	B	是	《中华人民共和国立法法》第三十七条　列入常务委员会会议议程的法律案，应当在常务委员会会议后将法律草案及其起草、修改的说明等向社会公布，征求意见，但是经委员长会议决定不公布的除外。向社会公布征求意见的时间一般不少于三十日。征求意见的情况应当向社会通报。第三十八条　列入常务委员会会议议程的法律案，常务委员会工作机构应当收集整理分组审议的意见和各方面提出的意见以及其他有关资料，分送法律委员会和有关的专门委员会，并根据需要，印发常务委员会会议
115	签证处理时长	A. 10 天以内（含 10 天） B. 10 天以上	A	4 天	中国签证服务中心：付款方式与价目表
116	商务旅客多次入境签证	A. 否 B. 是	B	是	中国签证服务中心：付款方式与价目表

续表

序号	政策评分项	选项	答案	具体答案	依据
117	商务签证费用	A. 94 美元以内（含 94 美元） B. 高于 94 美元	A	81 美元	中国签证服务中心：付款方式与价目表
118	获得签证所需文件数量	A. 小于 8 个 B. 大于 8 个	A	6 个	中国签证服务中心
119	完成注册公司所有强制性手续所需时长	A. 9 个工作日以内 B. 9 个工作日以上（含 9 个工作日）	A	8 个	参照世界银行营商环境指数
120	完成注册公司所需的所有官方手续的总成本（按人均收入的百分比计算）	A. 小于 2.4% B. 大于 2.4%	A	0.7%	参照世界银行营商环境指数
121	注册公司的强制性手续数量	A. 小于 5 个 B. 大于 5 个	A	4 个	参照世界银行营商环境指数
122	其他监管透明度方面的限制	A. 否 B. 是	A	否	

资料来源：国务院发展研究中心市场经济研究所课题组。

后　记

2018年底召开的中央经济工作会议和2019年召开的党的十九届四中全会，先后提出“制度型开放”，要求我国全面对接国际高标准市场规则体系，实行更加积极主动的开放战略，以更高水平开放推动我国经济实现高质量发展。作为国民经济的第一大产业和全面对外开放的重点，我国服务业发展还面临较多的体制机制障碍，根本出路在于深化改革。以制度型开放促进深层次改革，破解复杂艰巨的改革难题，有利于加快服务业新动能培育和产业转型升级，有利于建设高标准市场体系和更高水平开放型经济新体制，有利于在百年未有之大变局中打好战略主动仗。因此，本书的研究和出版具有非常重要的现实意义和针对性，可以为党中央国务院相关决策提供重要支撑。

为形成高质量课题研究成果，国务院发展研究中心市场经济研究所组建了以研究骨干为主的课题组，在中心领导的支持和指导下，用一年时间进行了深入系统的研究。主要开展的研究活动有：一是广泛深入开展国内调研。在北京召开了相关部委、研究机构、内外资企业、行业协会等一系列座谈会，前往上海、北京、海南、深圳、广州、成都等服务业较为发达和对外开放创新探索领先的城市进行了实地调研。二是深度开展国际交流和调研。课题组与OECD、世界银行、欧盟和亚洲开发银行等国际组织的服务业研究专家进行了多次座谈和邮件交流，并前往法国、英国、比利时、德国、丹麦、新加坡等国家及香港等地区进行了国际调研，特别是与 OECD 贸易与农业部服务贸易司的专家在北京和巴黎进行了多轮的深度交流，系统了解世界各国服务业开放的经验和 OECD 服务贸易限制指数（STRI 指数）的评价方法及其对各国服务业及服务贸易发展的影响，为课题组开展国际对标和进行研究方法创新提供了重要支撑。三是系统梳理和总结了党的十八大以来我国以开放促进服务业改革和发展的经验、成效及主要问题，并对部分重点服务行业以及自贸试验区和自贸港、北京市服务业扩大开放综合试点等重点开放平台进行了专题研究。四是重点开展国际对标分析。主要是借助 STRI 指数这一研究工具，建立了包括放宽外资准入限制、降低竞争壁垒、提高监管透明度、减少人员流动限制和其他歧视性措施等指标的分析框架，并利用 STRI 指数背后的规制数据库进行国际对标，深入分析了我国服务业制度型开放的主要差距。五是尝试运用 STRI 指数及规制数据库信息，针对北京市服务业扩大开放综合试点的 8 个代表性行业的相关开放政策进行评估和国际对标分析，验证了开放平台在推动制度型开放方面的有效作用。六是系统提出我国以制度型开放促进服务业改革深化的总体思路、路径和政策建议，并最终形成了本书的一份总报告与九份专题报告。

自 2007 年以来，国务院发展研究中心市场经济研究所开展了一系列的服务业研究，在国内外服务业研究领域具有重要影响力。与以往的研究相比，与国内已有的服务业研究相比，本书有着鲜明的创新特色。一是从理论和实践结合上回答了开放怎样促改革、现阶段为什么要开放促改革以及如何以开放促改革，具有较好的全面性和系统性。

二是深度挖掘了STRI指数的评价指标、历年评估结果及其丰富的规制数据库信息，合理利用了STRI指数的政策模拟分析工具，按行业类别分析了现阶段我国服务业开放的主要制度障碍，区分了不同体制机制障碍的影响程度，不仅具有研究方法的开创性，而且具有较强的系统性和针对性。三是系统提出了我国以服务业以制度型开放促深层次改革的推进路径、关键措施及优先次序，具有较强的创新性、指导性和操作性。四是促进了OECD方面更准确理解和客观评价我国服务业开放的最新进展，有利于提升我国在国际社会的开放形象，有利于深化国务院发展研究中心与OECD双方在服务业领域的国际研究合作。

经过一年的奋斗和悉心研究，课题研究取得了丰硕成果，形成了一系列高质量的政策结论和建议，正在陆续形成政策研究报告呈送党中央国务院决策参考。在2020年5月国务院发展研究中心年度重大、重点课题评审中，本课题得到中心领导和专家的一致好评，获得了第二名的好成绩。

应该说，这些成绩的取得是研究团队共同努力、艰苦拼搏的结果。作为研究负责人，我首先要对全体团队成员的努力和付出表示由衷的敬意和感谢。其次，要特别向本课题的执行负责人兼协调人刘涛博士致谢，他为课题研究付出了巨大努力和心血，也因此实现了从研究骨干到学术带头人的跃升。再次，还要感谢团队中的年轻人，是他们在课题研究中承担了大量的基础工作，在发掘和利用STRI指数中发挥了重要作用。最后，要衷心感谢中心领导和各位评审专家，特别是马建堂书记、王安顺副主任在课题开题、中期评审及成果评审中的指导、鼓励和支持，并给予我们在2020年中国国际服务贸易交易会期间发布研究成果的机会。

此外，特别致谢中国发展出版社李慧莲总编和责任编辑的高效、细心工作，为课题成果按时付梓提供了保障。

国务院发展研究中心
市场经济研究所所长、研究员
王　微
2020 年 8 月 24 日于北京